ANDERA GADEIB

Die Zukunft ist menschlich

Manifest für einen intelligenten Umgang mit dem digitalen Wandel in unserer Gesellschaft

Externe Links wurden bis zum Zeitpunkt der Drucklegung des Buches geprüft.
Auf etwaige Änderungen zu einem späteren Zeitpunkt hat der Verlag keinen Einfluss.
Eine Haftung des Verlags ist daher ausgeschlossen.

Bibliografische Information der Deutschen Nationalbibliothek

Die Deutsche Nationalbibliothek verzeichnet diese Publikation in der
Deutschen Nationalbibliografie; detaillierte bibliografische Daten sind im Internet
über http://dnb.d-nb.de abrufbar.

ISBN 978-3-86936-930-3

Lektorat: Ulrike Hollmann, Hambergen
Umschlaggestaltung: Martin Zech, Bremen | www.martinzech.de
Autorenfoto: Amanda Dahms
Satz und Layout: Das Herstellungsbüro, Hamburg | www.buch-herstellungsbuero.de
Druck und Bindung: Salzland Druck, Staßfurt

Wir drucken in Deutschland.

www.gabal-verlag.de
www.facebook.com/Gabalbuecher
www.twitter.com/gabalbuecher

PEFC zertifiziert
Dieses Produkt stammt aus nachhaltig
bewirtschafteten Wäldern und kontrollierten
Quellen.
PEFC
PEFC/04-31-2251
www.pefc.de

Inhalt

Prolog: Ein Tag im Jahr 2050 — 9

Der Mensch im Mittelpunkt — 12

Rückblick — 14

1 Lösungen statt Probleme — 18

Der gesunde Menschenverstand — 21

Mensch und Maschine — 26

2 Vom Algorithmus zum Menschen — 35

Digitalität — 35

Digitalisierung verändert Märkte –
die Einfach-mal-machen-Ära — 48

Roboter statt Mensch — 55

Künstliche Intelligenz — 70

Agieren statt reagieren — 82

3 Das digitale Dilemma — 87

Alles digital? — 95

Das KISS-Prinzip — 100

Übernimmt die Maschine? — 108

Ethik — 111

4 Die Gestaltungsfelder des digitalen Wandels — 121

Einleitung — 121

Arbeit — 130

Freizeit & Leben — 143

Bildung — 158

Gesundheit — 176

Mobilität — 191

5 Wie wir das Digitale gestalten können   206

   Methodenkoffer   206

   Manifest   213

Anhang

   Anmerkungen   215

   Danke   225

   Die Autorin   227

   Testimonials   229

Wenn der Wind der Veränderung
weht, bauen die einen Mauern und
die anderen Windmühlen.

Chinesisches Sprichwort

Ein Tag im Jahr 2050

Wir befinden uns im Jahr 2050. Einem Jahr, in dem alles digitalisiert ist, was digitalisiert werden kann. Die lange Ankündigung ist wahr geworden. Und wir werden fragen: Wo steht der Mensch? Wir schauen uns in die Augen und stellen fest, dass wir ja immer noch da sind. Dass es sogar Dinge gibt, die zutiefst human geblieben sind und – huch, entgegen allen Vorhersagen – nicht von Maschinen übernommen wurden. Im Gegenteil, der Mensch wird hier nun besonders wertgeschätzt. Mehr noch als vor Beginn der digitalen Revolution.

Wie wird dieses Szenario, unser Leben im Jahr 2050, aussehen? Welche Jobs wird es noch geben? Welche Tätigkeiten sind weggefallen, welche sind neu entstanden? Auf welchen Pfad haben wir in den Anfängen des Digitalisierungszeitalters unsere Kinder gesetzt, um ihnen eine bestmögliche Zukunft zu sichern? Welche Windmühlen haben wir gebaut, als der Wind der digitalen Veränderung aufzog?

Auf diese Fragen will dieses Buch eine Antwort geben. Es geht zurück auf die alten Philosophen, die das Wesen des Menschen schon vor Jahrtausenden, lange vor der digitalen (und industriellen) Revolution, erkundet haben. Außerdem greift es auf die neuesten Erkenntnisse der Gehirnforschung zurück und gibt eine Antwort darauf, welche Potenziale wir Menschen im Zeitalter der digitalen Revolution haben. Nicht zuletzt fußt es auf einigen Studien und der Erfahrung der Autorin und mehreren Tausend Interviews zu den Themen Innovation und Digitalisierung.

Im Gegensatz zu all den Horrorszenarien, in denen der Mensch keine Rolle mehr zu spielen scheint, will dieses Buch einen positiven Ausblick darüber geben, wie wichtig der Mensch in diesem Prozess ist. Es beschreibt anhand konkreter Beispiele, dass es an uns Menschen liegt, wie wir die Digitalisierung gestalten. Von Mensch zu Mensch und von Mensch zu Maschine (der Einfachheit halber werde ich im

Buch den Computer mit seinen Bits und Bytes Maschine nennen). Es zeigt auf, wie jeder Einzelne Teil dieses aktiven Gestaltungsprozesses werden kann, wenn wir uns darauf einlassen. Wie wir Mut gewinnen, auch kritisch mit dem Digitalen umgehen und den digitalen Wandel aktiv bei den Hörnern packen. Ja, wie wir womöglich lernen, uns für die Digitalisierung zu begeistern.

Auch der weiteste Weg beginnt mit einem ersten Schritt.
Konfuzius, 551–479 v. Chr.

Dieses Buch ist eine Einladung, Teil dieses großen Transformationsprozesses zu sein, der in die Geschichte eingehen wird. Eine Einladung an jeden Einzelnen von uns, die Weichen für sein eigenes Leben und für das seiner Kinder und Enkel zu stellen. Denn es ist absehbar, dass die Welt unserer Kinder und Kindeskinder vollkommen anders aussehen wird als die Gegenwart, in der wir leben. Gestalten wir diese Zukunft also enkeltauglich.

Dabei meine ich mit »aktivem Gestalten des Digitalen« nicht, dass jeder zwangsläufig programmieren lernen muss, sondern dass wir die neuen, digitalen Angebote verstehen und einsetzen lernen. Dass wir von passiven Nutzern zu aktiven Gestaltern der (digitalen) Zukunft werden.

Das digitale Zeitalter hat gerade erst angefangen, und das in moderatem Tempo, auch wenn uns dies ganz und gar nicht so erscheint. Denn die technologischen Veränderungen entwickeln sich exponentiell und damit wird die Digitalisierung nie mehr so langsam voranschreiten wie heute. Dabei mag es sich jetzt schon anfühlen, als ob ein Schnellzug an einem vorbeirauscht.

Aber all das sollte uns keine Angst machen oder in Ohnmacht versetzen. Denn es könnte der Beginn einer der spannendsten Reisen sein, die wir je gemacht haben. Vorausgesetzt, wir breiten die Arme aus und heißen diese Veränderung willkommen. Denn auch die längste Reise beginnt mit einem ersten Schritt. Öffnen wir uns für das Thema und trauen wir uns, eine erste neue Entdeckung zu machen, die wir zuvor – vielleicht aus Angst – gescheut haben. Seien Sie Teil dieser spannenden Reise. Gestalten Sie sie mit. Dieses Buch wird Ihnen die Perspektiven, Methoden und den Mut geben, das Thema aktiv anzugehen.

So etwa könnte ein Tag in der Zukunft aussehen: Noch bevor ich wach werde, registriert meine Matratze die Schlafqualität und stellt automatisch die optimale Temperatur ein. Sie merkt, wenn ich aufwache, und schickt ein Signal an die Kaffeemaschine. Diese kennt selbstverständlich meine Vorlieben um diese Uhrzeit und bereitet meinen Lieblingscappuccino vor, der frisch gebrüht auf mich wartet, wenn ich noch etwas verschlafen aus dem Bad in die Küche taumele. Nur Kaffee reicht als Flüssigkeitszufuhr über den Tag nicht. Deshalb trinke ich Wasser aus meiner intelligenten Flasche. Der Sensor in der Flasche verfolgt, wie viel Wasser ich über den Tag zu mir nehme, und ein hübsches Blinken in der Flasche sowie eine Push-Nachricht auf meinem Smartphone erinnern mich, wenn ich zu wenig trinke. Was reingeht, muss auch raus. Die intelligente Toilette analysiert wichtige Vitalparameter aus meinem Urin, den Blutdruck über den Sitz, empfiehlt mir vorausschauend die passende Ernährung für den Tag und sendet meine Biodaten selbstständig zum Arzt. Entdeckt dieser etwas Auffälliges in den Daten, meldet er sich bei mir und schlägt eine passende Therapie vor.

Ich mache mich für eine Kurzreise bereit. Bevor ich losfahre, chatte ich per App mit meinen Haushaltsgeräten. Der Kühlschrank schlägt vor, den Stromsparmodus zu aktivieren, und ich bestätige mit einem kurzen »OK« per Smartphone. Daraufhin wünschen mir die Hausgeräte eine gute Reise und ich verlasse das Haus. Vor der Haustür wartet das autonome Auto auf mich. Natürlich kennt es bereits mein Ziel. Ich setze mich in einen der bequemen Sessel und los geht die Fahrt. Selbstredend sitze ich nicht hinter dem Steuer, schließlich fährt das Auto von heute autonom und damit vollkommen selbstständig. Ich kann mich stattdessen während der Reise mithilfe der großen Displays an den Seitenwänden unterhalten lassen. Meine Lieblingsserien werden angezeigt, Vorschläge, die zu meinen Vorlieben passen, und die neuesten, individuell für mich zusammengestellten Nachrichten warten darauf, gelesen zu werden.

Was denken Sie? Ist das Szenario faszinierend oder abschreckend? Der Großteil der Menschen lehnt es heute ab.

Der Mensch im Mittelpunkt

Ich schreibe dieses Buch für die Zeit, in der es uns Menschen noch gibt. Also, in der sie die Oberhand behalten. Und zwar nicht nur weil ich aus tiefstem Herzen Optimistin bin, sondern auch weil ich fest davon überzeugt bin, dass uns noch sehr viel Zeit bleibt. Allerdings ist es auch höchste Zeit, die Zukunft in die Hand zu nehmen.

Die Dystopie von der Welt, in der die Maschinen das Sagen haben, liegt noch in weiter Ferne. Ich schaue wenig Science-Fiction-Filme und mir fehlt vielleicht die Vorstellungskraft, welche Maschinen im Film schon erfunden wurden, die uns Menschen überholen sollen. Aber ich bin von Hause aus mit der Informatik vertraut und glaube, sehr gut zu verstehen, was die letzten Jahrzehnte der Digitalisierung für uns bedeuten und wo die Reise hingehen könnte. Ich kann Sie gleich zu Anfang des Buches schon beruhigen: In jedem Fall sind wir weit davon entfernt, dass irgendwelche Computer für uns denken oder die Weltherrschaft übernehmen.

Da jede Maschine vom Menschen gemacht ist, schließe ich nicht aus, dass es solche Wahnsinnsideen irgendwo auf der Welt gibt. Vielleicht auch häufiger, als uns lieb ist. Begreifen Sie das als Aufruf an Sie, sich aufzumachen und ganz wach zu erkunden, worin wir Menschen gut sind und warum es nottut, dass jeder Einzelne von uns einen Unterschied machen kann. Mir liegt am Herzen, dass jeder ein Mindestmaß an Verständnis für die digitalen Entwicklungen hat und dass jeder Einzelne Verantwortung für seine eigene Zukunft, aber auch für unsere Gesellschaft übernimmt.

Doch sind wir als Gesellschaft, ist jeder Einzelne, die Politik bereit, die digitale Zukunft aktiv zu gestalten? Haben wir eine Vision, wie sich die Überlegenheit des Menschen auf unsere Arbeit auswirkt? Wie können wir mit den Möglichkeiten des Digitalen besser werden? Stehen wir der Digitalisierung positiv genug gegenüber? Was muss passieren, um uns in die Lage zu versetzen, sie positiv zu gestalten?

Mit jedem kleinen Schritt, jeder kleinen Antwort auf die vielen Fragen kommen wir der positiven Utopie näher: der Harmonie zwischen Mensch und Maschine.

Halb voll

Es ist Silvester. Meine 13-jährige Tochter gießt ein Glas ein und hält inne. Sie fragt:»Mama, ist das Glas halb voll oder halb leer?« Ich sage: »Es ist halb voll. Alles eine Frage der Einstellung.« Sie daraufhin: »Mama, es muss halb voll sein. Es gibt kein halb leer.« Auf meinen fragenden Blick erwidert sie:»Ein Glas kann voll sein und halb voll. Aber entweder es ist leer oder eben nicht leer. Ein ›halb leer‹ gibt es nicht.« Guter Gedanke, schießt es mir durch den Kopf. Vielleicht ist das Töchterchen weiter als die meisten von uns? Ich jedenfalls habe mir diese Halb-voll-Haltung recht bewusst zugelegt. Auf die Chancen zu schauen statt auf die Risiken. Eben auf das Halbvolle, auf die Möglichkeiten, die vor mir liegen, statt auf die verpassten Chancen. Dem will ich in diesem Buch nachgehen, befindet sich die Welt durch die Digitalisierung doch so sehr im Wandel, wie wir es bislang noch nicht erlebt haben.

Ist das Glas halb voll oder halb leer? Das ist eine Frage der Haltung. Ist sie positiv oder negativ? Geht alles zur Neige und wir können ohnehin nichts tun oder haben wir noch alle Chancen in der Hand?

Wir könnten nun einstimmen in all die negativen Schlagzeilen zur Digitalisierung. Beispielsweise, dass alle anderen Länder uns überholen. Erst das Silicon Valley oder Israel, dann China. Wer weiß, wer als Nächstes kommt und unserer Nation Chancenlosigkeit vorgaukelt. Die ehemals starke Wirtschaftsnation, abgehängt von all den anderen, die schneller sind, sich besser an die neuen Bedingungen anpassen? Na dann gute Nacht.

Und wohlgemerkt, fix unterwegs sind wir als Land wirklich nicht. Man sagt uns auch eher eine Technologiefeindlichkeit als -freundlichkeit nach,[1] unsere Mobilfunk-Abdeckung oder mangelndes WLAN in Innenstädten oder im ÖPNV sind einzelne Beispiele dafür. Wir führen eine Diskussion, dass das Internet»nicht an jeder Milchkanne« (gemeint ist der ländliche Raum) nötig sei.[2] Es sind harte Fakten, dass wir nicht ganz vorne an der Digital-Spitze stehen. Aber wie reagieren wir? Kopf hängen lassen und abwarten, was passiert? Ich bin dafür, dass wir gemeinsam eine Halb-voll-Haltung einnehmen und zusehen, was wir daraus machen können.

Meine Reisen in den vergangenen Jahren an die Hotspots der Digitalisierung oder Chancen-Orte haben mich vielfach inspiriert, was ich gerne teilen möchte. So werden wir im *Kapitel 4* gemeinsam ins Silicon

Valley (USA), nach Seoul (Südkorea), Tel Aviv (Israel) und Kapstadt (Südafrika) reisen und einen Blick darauf werfen, wie dort der digitale Wandel gestaltet wird.

Außerdem werden wir in fünf Gestaltungsfelder eintauchen, in denen ich in den vergangenen Jahren viel geforscht habe und Erfahrungen sammeln konnte: Arbeit, Freizeit, Bildung, Gesundheit und Mobilität. Mit belastbaren Daten will ich Ihnen Mut machen, sich für Ihren Bereich selbst Gedanken zu machen.

Lassen Sie uns einen »Weltbürger«-Blick auf die mögliche Zukunft Deutschlands werfen. Die Digitalisierung bietet eine Menge Potenzial für Wohlstand in der Nation – ja, und es gibt viel zu tun, um diese Bewegung wieder mit anführen zu können. Es braucht die Haltung, dass wir es schaffen können, ebenso wie die notwendigen Bedingungen und Lösungsansätze. Für jeden Einzelnen, egal in welcher Rolle, und für die Gesellschaft im Ganzen.

Rückblick

Seit 30 Jahren beschäftigt mich die digitale Welt. An der Uni interessierte mich die Wirtschaftsinformatik als verbindende Disziplin zwischen der realen und der digitalen Welt. Wir lernten, Probleme aus der physischen Welt, speziell der Wirtschaft, in Bits und Bytes, also die Sprache der Computer zu übersetzen.

Maschinen, insbesondere Computer und wie sie funktionieren, haben mich schon früh fasziniert. Vielleicht liegt das daran, wie ich groß wurde: Mein Vater zerlegte als Elektrotechniker zu Hause immer alles, wenn es kaputt war. Mit Vorliebe die Dinge, die über (mindestens) ein Kabel verfügten. Der Duft von Lötzinn lag bei uns quasi immer in der Luft.

Dabei bin ich Späteinsteiger. Kein Atari oder Commodore aus den Anfängen der 80er-Jahre war mein erster Computer, sondern 1989, mit damals 19 Jahren, ein 286er-PC. Meine Freundin erzählt mir heute noch die Geschichte, wie ich ihn zu Beginn am liebsten aus dem Fenster geschmissen hätte, weil er nicht das tat, was ich wollte. Schon damals musste man erst lernen, wie diese Geräte auf den Menschen hören, die digitalen Maschinen stellten sich nicht auf den Menschen ein. Wir werden uns hier mit der Frage auseinandersetzen, wie weit wir heute, 30 Jahre später, sind und wie es wohl in weiteren 30 Jahren aussehen wird.

Meine zweite Mission ist das Marketing, also die »konsequente Ausrichtung« eines »Unternehmens an den Bedürfnissen des Marktes«[3]: Wie genau bringe ich erfolgreich eine Idee rüber? Wie muss ein neues Produkt gestaltet sein und wie beziehe ich die Zielgruppe ein?

Im sogenannten Marktforschungspraktikum meines Studiengangs waren wir ganz praktisch eingebunden und befragten für den belgischen Rundfunk Hörer. Also stand ich mit einigen Mitstudenten einige Tage auf belgischen Straßen und in Fußgängerzonen, um »die Stimme des Volkes« methodisch fundiert zu ergründen. Diese Übung ließ mich zwangsläufig mit anderen Augen durch die Welt gehen und für alle Zeit den Menschen in den Fokus nehmen.

Die Kombination der beiden Studienfächer war sehr selten – und sorgte für Belustigung. Denn meine Studienkollegen im Marketing befanden die (Wirtschafts-)Informatiker als eigenartig: »Da hat man doch Quadrataugen, wenn man den ganzen Tag auf einen Rechner starrt«, hieß es. Die Computerfans wiederum fanden, dass das Marketing »stets auf blauen Wolken schwebt und sich neue Geschichten ausdenkt«. Beide hatten vermutlich ein wenig recht. Ich jedenfalls fühle mich bis heute in beiden Disziplinen zu Hause und schaue aus beiden Perspektiven auf die digitalen Möglichkeiten.

Ich war, eher zufällig, dabei, als das Internet 1995 seine ersten Schritte in Richtung Wirtschaft ging, nämlich bei der Entstehung des WWW – World Wide Web, wie es damals noch ausführlich benannt wurde. Was heute schlicht »Internet« heißt, war damals ein Novum in der Wirtschaftswelt. Tim Berners Lee hatte im Jahr 1992 am Schweizer CERN die neue Sprache HTML (Hypertext Markup Language) erfunden, die Inhalte mit Hyperlinks auf elegante Weise miteinander verbinden sollte. Was an den Unis gleich experimentell eingesetzt wurde, gelangte kurz darauf in die Wirtschaftswelt.

In einem interdisziplinären Studentenprojekt durfte ich den ersten kommerziellen Webserver in Aachen mitprogrammieren. Die Fachpresse besprach ihn damals als einen der ersten dreißig (!) Webserver in Deutschland. Damit war ich früh mit dem Medium verbunden, das kurz darauf die gesamte (Wirtschafts-)Welt auf den Kopf stellen sollte. Es ließ mich seitdem nicht mehr los.

Ein besonderes Erlebnis war mein zweiter Aufenthalt in den USA. Ich hatte früher einige Monate in New York State gelebt und zog zum

Ende des Studiums nach Arlington bei Washington D.C. Für meine Abschlussarbeit fand ich einen Experten für »Computational Statistics« als Sparringpartner: Professor Edward Wegman[4] eröffnete mir schon im Jahr 1996 eine Zukunftswelt, nämlich die zu virtuellen Realitäten.

So forschte ich zunächst wissenschaftlich und später in der eigenen Unternehmerpraxis an Zukunftsthemen. Zu den vielen Abschlussarbeiten, die ich in den 90ern betreute, gehörten schon der intelligente Kühlschrank und Mülleimer. Wie viele Kühlschränke bestellen heute selbst Milch nach, wenn sie zur Neige geht, und wie viele Mülleimer in den Haushalten sortieren heute, 25 Jahre später, selbstständig den Müll? So gut wie keine. Was muss also passieren, dass diese oder andere Digitaltechnologien in unsere Haushalte einziehen?

Ich bin überzeugt, dass es vor allem eines braucht: den Blick auf die Perspektive der Nutzer und Nachfrager zu richten und weniger auf die Technologie selbst. Es ist meine Motivation für dieses Buch, Ihnen – seien Sie Verbraucher oder Entscheider – exakt diesen Fokus zu vermitteln. Wie viele Ressourcen könnten wir sparen, wie viel Zeit und Geld besser einsetzen, wenn wir dieses einfache Prinzip leben würden?

Kürzlich spazierte ich durch Bremen und entdeckte ihn in der Fußgängerzone: den intelligenten Mülleimer. Solarzellenbestückt und leider schon ziemlich dreckig, erzählte er seine Geschichte, oder besser gesagt, seine Funktionen. Und die beeindruckten mich. Denn dieser Mülleimer im öffentlichen Raum presst den Müll besonders klein und meldet der zuständigen Behörde, wenn er geleert werden muss. So ein autarkes kleines Ding im Bremer Stadtgeschehen erfüllt seinen Zweck auf smarte Weise. Wenn er sowohl für ein sauberes Stadtbild sorgt als auch die Gebühren für die Bremer reduziert, bin ich sicher, dass es ihn nachhaltig geben wird, bringt er doch einen relevanten Nutzen.

Die Frage ist: Wie schaffen wir es, vom Problemdenken rund um die Digitalisierung zu einer Lösungsorientierung zu kommen? Ohne Probleme wegzudiskutieren, sondern ihnen stattdessen mit einer Halbvoll-Haltung und Lösungsansätzen zu begegnen?

Mehr als 20 Jahre beschäftige ich mich nun mit der Unterstützung neuer Produkte und Services. Eines ist dabei besonders wichtig: Um zukünftige Innovationen auf ihren Weg in den Markt zu bringen, setze ich bewusst früh an. Einige Unternehmen kommen bereits mit ersten Ideen, aus denen Produkte entstehen sollen, vor anderen liegt ein weißes Blatt, sie wollen mit uns etwas gänzlich Neues schaffen. In allen

Fällen aber liegt unser Blick gleich zu Beginn gezielt auf den Bedürfnissen der Nutzer.

Was macht ein neues Produkt oder eine neue Dienstleistung erfolgreich? Innerhalb von zwei Jahrzehnten konnte ich mit meinem Unternehmen sieben Millionen Online-Interviews durchführen und damit insgesamt 8000 Produkten oder Services helfen. In der Online-Befragung stellen wir typischerweise die Idee als Text und Bild vor, sodass potenzielle Kunden beurteilen können, wie gut die Idee allgemein gefällt, wie neu und andersartig sie ist und ob man das Produkt oder den Service – unabhängig vom Preis – kaufen würde. Diese Interviews führen wir weltweit online und in allen Branchen durch, vom Schokoriegel über das Erkältungsmittel bis hin zum Elektroauto.

Mitmachen: Wenn Sie jetzt Lust bekommen haben, an Umfragen teilzunehmen, dann können Sie sich hier melden: www.dialego.de/zukunft.

Sie können sich vorstellen, dass uns inzwischen ein richtig großer Datenschatz vorliegt, der die Frage beantworten kann: Was macht eine neue Idee erfolgreich? Welches Muster finden wir? Wann probieren Menschen ein neues Produkt? Denn wir müssen etwas Neues, ein Produkt oder einen Service, ein erstes Mal ausprobieren, um dauerhaft Kunde zu werden und es damit erfolgreich zu machen. Wie wir uns auf diese Weise dem Menschen zuwenden, werden wir in *Kapitel 3* und *4* genauer betrachten. Zunächst einmal möchte ich mit Ihnen ganz allgemein in die Lösungssuche einsteigen.

1 Lösungen statt Probleme

Den besten Rat erhielt ich von einem sehr erfahrenen Begleiter meines beruflichen Lebens. Er hatte schon einige Unternehmen geführt und stand mir auch in seiner nicht mehr aktiven Berufslaufbahn noch viele Jahre zur Seite. Sein Rat lautete:

> *Bitte die Menschen, mit Lösungsansätzen zu dir zu kommen statt mit Problemen.*

Dieser Rat ist simpel wie wirkungsvoll zugleich, und zwar im Privat- wie im Berufsleben. Ich hörte einfach auf, Probleme zu diskutieren. Ich gebe zu, das war kein Schalter, den ich einfach umlegen konnte, sondern ein Lernprozess. Aber seitdem führe ich jedes, wirklich jedes Gespräch rund um eine Herausforderung nur zu Lösungsansätzen. Diskussionen wie »Das Problem ist« und »Wir müssten mal« stoppe ich sofort. Sie glauben gar nicht, wie viel Lebenszeit Ihnen dieser simple Rat schenken kann. Probieren Sie es!

Lassen Sie uns also auch im Folgenden mehr über die Lösungen sprechen als über die Probleme. Denn das macht schon einen großen Unterschied. Vielleicht haben Sie bereits den einen oder anderen Ratgeber in Sachen Digitalisierung gelesen. Es gibt dicke Schmöker, die zwar Probleme aufgreifen, aber keinerlei Lösungsansatz liefern. Mein Manifest hat genau das Gegenteil im Sinn: Sie zu motivieren, tagtäglich in Lösungen statt Problemen zu denken.

Unser Ziel sollte sein, die Zukunft heute schon enkeltauglich zu gestalten. Lassen Sie uns darüber nachdenken, wie wir uns die Zukunft vorstellen und wie wir sie selbst gestalten wollen. Jetzt mögen Sie vielleicht sagen: »Na ja, die hat gut reden. Arbeitet in der IT, versteht, was sich genau hinter dem Begriff ›Digitalisierung‹ verbirgt, und kann sicher programmieren.« Dabei geht es mir weniger darum, dass jeder programmieren kann, aber dazu kommen wir noch. Vielmehr ist der erste Schritt, die Gestalterrolle anzunehmen. Meinen Kindern gebe ich gerne mit:

Egal ob du denkst, du schaffst es, oder ob du denkst, du schaffst es nicht – du hast in jedem Fall recht!
Henry Ford

Das gilt bei den Kindern für den Sprung vom 3-Meter-Brett genauso wie fürs Kochenlernen.

Genauso stelle ich mir die gemeinsame Haltung positiv vor. Ja, wir können es schaffen. Wir brauchen eine Vision, wie genau wir uns diese Zukunft vorstellen, und müssen selbst die Schritte gehen, sie umzusetzen. Wie werden wir arbeiten? Welche Bildung wird notwendig sein? Wie steht es um Kunst und Kultur im digitalen Zeitalter? Wie nutzen wir die Digitalisierung, um gesünder oder auch länger gesund zu leben? Wie bewegen wir uns fort und wie schützen wir unsere Umwelt? Diese Fragen betreffen unser tägliches Leben heute sowie das unserer Enkelkinder in der Zukunft.

Sei du selbst die Veränderung, die du dir wünschst für die Welt.
Mahatma Ghandi

Lassen Sie uns groß denken. Wie etwa kann die Digitalisierung helfen, nachhaltig eine bessere Welt zu entwickeln? Die Global Goals, also die weltweiten Ziele, werfen die Frage auf, wie wir ein Leben ohne Armut, Hunger oder etwa Krankheit in allen Teilen der Welt sicherstellen können. Erste Ansätze gibt es: So liefert DHL bspw. mit Drohnen Medikamente in entlegene Gebiete Afrikas.[5]

Global Goals: Im Jahr 2015 vereinbarten die Staats- und Regierungschefs 17 Ziele für eine bessere Welt bis 2030. Diese Ziele haben die Kraft, Armut zu beenden, Ungleichheit zu bekämpfen und den Klimawandel zu stoppen. Geleitet von den Zielen ist es nun an uns allen – Regierungen, Unternehmen, Zivilgesellschaft und Öffentlichkeit –, gemeinsam daran zu arbeiten, eine bessere Zukunft für alle aufzubauen.[6]

Wenn wir fest davon ausgehen, dass der Roboter, die Maschine oder der Computer uns in Zukunft ersetzen und wir dies quasi als Schicksal hinnehmen, ist dies so ziemlich das Gegenteil davon, sich selbst aktiv für eine positive Zukunftsprognose einzusetzen.

Und während beim Thema Erderwärmung der Einzelne vielleicht noch sagen mag »Das geht mich nichts an« oder »Mein kleiner Beitrag macht doch keinen Unterschied«, weil man es im Täglichen vielleicht nicht spürt, wenn etwa Eisplatten am Nordpol schmelzen, so dürfte sich in Sachen Digitalisierung jeder Einzelne angesprochen fühlen. Schließlich nimmt inzwischen jeder die veränderte Lebenswirklichkeit wahr. Sehr deutlich etwa beim Smartphone, das bei inzwischen acht von zehn Menschen fest im Alltag verankert ist. Dabei ist sein Prototyp, das erste iPhone, erst seit 2007 auf dem Markt.

Ich meine, dass der Mensch auch in Zukunft im Mittelpunkt stehen wird – und dass wir selbst dafür sorgen müssen. Als Menschen. Für Menschen. Mit digitalen »Hilfs«mitteln.

»Halb voll« in diesem Buch

Diese Reise, auf die ich Sie mitnehmen möchte, soll lebendig sein und Ihnen vor allem als Wegweiser dienen, den Sie gleich im Alltag nutzen können. Und so will ich in diesem Buch gedanklich Stationen durchwandern und am Zielpunkt unserer Reise immer zu einer Halb-voll-Haltung gelangen. Einem Aussichtspunkt, von dem aus Sie den Überblick haben oder zumindest eine neue Perspektive. Dabei will ich Sie einladen, bewusst in den Perspektivwechsel einzutauchen, der sich bietet.

»Aussichtspunkt« beschreibt es sehr schön, denn von dort sitzen Sie erhöht und können die Lage überblicken. Wer Herr der Lage ist, fühlt sich gleich besser. Nicht hilflos zusehen müssen mit der Gefahr, den Überblick darüber zu verlieren, was um einen herum passiert, sondern agieren können. In Selbstwirksamkeit kommen, nennen es die Kognitionspsychologen: Überzeugt sein, dass man es schaffen kann, wie schwer auch immer die Aufgabe sein mag, die vor einem liegt. So gehen wir Dinge an, und Herausforderungen lassen sich aus eigener Kraft erfolgreich lösen. Dazu müssen wir selbst die Erfahrung gemacht haben, etwas aus eigener Kraft schaffen zu können.[7]

Einige Lösungsansätze für mehr Selbstwirksamkeit im Digitalen bringt dieses Buch mit. Insbesondere im *Kapitel 4: Bildung* werde ich mich damit beschäftigen, wie wir uns die wichtigen Kompetenzen aneignen, über die wir zukünftig verfügen sollten. Wenn Computer sämtliches Faktenwissen speichern und jederzeit für uns abrufbar bereithalten, werden Soft Skills wichtiger als Hard Skills. Zur Frage, was dies für Auswirkungen auf unsere Arbeit haben wird, gibt es ein eigenes *Kapitel 4: Arbeit.*

»Halb voll« heißt nicht, dass automatisch alles super läuft. An einigen Stellen werde ich auf kritische Punkte bei der Entwicklung der Digitalisierung und dem Umgang mit digitalen Medien hinweisen. Technologie um der Technologie willen ist ein schlechter Berater, wie ich meine. Aber noch konkreter werden wir im *Kapitel 3* sehen, wann etwas Neues – sei es Technologie oder nicht – überhaupt erfolgreich sein kann. Dort erkläre ich die 4W-Formel, die ich seit einigen Jahren in der Praxis anwende.

Insgesamt täte es uns gut, viel mehr in Diskurs zu gehen über »gute und schlechte« Digitalisierung. Und über Werte und Ethik, die als Grundlage wie ein ungeschriebenes Gesetz gelten müssten. Hierzu finden Sie mehr im *Kapitel 3: Ethik.*

Der gesunde Menschenverstand

Auch wenn das Digitale fremdes Terrain für Sie sein sollte, will ich Sie ermutigen, einen Urinstinkt auszupacken: Ihren gesunden Menschenverstand.

Ich gebe Ihnen ein Beispiel: Die Methoden der Marktforschung habe ich in all den Jahren von der Pike auf gelernt, hinterfragt und weiterentwickelt. Dazu gehört, wie man Umfragen plant, durchführt und analysiert. Vor allem die Validität, also die Gültigkeit von Ergebnissen, ist seit jeher ein wichtiger Faktor in meiner täglichen Arbeit. Die Frage, die mich ständig begleitet, lautet: Können die Ergebnisse richtig sein?

Mit meiner Firma Dialego führen wir für Unternehmen Hunderte, manchmal Tausende von Interviews durch und analysieren diese (übrigens immer anonym). Heraus kommt dann bspw., wie die Menschen zur Digitalisierung stehen. Ein Ergebnis: Im Jahr 2018 sagten die wenigsten, dass sie »sehr offen« (nur 18 %) der Digitalisierung gegenüberstehen, die meisten Menschen waren »eher offen« oder »unentschieden«. Das finde ich plausibel. Mein GMV – gesunder Men-

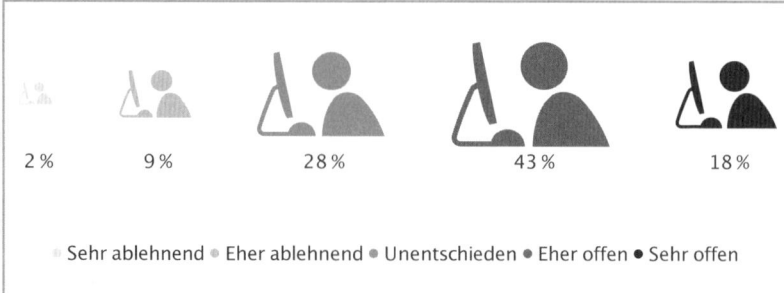

| 2 % | 9 % | 28 % | 43 % | 18 % |

● Sehr ablehnend ● Eher ablehnend ● Unentschieden ● Eher offen ● Sehr offen

Wie stehen Sie zur Digitalisierung?

schenverstand – sagt: »Das kann gut stimmen«, also veröffentliche ich diese Zahlen auch guten Gewissens. Natürlich muss hinter einer solchen wissenschaftlichen Studie mehr stehen als »nur ein Gefühl«. Die Methodik muss stimmen, die Stichprobe, das Auswertungsverfahren etc. Kunden, die uns beauftragen, vertrauen mir und meinem Team, dass wir das ordentlich umsetzen, und dieses Vertrauen nehme ich sehr ernst.

Nichtsdestotrotz spielt der Faktor Mensch eine wesentliche Rolle. Der darf sein Gehirn nutzen und im Kontext seiner Erfahrungen und seines Wissens kritisch auf solche Zahlen schauen. So tue ich es auch bei den eigenen Ergebnissen, selbst wenn ich überzeugt bin, dass die Methode der Untersuchung gut und richtig ist.

Über die eigenen Erlebnisse und Erfahrungen wird täglich unser gesunder Menschenverstand geschärft. Er lernt übrigens besser als jede Maschine, womit wir uns noch weiter auseinandersetzen werden. Setzen wir ihn also ein. Neuroplastizität nennen Gehirnwissenschaftler die Fähigkeit des Gehirns, mit jeder neuen Erfahrung, die wir machen, neue Verbindungen auszuprägen. Sie ist damit besonders wichtig für uns Menschen.

Wenn der GMV Alarm schlägt

In Zeiten des digitalen Wandels erhöhen sich nicht nur Geschwindigkeit und Taktzahl innerhalb von Unternehmen, sondern gerade auch bei denen, die Nachrichten für Fernsehen, Zeitungen oder digitale

Kanäle »produzieren«. Dort werden gerne Studien zitiert, um einer Nachricht mehr Gewicht oder ein Fundament zu geben. Manches Mal aber leider nicht mit wissenschaftlich fundierten Methoden, stattdessen gaukelt man vor, »diese 1000 Interviews sind repräsentativ«. Ich will Sie nicht mit Methodik langweilen, aber mir ist wichtig, dass Sie erkennen, welchen Zahlen Sie trauen können und welchen nicht. Schließlich wollen Sie sich ja ein Bild machen und auf eine Information vertrauen können. Wenn Sie Haltung zeigen, dann auch wohlinformiert.

Aus dem Unternehmensalltag eines Marktforschers kann ich sagen, dass es Anfragen gibt, die lauten: »Hauptsache, Sie liefern 1000 Interviews oder mehr. Dann ist es repräsentativ.« Genau das ist Quatsch, und ich erkläre Ihnen, warum.

Ein einfaches Beispiel, bei dem Sie vermutlich die Alarmglocken läuten hören: Stellen Sie sich vor, Sie sollen herausfinden, wie viel Wert die Deutschen ganz allgemein auf Biolebensmittel legen. Sie stellen sich an einem Samstagmorgen vor einen Biomarkt im Ort und fragen dort 30 Menschen, wie sie es mit dem Einkauf von Biolebensmitteln halten. Am Abend führen Sie die gleiche Umfrage vor dem Multiplex-Kino Ihrer Wahl durch und erreichen weitere 30 Personen. Am Sonntag setzen Sie sich in Ruhe hin, nehmen sich Ihre Interviews vor, werten die Antworten aus (wie oft wurde welche Antwort gewählt?) und vergleichen die beiden Gruppen, also Biomarkt- und Kinogänger. Was vermuten Sie? Was kommt raus? Ticken beide Gruppen gleich? Vermutlich nicht. In der Gruppe der Biomarktkäufer erhalten Sie vermutlich 100 % Zustimmung, wenn es um die Wichtigkeit von Biokost geht. Vor dem Kino wird der Wert deutlich niedriger liegen. Angenommen, Sie erwischen vor allem studentische Befragte, werden diese möglicherweise urteilen, dass sie aus Kostengründen eher zu konventionellen Produkten greifen. Welche Antworten sind nun »richtig«? Die Frage ist nicht leicht zu beantworten: Die Stichproben waren nicht ausgewogen und nicht geeignet, etwa eine Aussage über alle Deutschen zu treffen, schließlich sind Sie allein durch die Ortswahl Ihrer Interviews jeweils auf spezielle Zielgruppen getroffen. Im *Kapitel 2* werden wir darauf etwas genauer schauen.

Mit diesem einfachen Beispiel will ich Sie motivieren, Ihren gesunden Menschenverstand einzuschalten, wenn Sie solche Ergebnisse sehen. Lesen Sie nicht nur die Titelzeile. »Biolebensmittel total angesagt« könnte die Überschrift lauten, wenn ein Artikel über Biokäufer geschrieben wird. Es nützt übrigens wenig, wenn Sie Ihre Freizeit so lange vor dem Biomarkt verbringen, bis Sie 1000 Interviews oder gar 10 000 Interviews durchgeführt haben. Das Ergebnis passt immer noch nur für die Biokäufer. Daraus eine Aussage über die gesamte Bevölkerung abzuleiten wäre schlichtweg falsch. Daran ändert eine große Zahl Befragter gar nichts, sondern nur eine ausgewogene und kontrollierte Rekrutierung der Teilnehmer.

Lesen Sie also weiter, wenn Sie eine Überschrift sehen. Schauen Sie sich an, was im Detail berichtet wird. Wenn eine Studie zitiert wird, hinterfragen Sie diese kritisch. Eine gute Berichterstattung wird Auskunft darüber geben, wie befragt wurde und wie viele Menschen dahinterstehen. Jeder gute Journalist wird kritisch hinterfragen. Sollten Sie journalistisch tätig sein, dann lassen Sie sich nicht vom Druck im Hamsterrad und der Größe einer Stichprobe leiten, sondern überlegen Sie, was Sie veröffentlichen. Schließlich steht Ihre Glaubwürdigkeit auf dem Spiel,[8] auch wenn wir in Zeiten des Wandels und hohen Drucks sehen, dass reißerische Meldungen sich besser verkaufen mögen.

Aber was heißt das nun? Ich meine, Sie sollten Haltung einnehmen. Aus Ihrer Rolle und Verantwortung heraus, sei es als Mutter oder Vater, Arbeitnehmer, Manager, Lehrer, Pfleger, Freund … Seien Sie ehrlich mit sich selbst und fragen Sie sich: Kann das sein? Nehmen Sie sich die Zeit, gründlich zu lesen. Haben Sie diese nicht, dann verbreiten Sie bitte keine Meldung. Vergegenwärtigen Sie sich, dass Ihr Gegenüber Ihren Aussagen vertraut.

Wir werden uns im Verlauf noch mit der Bedeutung von Marken, bspw. als Absender eines Produkts oder einer Dienstleistung, beschäftigen. Allgemein betrachtet ist jeder Einzelne eine »Marke«, ebenso wie Institutionen. Warum es in Zeiten digital schnell verbreiteter (Falsch-) Meldungen so wichtig ist, sich selbst treu zu bleiben und die eigene Glaubwürdigkeit und Integrität zu wahren, lesen Sie im folgenden Beispiel.

Wie eine hochintegre Institution zweifelhafte Statistiken verbreitet

Während ich dieses Buch schrieb, veröffentlichte das Bundesministerium für Wirtschaft und Energie das Ergebnis einer Studie auf Twitter: 25 % der Deutschen können in wenigen Worten erklären, was künstliche Intelligenz (KI) bedeutet. Darunter noch ein lustiges Interaktionselement: eine Umfrage. Twitter ist ein 2006 gestarteter Social-Media-Kanal, auf dem mit 1,8 Millionen deutschsprachigen Nutzerkonten vergleichsweise wenige Nutzer aktiv sind. Sie treffen hier überwiegend »Fachpublikum« wie Journalisten, Politiker und Experten ihres Fachs.

Zurück zur Umfrage auf Twitter. Sie ahnen es schon: Wir haben hier den Biomarkteffekt. Ganze 93 % der 43 Teilnehmer auf Twitter (ich war eine davon) können KI erklären. Nur drei verneinten. Mein GMV sagte bei den 93 % »Ja, das passt«, ist Twitter doch ein Medium, in dem sich fast ausschließlich technologieaffine Menschen tummeln. Und wer sich für die Nachrichten eines Wirtschaftsministeriums interessiert, ist wohl erst recht im Thema.

Aber 25 % der Deutschen? Mein GMV schlug Alarm. Wäre der Absender irgendein Klatschblatt gewesen, hätte ich drüber hinweggelesen, weil ich schon diesen Absender nicht ernst nehme (Thema Marke! Dazu weiter unten mehr). Aber das Bundeswirtschaftsministerium? Dort, wo ich seit einigen Jahren und sehr gerne eine Beiratsrolle wahrnehme und Hinweise geben soll, wie das Digitale zu gestalten ist? Da fühle ich mich aufgefordert, Haltung einzunehmen. Ich muckte auf und antwortete auf den Tweet, dass ich Zweifel an der Richtigkeit der 25 % habe. Ich schätze diese Zahl – aus meiner Erfahrung und Studien heraus – deutlich niedriger ein. Zwar erhielt ich keine Antwort des BMWi, aus dem Lobbyumfeld aber erreichte mich eine scharf formulierte private Nachricht. Und was glauben Sie, was darin stand? Wie ich es mir erlauben könnte, eine Aussage des BMWi in Zweifel zu ziehen! Meine Antwort: Gerade weil ich mich in dem Feld auskenne, finde ich es wichtig, Haltung einzunehmen.

Genau das ist entscheidend: Lassen Sie uns in Diskurs gehen, statt blind zu vertrauen. Am Diskurs wachsen wir alle und lernen aus der Erfahrung und im Kontext mit anderen. Dazu gehört auch, etwas aushalten zu können. Im blinden Vertrauen jedoch bleiben wir passiv, wachsen nicht in die Gestalterrolle und fügen der Diskussion keine eigenen Akzente hinzu. Also: Statt einfach im Schwarm mitzuschwimmen, drücken Sie die eigene Haltung oder Überzeugung aus dem gesunden Menschenverstand offen aus, auch wenn mit Widerstand zu rechnen ist. Resilienz nennen die Psychologen diese Widerstandskraft. Was dazu beitragen kann, diesen wichtigen Soft Skill zu schulen, sehen wir im *Kapitel 4: Bildung*.

Zum Diskurs gehören Argumente und Gegenargumente, die uns oder unser Gegenüber auch überzeugen können. Es gehört Mut dazu, Fehler und Fehleinschätzungen zu korrigieren oder zu kommentieren. Als schädlich dagegen stufe ich Passivität ein – die »Nichts sehen, nichts hören, nichts sagen«-Haltung der berühmten drei Affen, wie ich sie zunehmend wahrnehme. Und zwar immer dann, wenn die Themen besonders kompliziert werden, wie etwa beim Thema Daten.

Lassen Sie uns aufstehen und den Diskurs starten. Aus gesundem Menschenverstand. Das wäre ein wunderbarer Beginn der »halb vollen« Sichtweise auf die Welt.

Mensch und Maschine

Stärken entfalten

Die »Halb voll«-Haltung kann uns helfen, in jeder Situation auf die Stärken und Potenziale zu blicken statt auf die Schwächen. Der Neurobiologe und Bestsellerautor Gerald Hüther nennt es Potenzialentfaltung und beschreibt, dass wir mit Kreativität und Begeisterung statt Stress und Leistungsdruck das entfalten, was in uns steckt.[9] Die Neuroplastizität, also Weiterentwicklung unseres Gehirnnetzwerks, geschieht nur, wenn wir etwas mit Begeisterung tun. So liegt es mir am Herzen, Begeisterungsfähigkeit für diese neue digitale Welt zu schaffen. Wer in Zeiten des digitalen Wandels zum Gestalter wird und die eigenen Stärken entfaltet, kann vom Wandel nicht überrollt werden.

Der Beginn dazu ist Neugier. Beeindruckende Beispiele für Neugier begegneten mir in den USA, wo ich zwei Mal gelebt habe. Das erste Mal flog ich gleich nach dem Abitur rüber, um für einige Wochen bei einer Familie zu leben. Schon im Auto vom Flughafen nach Hause wurde klar, dass ich in einer mir noch sehr fremden Kultur gelandet war. Ich wurde auf lockere Art und Weise über dies und jenes befragt und empfand das als echte Neugier auf die Person, die nun bei ihnen einzog. Jetzt kann man sagen, wer einige Wochen oder Monate den Haushalt teilt, interessiert sich wohl besser für seine neue Mitbewohnerin. Sicher stelle ich die amerikanische Kultur hier sehr vereinfacht dar, aber belassen wir es an dieser Stelle bei diesem für mich bleibenden Eindruck: Während meiner mehrmonatigen Aufenthalte in Familien gewann ich das Gefühl, dass die Kultur Neugier ausstrahlte. Neugier auf das, was da kommen mag. Wissen, dass man etwas selbst entdecken kann und muss. Eine Art Christoph-Kolumbus-Mentalität, die Welt (neu) zu entdecken. Und diese Neugier steckte mich an.

Einfach mal herausfinden, was hinter einer Haltung oder Handlung steckt, was den anderen antreibt und bewegt – ein Grund, warum ich mich im weiteren Verlauf meiner Laufbahn für die Marktforschung entschied und somit dafür, den Dingen auf den Grund zu gehen, den Menschen wirklich zu verstehen und dann in seinem Sinne zu handeln.

Wie wäre es also, wenn wir dem Menschen zugewandt grundsätzlich auf die Potenziale schauen statt auf die Defizite? Wenn wir betrachten, was den Menschen wirklich ausmacht, und ihn darin fördern, worin er stark ist? Denn wenn wir weiter alle gleich behandeln, betrachten wir den Menschen wie eine Maschine. Die macht alles gleich, kann aber auch nur Bekanntes verarbeiten. Nur das, was sie gelernt hat. Von »Natur« aus, eben weil sie keine Natur ist, sondern programmiert wird mit dem, was sie tun soll. Nicht umsonst gibt es ganze Forschungsfelder, wie etwa die Bionik, bei der die Maschine von der Natur lernen soll. Aber auch dies bedeutet lediglich nachzuahmen, was die Natur selbstständig hinbekommt. Während die Natur sich selbst weiterentwickelt, bleibt die Maschine in ihrem Imitationsmodus stecken. Allein die neurobiologische Erkenntnis, dass Kreativität und Begeisterungsfähigkeit neue Verbindungen im Gehirn des Menschen herstellen, lässt erahnen, dass dies maschinell unmöglich ist.

> **Bionik:** Wissenschaft, die technische, besonders elektronische Probleme nach dem Vorbild biologischer Funktionen zu lösen versucht. (Duden online)

Wir verkennen den großen Unterschied zwischen Mensch und Maschine, wenn wir nicht endlich umdenken, beide grundlegend anders behandeln und deutlich machen, dass uns der Unterschied sehr wohl bewusst ist. Das kommt mir oftmals zu kurz.

Dabei will ich Sie ermuntern, nach Lösungen zu suchen, wie Mensch und Maschine nicht gegeneinander, sondern miteinander arbeiten. Eine Lieblingsserie meiner Kinder ist »Miraculous«.[10] Superhelden-Filme wie »Superman« u. Ä. erlangen seit Jahrzehnten zuverlässig

Weltruhm. Sie handeln davon, wie der Mensch Superkräfte erhält und so die Welt rettet. So ähnlich, mit weniger Fiktion, stelle ich mir die Zukunft vor, wie wir sie prägen. Auch in der Digitalisierung gewinnt der Mensch, mit digitalen Superkräften, die uns nicht schwächen, sondern die wir als Stärke zu nutzen wissen.

Das Wesen des Menschen

Bedenke, dass die menschlichen Verhältnisse insgesamt unbeständig sind, dann wirst du im Glück nicht zu fröhlich und im Unglück nicht zu traurig sein.
Sokrates (469–399 v. Chr.)

Was macht den Menschen aus und was die Maschine? Ich will aus der Perspektive der Wirtschaftsinformatikerin erzählen, die im Hinterkopf immer gleich die Realität in Programmlogik übersetzt. Die Wirtschaftsinformatik ist einerseits ein Brückenbauer, und zwar wortwörtlich zwischen (jedem vorstellbaren Zweig) der realen und der Wirtschaftswelt und der Informatik oder Computerwelt. Andererseits ist sie Übersetzer zwischen der neuen digitalen Sphäre, den IT-Experten und allen anderen Lebensbereichen. Denn unser Leben ist bereits durchzogen von digitalen Elementen. Sei es das Theaterticket, das ich per App kaufe, oder der Urlaubsantrag, den ich online einreiche. Auch Maschinen, die ich vielleicht heute noch selbst steuere, werden zunehmend miteinander kommunizieren.

Mich interessiert hier aber das zutiefst Menschliche in unserer Welt. Das Menschliche, das uns täglich begleitet und sich durch eine digitalisierte Welt mehr und mehr herausgedrängt fühlt. Ich möchte ergründen und beweisen, warum der Mensch wichtiger ist als die Maschine. Und warum das auch so bleiben wird, sodass jeder einzelne Mensch dem digitalen Wandel mit mehr Selbstbewusstsein begegnen kann.

Vor allem aber liegt mir am Herzen, Handlungsempfehlungen zu geben, wie Sie, ich, wir alle gemeinsam die Welt menschenwürdig erhalten. Vielleicht finden Sie die heutige digitalisierte Welt schon »menschen-unwürdig« und haben das Gefühl, der Mensch sei bedroht?

Die Würde des Menschen ist unser höchstes Gut. Das Grundgesetz beginnt in Artikel 1 mit dem Grundsatz »Die Würde des Menschen ist unantastbar« und dies gilt natürlich auch in der digitalen Welt. Es ist mir eine Herzensangelegenheit, Ihnen Impulse mit auf den Weg zu geben, wie Sie als Einzelner dazu beitragen können, die Welt menschenwürdig zu gestalten, auch wenn Ihnen das Digitale vielleicht noch sehr fremd ist. Und dies *mit* den digitalen Möglichkeiten, nicht gegen sie.

Das Ziel ist erreicht, wenn Sie am Ende des Buches nicht mehr ganz so viel Respekt davor haben. Wenn Sie die letzte Seite mit dem Gefühl lesen, dass Sie es anpacken können, ja, vielleicht sogar richtig Lust haben, »dieses Digitale« jetzt noch mal bei den Hörnern zu packen. Dann ist es gelungen: die Zukunft vom Menschen her und für den Menschen zu denken.

Eine positive Haltung gegenüber den digitalen Möglichkeiten scheint mir die einzige Option zu sein, als Gesellschaft den Wandel so zu gestalten, dass der Mensch auch wirklich im Mittelpunkt steht. Und dabei möchte ich Sie mitnehmen, ganz gleich ob Sie Schüler, Eltern oder ein Manager sind, der Verantwortung für viele Mitarbeiter trägt. Lassen Sie uns eine Reise in eine positive, digitale Zukunft antreten. Dazu gehört auch, dass wir eine Aufklärung erfahren darüber, was technologisch geht, was wir selbst beeinflussen können, wenn wir digitale Technologien nutzen, und wie wir sie selbst gestalten können. Insbesondere all jene, die im Berufsleben stehen, die privat oder auch im Ehrenamt Verbesserungen herbeiführen wollen und können.

Dafür möchte ich Ihnen ein Beispiel geben. Es gibt Menschen, die haben schon ein halbes Leben lang vor, ein Buch zu schreiben. Ich dagegen brauchte ein erschütterndes Erlebnis, um auf diese Idee zu kommen. Mit 45 Jahren hatte mein Mann einen Herzinfarkt. Einfach so, mitten am Nachmittag. Zum Glück war schnell der Krankenwagen da und sein Herz konnte – nicht zuletzt dank digitaler Technologien – mit 100 % Leistung gerettet werden.

Auf dem Weg ins Krankenhaus waren die Helfer im Krankenwagen bereits mit Ärzten in der Notrufstelle verbunden. Sie sahen live seine Vitalparameter und informierten den behandelnden Arzt im Klinikum detailliert, sodass dort alles für den anstehenden Eingriff vorbereitet werden konnte. Die Technologie namens *Telenotarzt* ist eine Entwicklung, die zufällig und glücklicherweise bei uns in der Region Aachen entstanden und hier als Erstes im Einsatz war. Im Krankenhaus angekommen, waren die Ärzte bereit und schoben ihn gleich in den OP.

Vollkommen unerwartet traf uns dieses schreckliche Ereignis. Und es führte dazu, dass wir überlegten, was wir eigentlich noch erleben wollten, und dass wir begannen, dies umzusetzen.

Ich wünsche niemandem solch eine Situation. Doch auch ohne sie liegt es an jedem Einzelnen selbst, sein eigenes Geschick in die Hand zu nehmen. Besonders in Zeiten des schnellen Wandels, in denen die Zeit rast und sich das Gefühl einstellt, man habe immer weniger Zeit für sich und seine Aufgaben.

Es geht um den Menschen. Darum, wie es *uns* geht. Mit drei Kindern, zwei Jobs, Selbstständigkeit und mehreren Ehrenämtern, die auf unseren Schultern lasteten, kamen wir schlicht zu kurz. Wir waren weniger die Gestalter unseres Lebens als vielmehr die, die auf äußere Umstände, die wir selbst geschaffen hatten, reagierten. Das Leben gestaltete uns und das machte Angst.

Neurobiologisch gibt es nur drei Reaktionen auf Stress oder Angst: Flucht, Schockstarre oder Angriff.[11] Wir entschieden uns für den Angriff im positiven Sinne, nämlich die Neusortierung unseres Lebens. Ich gab viele Ehrenämter ab, bei denen ich das Gefühl hatte, dass das Verhältnis zwischen meinem positiven Zutun und dem Aufwand, wie etwa Reisezeiten, nicht stimmte. Oder wo es einfach menschlich nicht harmonierte und unglaublich viel Energie dabei draufging, dass man im Team klarkommt und miteinander statt gegeneinander arbeitet.

Eine Sache aber kristallisierte sich immer stärker heraus: Ich wollte und will darüber erzählen, warum technologischer Fortschritt nichts ist, vor dem die Menschen sich ängstigen oder weshalb sie in Schockstarre fallen sollten. Dass wir vor der digitalisierten Welt nicht fliehen, sie nicht bekämpfen müssen, sondern dass sie uns Menschen sehr viele Chancen liefert – sei es im Job, in der Freizeit oder, wie ich gerade erst erfahren hatte, im Krankenwagen.

Ich bin überzeugt, dass digitale Technologien geeignet sind, es uns Menschen besser gehen zu lassen und das Leben lebenswerter zu machen. Dazu bedarf es nicht einmal so lebensbedrohlicher Situationen. Dieses Buch spricht nicht ausführlich darüber, wie die Digitalisierung gerade in den Regionen helfen könnte, wo Menschen in Not sind, wie in Schwellen- und Entwicklungsländern, in Krisenregionen und von Bürgerkriegen geschüttelten Ländern. Es würde dem Thema nicht gerecht werden, wenn ich behaupten würde, das könnte man »mal eben« abhandeln. Es macht mir aber Hoffnung, wenn wir bspw. in der Lage sind, Medikamente mit Drohnen in Krisengebiete zu bringen und auch in Schwellenländern erste digitale Lösungen zu sehen.

Perspektivwechsel

Falls Sie sich über meinen Namen wundern: Ja, der steht so im Pass, denn ich bin Deutsche mit Migrationshintergrund. Mein Vater ist Syrer und meine Kindheit verbrachte ich wie viele Migrationskinder: Am ersten Tag der Sommerferien ging es nach Syrien und sechs Wochen später kamen wir zurück. Es ist das Leben in zwei ganz unterschiedlichen Lebenswirklichkeiten, das mich gelehrt hat, aufmerksam zu sein, Kulturen zu erspüren und andere Perspektiven zu verstehen. Ich liebe es, Teil beider Kulturen zu sein, auch wenn sich der Kontakt zu meiner Familie in Syrien (der weitaus größte Teil lebt weiterhin dort) auf den Austausch via Facebook beschränkt. Allein dafür empfinde ich soziale Netzwerke als unglaublich wertvoll. Dass sie auch Zeitfresser und Ablenkungsmanöver von Wichtigerem sein können, wenn man mehr reagiert als selbst agiert – damit werden wir uns noch beschäftigen.

Ohne Facebook hätte ich nicht so viele Cousinen und Cousins und deren Kinder wiederentdeckt. Es wäre nahezu unmöglich, denn als ich das letzte Mal in Syrien war, gab es dort noch keine Smartphones und somit keinen Austausch über WhatsApp, Viber, WeChat, Kakao oder andere Messenger. Heute verfolgen wir alle digital, was in den Familien passiert, und bekommen viel mehr voneinander mit. Auch hier kann und darf man kritisch sein, denn natürlich bringen die neuen digitalen Möglichkeiten eine schier unfassbare Datensammlung mit sich. Gleichzeitig schmerzt es mich zu sehen, dass in Zeiten des Bürgerkriegs einige Themen nicht öffentlich angesprochen werden, weil die Menschen Angst haben, etwas Falsches zu sagen. Es ist ein Beispiel dafür, wie Daten *gegen* den Menschen verwendet werden können. Auch das schauen wir uns noch genauer an.

Dabei geht es mir weniger um ein politisches Statement als vielmehr um den Appell, genau hinzuschauen. Ebenso wie bei den Studienergebnissen tut oft ein Perspektivwechsel gut. Die Weltlage über verschiedene Medienkanäle zu verfolgen ist im digitalen Zeitalter recht leicht und erweitert den eigenen Horizont.

Genau hier liegt schon das erste Potenzial der Zukunft: Mithilfe künstlicher Intelligenz sind automatische Übersetzungen in viele Sprachen bereits in guter Qualität möglich. Kürzlich sah ich ein Start-up, das die Weltnachrichten aus verschiedensprachigen Medien in einer für mich lesbaren Sprache, zum Beispiel Deutsch oder Englisch, zusammenstellte. Ein Beispiel dafür, in einer positiven digitalen Zukunft umfassender informiert zu sein.

Die Merkmale der Maschine

»Mensch und Maschine« sind zumeist ein Kontrast: der lebendige, unberechenbare Mensch versus die maschinell programmierte Routine. Auch wenn ich in meinen Zeilen den Computer oder Roboter meine, so spreche ich oftmals einfach von der Maschine. Was macht sie also aus?

Maschinen sind besonders gut darin, einmal Gelerntes immer wieder zu tun. Das gilt für unsere »digitalen Maschinen« gleichermaßen, die, vereinfacht gesagt, aus etwas Blech und aus viel Software, den sogenannten Algorithmen, bestehen. Jede Maschine wiederholt in hoher Geschwindigkeit und Gleichmäßigkeit ihre Aufgaben.

Computersoftware wird manches Mal als »intelligent« bezeichnet und wir denken: »Moment mal, intelligent ist doch etwas, was uns Menschen ausmacht?!« Und so entspinnt sich die Diskussion darüber, wie intelligent Maschinen eigentlich sind und ob sie uns Menschen in ihrer Intelligenz überholen können. Wie intelligent Maschinen wirklich sein können, betrachten wir in *Kapitel 2*.

Wer aus dem Kino kommt und lieber heute als morgen in der Zukunftsvision des Science-Fiction-Szenarios leben würde, der mag vielleicht nicht weiterlesen. Ich glaube nicht daran, dass wir innerhalb der kommenden 100 Jahre zum Cyborg mutieren und in einer Art Science-Fiction-Film leben werden. Gleichzeitig bin ich großer Technologiefan und liebe es, quasi in der Zukunft zu leben. Bei vielen neuen Gadgets kann ich es gar nicht abwarten, sie auszuprobieren.

Während hierzulande noch diskutiert wird, wie wir die Zukunft der Mobilität gestalten, setzte ich mich im Jahr 2015 erstmals in ein reines Elektroauto, das mehr Computer als Automobil ist, und fahre es seitdem. Unzählige Menschen haben mich angesprochen und fragen, wie das denn so klappt mit der Reichweite und dem Laden von Strom (falls Sie gerade die gleiche Frage im Kopf haben: Es fährt 400 km weit, ich lade entweder zu Hause oder nutze lokale Ladeinfrastrukturen, die aber noch ausbaubedürftig sind), und wundern sich, dass es auch sicherheitsrelevante Updates vor der Haustür über das WLAN zieht.

Auch die neuen Sprachassistenten wollte ich gleich ausprobieren. Ich gebe zu, den Fakt, dass da nun eine Technik ständig zuhört, wische ich nicht einfach so von der Schulter. Wir sollten die Frage, was von wem wann aufgezeichnet wird, diskutieren, schließlich gibt es eine ethische Seite hinter all der Technologie. Damit und mit der Frage, *wen* lasse ich zuhören, werden wir uns noch beschäftigen.

Was mich fasziniert, sind technische Alltagsgegenstände, die unser Leben erleichtern. Und dabei möglichst wenig ins Gewicht fallen, also keinen Aufwand produzieren, und sich nahtlos in mein Leben einfügen. Nicht ich will mich an das neue Gerät anpassen, sondern ich erwarte, dass es sich auf mich einstellt und mir eine Art Leichtigkeit verschafft. Nicolas Negroponte beschrieb bereits im Jahr 1995 in seinem Buch »Being Digital«[12] eine Zeitung, die wir zukünftig als digitales, rollbares Papier überallhin mitnehmen werden, den Computer, der mich versteht – nicht umgekehrt –, und den Sprachassistenten, der uns zuhört und unsere Sprache spricht.

Einiges davon ist wahr geworden: Spracherkennung hat große Fortschritte gemacht, perfekt ist sie noch nicht. Und sie erkennt nur, was sie gelernt hat, was wir im *Kapitel 2: Künstliche Intelligenz* besser verstehen werden. Anderes scheint noch in weiter Ferne, wie etwa das digitale Zeitungspapier oder der Computer, der mich selbstständig versteht und in meinem Sinne agiert. Nicht zuletzt ist der Erfolg eines sehr intuitiv bedienbaren Smartphones wie des Apple iPhone ein Indiz, dass in dem Feld noch viel Raum ist für wirklich »smarte« Technik, die sich an den Bedürfnissen des Menschen ausrichtet.

Letztlich will ich selbst jederzeit Herr oder Frau der Lage sein und mich für oder gegen eine Technologie entscheiden können. Aber eine Maschine, die mein Leben erleichtert, hat gute Chancen, ein regelmäßiger Partner meines Lebens zu werden.

Doch wie stellen wir das an? Woran fehlt es, dass wir zwar sorgenvoll in die Zukunft schauen und die Bedeutung der Technologie für uns alle diskutieren, aber wenig Lösungsvorschläge in Sicht sind, wie wir die Zukunft für uns Menschen gestalten?

Es ist an der Zeit, eine eigene Haltung einzunehmen, digitalen Technologien nicht per se und unkritisch nachzuhecheln, uns ihnen aber auch nicht komplett zu verweigern. Wenn wir das Digitale gestalten, kann es eine durchweg positive Entwicklung sein. Wir brauchen eine neue Art der Digitalkultur.

Ich will Ihnen das Handwerkszeug mitgeben, selbst ins Gestalten zu kommen, und Ansätze zum Nachdenken und für den Diskurs aufzeigen. Ich möchte meine Erfahrung teilen aus den vergangenen 20 Jahren Arbeit mit Menschen und Unternehmen, überwiegend im Bereich der Innovation, aber auch rund um Marken und Digitalisierung. Schlussendlich sollen Ihnen der Methodenkoffer und mein Manifest helfen, im Alltag die Herausforderungen der digitalen Realität – oder auch Digitalität – zu meistern.

2 Vom Algorithmus zum Menschen

Digitalität

Sind Sie schon mal über den Begriff »Digitalität« gestolpert? Gemeint ist die Kombination aus »Digitalisierung« und »Realität«. Digitalität will ausdrücken, dass wir nicht über eine rein technologische Entwicklung reden, sondern dass das Digitale bereits Teil unserer Lebensrealität ist und in Zukunft noch viel mehr mit ihr verwoben sein wird. Der Einfluss auf unsere Gesellschaft und unsere Lebenswelten steckt in »Digitalität« ebenso wie die soziale Komponente in unserer heutigen digital-analogen Welt.

Ich persönlich halte nicht viel von Wortklauberei. Während das eine Thema (Digitalisierung) noch nicht vollständig verstanden ist, wird bereits der nächste Fachbegriff (Digitalität) eingeführt. Jeder Einzelne, der mit der Digitalisierung noch nicht abgeholt wurde und verstanden hat, was sie für ihn bedeutet, könnte vollkommen durcheinandergeraten oder gleich abschalten und »nix davon hören« wollen.

Das Internet ist für uns alle Neuland,

sagte Bundeskanzlerin Angela Merkel bei einem Treffen mit dem US-Präsidenten Obama im Juni 2013 und wurde im Internet der Experten, auf Twitter, sogleich verhöhnt. In Wirklichkeit sprach sie etwas aus, was vielleicht die Mehrheit der Menschen denkt, und das sollte daher kein Anlass für Gespött sein.

Vor diesem Hintergrund dachte ich spontan, als ich das erste Mal von »Digitalität« hörte: Nein, nicht noch eine neue Formulierung für die gleiche Sache! Für dieses Buch setzte ich mich dann doch näher damit auseinander und muss zugeben, dass sehr viel Sinn in ihm steckt.

»Digitalität« will ausdrücken, dass wir nicht aus der Technikpers-pektive auf die Veränderungen schauen, die die Digitalisierung mit sich bringt, sondern aus der gesellschaftlichen Perspektive. Genau das ist ja die Motivation für mein Buch! Ich war hin- und hergerissen: Bediene ich mich nun auch dieser unsäglichen Manier, gleich mit dem nächs-ten Schlagwort um mich zu werfen? Oder ist es nur fair, Sie gleich mitzunehmen in den neuesten »heißen Scheiß« in der Umschreibung dessen, was uns alle inzwischen alltäglich beschäftigt? Nämlich weni-ger die reine Technologie, die unseren Alltag bestimmt, sondern viel-mehr die Frage dahinter, wohin das alles führt und wie unsere zukünf-tige Lebensrealität aussieht. Und ob wir uns von der digitalen Elite, die in der Lage ist, das Digitale zu verstehen und heute schon zu gestalten, irgendwann abhängen lassen oder ob ganz selbstverständlich das Di-gitale Bestandteil unserer Realität wird und so ziemlich jedermann es selbst gestalten kann.

Die digitale Realität ist heute schon unser Alltag. Kaum wegzuden-ken ist das Mobiltelefon, das uns mit allem und jedem vernetzt. Es ist oft das Erste, was wir morgens in die Hand nehmen, und das Letzte, was wir abends aus der Hand legen. Es ist vielfach sogar sehr zentra-ler Bestandteil unseres Tagesgeschehens, und das nicht nur im Job. Sei es, dass wir mit Freunden, Familie oder Kollegen per WhatsApp in Kontakt sind, uns per digitalem Kalender und mit Einkaufslisten selbst organisieren oder der neue Personal Trainer eine Lauf-App ist. Im Büro oder am Fließband, ja selbst im Traktor, ist das Digitale nicht wegzudenken.

Die Agrarwirtschaft war sogar der erste Wirtschaftszweig mit der höchsten Digitalisierungsrate. Die Zukunft ist auf dem Feld nebenan schon eingezogen, ohne dass wir es vielleicht wahrnehmen: Äcker wer-den digital kartiert, Sensoren messen die Feuchtigkeit des Bodens, den Schädlingsbefall oder den Wachstumsfortschritt der Pflanzen. Die Da-ten landen in Echtzeit auf Datenbanken und Landmaschinenhersteller bieten zu den Sensoren am Ackergerät gleich die digitale Plattform mit der Analyse der umfassenden Datensammlung.[13] Die genaue Position per GPS fließt ebenso ein wie Sensor- oder Wetterdaten. So empfiehlt heute schon der digitale Helfer den optimalen Zeitpunkt für Aussaat, Düngung oder Wässerung. Dabei fahren Erntemaschinen autonom und Unkraut wird per Laser gejätet. Im positiven Sinne kann die digi-tal unterstützte Bewirtschaftung mit umweltverträglichen Hilfsmitteln die Natur aufs Feld zurückholen und könnte – wenn der Mensch das Ziel setzt – sogar dabei helfen, dass die Artenvielfalt zurückkehrt.

Was denken die Menschen über Digitalisierung?

Wir haben die Menschen gefragt, wie sie zur Digitalisierung stehen.[14] Das Ergebnis: Das Internet verändert unser Leben, es bringt viel Neues für unsere Zukunft, aber auch eine neue Geschwindigkeit.

Dass vieles einfacher und schneller geht, gehört zu den positiven Aspekten. Negativ schlägt vor allem zu Buche, dass der Mensch zu kurz kommt, ebenso wie die Sorge um Datenmissbrauch.

Digitale Medien sind integraler Bestandteil unseres Lebens geworden. Wir informieren uns nicht mehr nur (wenn überhaupt) durch klassische Medien, wie Zeitungen oder TV-Sendungen, sondern können Nachrichten im Minutentakt online verfolgen. Filme schauen wir immer seltener nach festem Fernsehprogramm, sondern zu jeder beliebigen Zeit (dann, wann es uns passt) und an jedem beliebigen Ort (dort, wo wir gerade sind) auf verschiedenste Endgeräte gestreamt, sprich: übertragen.

Die neuen digitalen Möglichkeiten der Information und Kommunikation bringen uns einen großen Nutzen, auch wenn wir die damit einhergehende Informationsflut vielleicht schon als Last empfinden

Meinung der Menschen zur Digitalisierung

Chancen der Digitalisierung

und lernen müssen, damit umzugehen. Uns nicht scheuchen zu lassen von dem, was per Handy, E-Mail-Box oder Social Media sofort unsere Aufmerksamkeit fordert. Wir geraten ins Reagieren, statt aus eigenem Antrieb handeln zu können, und verlieren darüber jede Menge Zeit und Fokus, nämlich selbst die Gestalter unseres Tages zu sein. Besonders auffällig wird dies im Job, worüber ich in *Kapitel 4* spreche.

Wo hat das Gestalten seine Grenzen? Natürlich kann nicht jeder seinen Job täglich neu arrangieren. Aber wir dürfen und müssen die Frage stellen, worin unsere Rolle als Mensch, als Rädchen eines Prozesses, besteht. Ob wir stets auf immer gleiche Weise funktionieren sollten oder ob dies nicht vielmehr eine Aufgabe ist, die die Maschine besser übernehmen kann. Wo können wir den gesunden Menschenverstand einsetzen, um das Digitale sinnvoll zu gestalten?

Risiken der Digitalisierung

Wir schauen auf eine neue digitale Realität. Lernen Sie aus Beispielen, aber auch aus meiner Perspektive als Mutter, Unternehmerin und Informatikerin. Ich wünsche mir, dass Sie dies zu Ihrer ganz persönlichen Reise werden lassen. Was von meinen Exkursen betrifft Sie? In welchem Maße? Was sind Ihre persönlichen Lösungsansätze aus dem Gelernten?

Fragen wir uns gemeinsam, wie wir – jeder Einzelne, aber auch wir als Gesellschaft – die menschlichen Stärken stärken. Und zwar genau in dieser neuen digitalen Realität. Nicht wegen ihr oder gegen sie, sondern *mit* ihr. Lassen Sie uns erkunden, was die digitale Zukunft bringen wird. Dazu sind ein paar Grundkenntnisse zur digitalen Welt wichtig. Denn mit dem passenden Rüstzeug und Grundverständnis lässt sich genau diese Zukunft gestalten.

Algorithmus

Was ist eigentlich ein Algorithmus? Das Gabler Wirtschaftslexikon sagt, es sei ein

Lösungsverfahren in Form einer Verfahrensanweisung,
das in einer wohldefinierten Abfolge von Schritten
zur Problemlösung führt.

Algorithmen beschreiben also eine Verfahrensanweisung zur Lösung eines Problems. Sie erkennen nicht das Problem, geschweige denn, dass sie es (eigenständig) lösen – dazu müssten sie es ja »verstehen«. Ein Problem besteht immer in einem gewissen Kontext, den es ebenfalls zu durchschauen gilt. Ein Kaugummi ist etwa im Supermarktregal oder im Mund (sofern Sie gerne Kaugummi kauen) eine gute Sache. Unter dem Schuh klebend nicht. Abgesehen davon, dass uns kein Algorithmus der Welt den Kaugummi von der Schuhsohle kratzen wird, ist die Einordnung, ob »Kaugummi« etwas Gutes oder Schlechtes ist, nur im Kontext machbar. Dem Menschen gelingt das sehr leicht, Maschinen müssen dies vom Menschen lernen.

Schauen wir auf ein Beispiel aus meinem Alltag, um den Begriff »Algorithmus« besser zu verstehen. Mit einem Algorithmus könnten Sie etwa einen Tagesablauf in Form von Schritten beschreiben mit all den Aufgaben, die auf Sie warten (es müssen ja nicht immer gleich »Probleme« sein, wie o. g. Definition beschreibt). Manche Aufgaben können Sie erst erledigen, wenn zuvor eine bestimmte Bedingung eingetreten ist. »Wenn – dann« oder »solange« sind typische Lösungsverfahren in Algorithmen.

Hier mein Beispiel: Meine kleinste Tochter plant ihren Übernachtungs-Kindergeburtstag mit Freundinnen. Und der sieht in etwa so aus:

o Wenn alle Kinder da sind,
o dann Flaschendrehen und Geschenke auspacken,
o solange noch Geschenke da sind.
o Dann Marmorkuchen essen.
o Dann Schatzsuche usw.

Wenn man sich die einfache Abfolge des Kindergeburtstags anschaut, erkennt man ein Regelwerk, das vermutlich jeder von uns kennt. Die

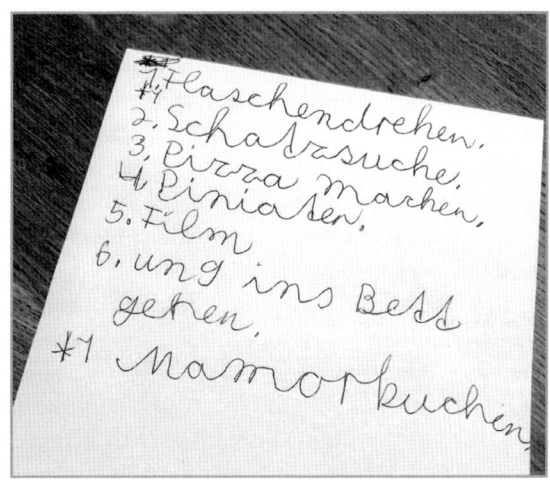

Die Planungen meiner Jüngsten zu ihrer Geburtstagsfeier

Maschine folgt Algorithmen, wie wir Menschen etwa Ritualen. Es gibt kleine Unterschiede und Abweichungen, die man klar beschreiben kann. Insofern ist der Algorithmus etwas, was uns zutiefst vertraut sein sollte. Nur dann nicht, wenn man dazu eine gesonderte Sprache lernen muss, nämlich die, die die Maschine versteht. Nichts anderes ist ein Computerprogramm: ein Algorithmus oder ein Regelwerk in einer bestimmten (Programmier-)Sprache.

Mit Algorithmen kann man also viele logische und auch sehr komplizierte Aufgaben beschreiben, wie etwa das Sortieren von Zahlen, Verzweigungen (WENN–DANN–SONST), Berechnungen oder Wiederholungen.

Hinter der Fassade nahezu aller neueren Geräte in unseren Haushalten arbeitet eine digitale Steuerung. Berechnungen erfolgen in Millisekunden, sei es, dass Ihr Auto Sie bei einem Parkvorgang unterstützt, das Handy eine Nachricht versendet oder der Kühlschrank die Temperatur im Eisfach regelt und anzeigt.

Dabei sind Computerprogramme nie komplex, höchstens kompliziert. Der Unterschied zwischen komplex und kompliziert ist, dass alles Komplizierte einem festen Regelwerk folgt. Ein Schweizer Uhrwerk bspw. mag ein Wunder sein mit seinen vielen Zahnrädern und auch ein wenig undurchschaubar für den Laien. Es ist aber »nur kompliziert«, denn die Zahnräder greifen – solange die Uhr nicht kaputt ist – auf immer gleiche Art und Weise ineinander und bewegen so die Zeiger der Uhr. Auch eine Steuererklärung ist kompliziert, nicht komplex – auch wenn es sich anders anfühlt. Denn es sind einfach unglaublich viele Regeln, die zu beachten sind. So viele, dass selbst der beste Finanzbeamte wohl manches Mal den Überblick verlieren dürfte.

Komplex wird etwas, wenn es unvorhersehbar oder nicht beherrschbar ist. Oder wenn mehrere Einflussfaktoren gleichzeitig einwirken. Oft sind es sogar wir Menschen, die die Dinge komplex werden lassen. Vielleicht eine ganz sympathische Unberechenbarkeit und ein Unterschied zur Maschine. ;-)

Ein Beispiel: Nehmen wir Abläufe in großen Unternehmen, in denen viele verschiedene Menschen in unterschiedlichen Funktionen miteinander arbeiten. Komplex wird es schon, wenn nicht nur zwei Menschen oder Institutionen miteinander zu tun haben, sondern eine dritte hinzukommt. Geschweige denn es werden noch mehr Partner. Das kennen Sie sicher.

Die beste Lösungsstrategie für komplexe Situationen ist übrigens, den gesunden Menschenverstand einzusetzen, nämlich mit dem Ziel, komplexe Situationen zu vereinfachen.

Gehen wir zurück zu der Frage, ob ein Algorithmus Probleme lösen kann, denn auch in der öffentlichen Diskussion klingt es manches Mal so, als wären die digitalen Maschinen allwissend und es sei nur eine Frage der Zeit, bis sie Probleme so wie wir Menschen lösen – oder gar besser.

Wenn wir eine Reihe unsortierter Zahlen als Problem bezeichnen und ein Sortieralgorithmus diese in Ordnung bringt, wäre das eine Lösung für ein definiertes Problem. Wenn wir allerdings wahre Probleme aus unserem Leben oder der Weltgesellschaft herausgreifen, wie etwa die Global Goals: keine Armut, kein Hunger, sauberes Wasser oder gute Bildung, dann fällt es schwer, hier irgendeine einfache Lösung per Algorithmus zu ermitteln. Erst recht wird der Computer das Problem nicht selbstständig erkennen, denn Maschinen »verstehen« die Welt nicht, wie etwa ein Mensch sie versteht. Nicht einmal wir Menschen verstehen sie schließlich alle in gleicher Weise. Diese wahrhaft komplexen Probleme bedürfen sehr vieler kleinerer Maßnahmen. Sicher können digitale Hilfsmittel Teil der Lösung sein.

Jedes vom Computer zu lösende Problem wird vom Menschen im

Rahmen gesetzter Regelwerke definiert – wie etwa Gesetze eines Landes. Definierte oder auch undefinierte Normen gelten bspw. innerhalb von Institutionen wie Unternehmen, Non-Profit-Organisationen, Kulturinstitutionen, Kindergärten, Schulen oder Universitäten, aber auch im Kontext subjektiver Anschauungen oder in einem ethischen Rahmen. Und Letzteren überträgt der Mensch in die Maschine. Er trainiert sie im wahrsten Sinne des Wortes mit den Regeln, die sie befolgen soll, und mit Daten, die er kennt. Dies sollte uns stets bewusst sein, sei es als Anwender oder als Gestalter von digital unterstützten Produkten oder Dienstleistungen.

Der Mensch wird gebraucht

Schauen wir auf ein Beispiel, in dem der Mensch als führende Kraft von der Maschine ersetzt wird. Diese Dystopie kommt bereits in Science-Fiction-Filmen vor (und vielleicht in Angst-Szenarien in unseren Köpfen), aber ich möchte ein Szenario aus unserer realen Welt nehmen. Was wäre also, wenn die Maschine zukünftig die Führung übernimmt, etwa in einer Institution, die wir kennen: ein Museum für moderne Kunst?

Stellen Sie sich vor, es handelt sich um ein Museum, das jahrelang ein Schattendasein führte. Wurde es früher noch regelmäßig gut besucht von Kulturinteressierten, Schulklassen und Veranstaltungsbesuchern, so nahm die Zahl der Besucher über die Jahre stark ab. Vielleicht waren die Menschen zu beschäftigt, ins Museum zu gehen, vielleicht bemerkten sie auch zu selten, welche spannenden Ausstellungen es dort zu sehen gab. Mit dem Museum starb die damals gut florierende Museumsgastronomie. Es war im wahrsten Sinne des Wortes ein Museum auch für die Museumskultur der Menschen. Keiner ging mehr hin.

Im menschlichen Szenario tritt ein neuer, menschlicher Museumsdirektor auf die Bildfläche. Jung, noch recht unbekannt in der Szene. Aber er kommt mit Ambitionen und bringt richtig Schwung in den Laden. Er organisiert Ausstellungen, die Aufmerksamkeit erregen. In der Stadt fallen die bunten Plakate mit außergewöhnlichen Themen auf. Er bringt Kunst neu ins Gespräch, sucht selbst das Gespräch mit den Menschen und setzt neue Akzente. Und es kommen wieder erstaunlich viele Besucher in das Museum. Es ist wieder belebt.

Im dystopischen Szenario eines Maschinenzeitalters folgt ein digitaler Museumsdirektor. Statt des ambitionierten Menschen gelangt die Maschine, womöglich in Roboterform, in die Position und führt von nun an mit ihrem Regelwerk. Der Algorithmus hat das Problem erkannt und registriert, dass täglich immer weniger Menschen ein Ticket kaufen und Einnahmen fehlen. Dann checkt er das Budget, prüft also, wie viel Geld für den Betrieb des Museums nötig ist und – bei Kulturbetrieben üblich – wie viele Zuschüsse von der Stadt oder einem Mäzen vorliegen. Er rechnet – das kann er gut: Wenn weiterhin so wenige Menschen kommen, dann hat das Museum zu wenig Geld für den Betrieb zur Verfügung. Was kann der Algorithmus (übrigens vom Menschen geschrieben) dann tun? Etwa eine automatische Nachricht an die Geldgeber senden: »Zu wenig Geld vorhanden.« Ohne weitere Begründung, den Kontext hatte er nicht. Die Empfänger der Nachricht – auch Maschinen – schauen in ihre digitalen Kassen und schicken innerhalb von Sekunden ein »Leider kein höheres Budget möglich« zurück. Wie könnte die Museumsmaschine das Problem angehen?

Vielleicht ist die Maschine sogar »kreativ« geworden und hat – mit dem letzten Rest Budget – noch eine Marketingkampagne gestartet. Der »digitale Museumsdirektor« hat seinen digitalen Kollegen »Marketingdirektor 2.0« angestoßen mit dem Hinweis: »Brauche mehr Besucher, gebe x Euro.« Dieser errechnet, wie viele Plakatflächen er mit dem verfügbaren Budget belegen kann, kalkuliert anhand der Passantenströme und vergangener Werbeschaltungen die optimale Belegung und macht sich daran, das Motiv zu entwerfen.

Sie ahnen schon: Wie gut stellen Sie sich das Ergebnis vor? Und was meinen Sie, wie sehr wären Sie als Mensch angesprochen? Aber lassen wir das mal einen Moment dahingestellt.

Nun, es gibt Algorithmen, die Kunst entwerfen können. Stellen wir uns vor, das Plakat »Kommen Sie ins Museum!« wäre von einer künstlichen Intelligenz entworfen und automatisch ausgesteuert an die digitalen Leinwände gebracht (jede Bus- oder Bahnhaltestelle wird bald damit bestückt sein, aber auch die Plakate an den großen Straßenzügen sind digital), die in der Stadt und umliegenden Region zur Verfügung stehen. Gibt es vielleicht trotzdem einen Unterschied? Liegt der Grund, sich Kunstwerke anzusehen, vielleicht vor allem an dem Menschen dahinter, an seiner Geschichte und der Erzählung, die er uns mit seinem Kunstwerk vermittelt?[15] Ich bin überzeugt davon. Nehmen wir die weltberühmte Mona Lisa von da Vinci, das Kunstwerk im Louvre in Paris. Es berührt die Menschen, davor zu stehen, es zu bewundern und sich in die Renaissance um das Jahr 1503 zurückzuversetzen, in der es entstand. Die Geschichte bewegt die Besucher. Ist das nicht mehr als ein x-beliebiges Kunstwerk aus dem digitalen Pinsel ohne Gesicht?

Meine Prognose für das digital geführte Museum lautet: Kein Mensch geht hin, Maschinen haben ohnehin kein Interesse an Kunst, in der Folge schließt es. Ich bin überzeugt: Es ist ein riesengroßer Unterschied, ob Mensch oder Maschine am Werk sind. Die Maschine wird, auch auf lange Sicht, nicht verstehen, wie sehr Persönlichkeit, Emotion und Haltung eines Menschen ein Museum unterstützen können. Gleiches gilt für Unternehmen, Schulen, Behörden usw. Sie brauchen einen Menschen mit Werten und Visionen, der die Geschicke inhaltlich gestaltet. Kreativität und Gestaltung sind zutiefst menschliche Fähigkeiten, und ich bin sicher, dass wir das Menschliche auch genau wahrnehmen, ja brauchen.

Der Mensch, der etwas gestaltet, berührt uns. Die Maschine nicht. Wir sagen »uns geht etwas unter die Haut«, wenn uns etwas emotional bewegt. Ein Erlebnis, mit dem wir Emotionen verbinden, erinnern wir besser.[16] Ja, es ist inzwischen nachweisbar, dass dies sogar für demenzkranke Menschen gilt.

Durch eigene Erfahrungen entwickeln wir Menschen uns ständig weiter, die Neuroplastizität des Gehirns haben wir ja bereits angesprochen. Und genau diese Eigenschaft hat die Maschine nicht. Sie lernt laut Regelwerk, das der Mensch ihr gibt, und damit viel eintöniger und langsamer als der Mensch. Auch das schauen wir uns noch etwas ausführlicher an.

Das Digitale betrifft uns alle

Eine Besonderheit der neuen digitalen Realität ist, dass sie uns alle betrifft. Im Job (wie sich unsere Arbeit neu gestaltet), in der Freizeit (wie wir uns informieren, kommunizieren und unseren Alltag gestalten), in der Bildung (wie und was wir lernen wollen), in puncto Gesundheit (wie wir länger fit und gesund bleiben) oder in der Mobilität (wie wir uns fortbewegen). Die Digitalisierung bewegt sich quer durch alle Lebensbereiche, Branchen, Abteilungen in Unternehmen und Institutionen oder Schulfächer in der Schule.

Wir können die Digitalisierung für uns nutzen, um ein noch lebenswerteres Leben zu führen – wenn wir uns aktiv einbringen. Dies geschieht nicht, indem wir passiv geschehen lassen und die Gestaltung des Digitalen einigen wenigen Experten überlassen, die »das Digitale« beherrschen, Programmiersprachen verstehen oder »sprechen« (bzw. tippen). Stattdessen sollte jeder Einzelne sich auf die Veränderung einlassen, ja, diese selbst in die Hand nehmen.

Die Entwicklung der digitalen Welt vollzieht sich anders als andere historische Innovationen. Weil das Digitale wirklich alle Lebensbereiche durchdringt, ist es notwendig, dass auch jeder sich damit auseinandersetzt. Wenn früher Herr Daimler das Automobil erfand und Henry Ford es massentauglich und -produzierbar machte, war dies das Spielfeld der Autoexperten. Die digitale Welt aber wird in der Zukunft sowohl im Auto als auch in allen anderen Branchen eine Rolle spielen, ja, jede Einzelne davon revolutionieren. Deshalb ist es elementar, dass wir alle diese Sprache sprechen oder die Logik grundlegend verstehen.

Jetzt werden Sie sagen: »Ja, wie denn? Das ist ja wie eine Reise in ein fernes Land, dessen Sprache ich nicht spreche.« Und Sie haben recht. Die Herausforderung ist groß. Schließlich rollt die Digitalisierungswelle auf uns zu, manche sagen sogar »über uns hinweg«. Vielleicht mag es auf den ersten Blick eine gute Strategie sein, sich wegzuducken und abzuwarten, bis die Welle vorbei ist. Aber wäre es nicht viel schöner, wenn wir alle Surfer wären und statt unter der Welle auf der Welle surfen würden? Wenn wir uns unser Surfbrett maßschneidern und einfach großen Spaß dabei haben und wenn wir das Gefühl bekommen, Herr der Lage zu sein?

Die Neurowissenschaften kennen den Unterschied. Wer das Gefühl hat, selbst nichts verändern zu können, gerät in eine Abwärtsspirale, und es tritt ein, woran man glaubt. Glaube ich, dass ich es nicht mehr schaffen kann, das Digitale selbst zu gestalten? Dann tritt auch genau dies ein.

Meine Wahrnehmung lässt mich sagen, dass wir an einem Wendepunkt stehen. Zu viel »Das geschieht mit mir« oder »Ich kann nichts tun« und zu wenig »Ich kann das begreifen«. Das Bild vom Hamsterrad kommt mir in den Sinn. Es gibt einige Ratgeber, die diese passive oder gar abwehrende Haltung verstärken. Tipps wie »Handys aus« in der Schule oder am Feierabend reichen aber nicht, denn die Welt rennt derweil weiter. Jeder Einzelne und wir als Gesellschaft laufen Gefahr, wie betäubt zuzusehen, wie andere die Welle reiten.

Bei einem fremden Land, dessen Sprache Sie nicht sprechen und das Sie vielleicht auch gar nicht interessiert, können Sie sagen:»Sollen doch andere dorthin reisen. Ich brauche das nicht.« Das können Sie halten, wie Sie mögen. Bleiben Sie einfach daheim oder reisen Sie dorthin, wo es Ihnen mehr behagt und die Sprache gesprochen wird, die Ihnen geläufig ist. Vielleicht wollen Sie auch gar nicht so weit in die Welt hinaus – auch das ist völlig legitim.

Die Digitalisierung aber kommt sicher zu Ihnen. Ganz nah an Sie heran. Und vielleicht ist es das, was so beängstigend ist. Sie umzingelt uns und ist allgegenwärtig, weil sie sich eben in alle Lebensbereiche drängt. Wegducken gilt nicht, es verbessert nicht und schützt nicht. Die Wellen werden größer, bis zu dem Augenblick, in dem Sie eine einzige große Welle über sich spüren, aus der Sie nicht mehr herausschauen können. Sie werden von einem Gefühl der Ohnmacht gepackt, als ob Sie wie von einem Tsunami überrollt werden von »den anderen«, zum Beispiel anderen Nationen, die die digitalen Entwicklungen viel entschlossener und mutiger anpacken. Das soll nicht passieren. Deshalb möchte ich – als bekennende Nichtsurferin ;-) – Ihnen einen Weg zeigen, wie Sie oben auf der Welle bleiben. Wie Sie und ich dieses fremde Land der Digitalität bereisen.

Auch wenn Sie skeptisch sind, ob das eine gute Idee ist. Wir sind mutig, treten als Reisegruppe, ja vielleicht sogar als ganze Nation die Expedition an. In unserer Vorstellung ist es ein Dschungel voller unbekannter Pflanzen und Tiere, das Klima dort ist vollkommen unbekannt. Die Frage zu Beginn der Expedition ist: Was packen wir ein? Welche Kompetenzen sind in der Gruppe notwendig? Welche Rolle will ich einnehmen und wie müssen wir alle uns vorbereiten, um in diesem unbekannten Land klarzukommen? Was würde bewirken, dass wir diese Reise immer wieder antreten und an ihr wachsen?

Diesen Fragen will ich nachgehen. Und am Ende finden Sie meinen Methodenkoffer und ein Manifest, wie Sie die Digitalisierung konkret gestalten können und erfolgreich den Alltag in der Digitalität meistern. Ich freue mich sehr, wenn darin einige Punkte sind, die Ihr Leben bereichern. Denn ich bin sicher, dass jeder Einzelne dazu beitragen und vor allem von dem großen Wandel, den wir alle durchleben, profitieren kann. Lassen Sie es uns angehen.

Digitalisierung verändert Märkte – die Einfach-mal-machen-Ära

Der Umbruch durch die neue, digitale Realität zeigt sich besonders in einer klassischen Branche, die zudem wesentlich für die Information und Urteilsfindung der ganzen Gesellschaft ist: den Nachrichtenmedien. Auch wenn die Vertrauenswürdigkeit traditioneller Kanäle, wie Tageszeitungen und Nachrichtenmagazine oder öffentlich-rechtliche Fernsehsender, deutlich über allen Online-Angeboten liegt,[17] so geht das Interesse langsam, aber kontinuierlich zurück[18] und wir informieren uns heute schon deutlich häufiger per Suche im Internet, als Berichte im Fernsehen zu schauen oder eine Zeitung / Zeitschrift zu lesen.[19]

Während vor über 300 Jahren die erste Tageszeitung erschien, um wichtige Nachrichten unter die Leute zu bringen, leben wir heute mit einer vielfältigen Beliebigkeit an Informationen. Damals wurden Redaktionen aufgebaut, um Informationen zu sammeln, Wichtiges zu selektieren, aufzubereiten und zu drucken. Nur wer journalistischen Verstand besaß, sich eine Druckerpresse kaufen und den nötigen Vertriebsweg aufbauen konnte, konnte Verleger werden. Die Investitionen lagen weit über einem »Das mach ich mal eben«. Der Aufwand, eine mediale Stimme zu haben, war ungleich höher als heute.

Dieser Medienmarkt produziert seit jeher Inhalte und hofft, sich am Markt durchzusetzen. Marktanteile werden in Einschaltquoten oder verkaufter Auflage gemessen. Ein Titel will mehr gekauft werden als ein anderer, Marktführerschaft wird angestrebt, zumindest abseits staatlich geförderter Medienanstalten. Und Formate, die eine ausreichend große Zielgruppe finden, setzen sich durch bzw. finanzieren sich ausreichend.

Wenn Prozesse digital umgesetzt oder automatisiert werden, nennen wir dies die Digitalisierung der ersten Welle. Die Digitalisierung ist dabei, das Mediengeschäft ganz grundlegend zu ändern. Zunächst erlaubten die digitalen Druckprozesse, deutlich flexibler und günstiger zu drucken. Inzwischen lassen sich auch kleine Auflagen herstellen und kleinere Zielgruppen erreichen. Aber dies ist zunächst »nur« eine Verbesserung des *Druck*prozesses.

In der Zwischenzeit hat sich auch der *Nachrichten*markt ganz grundlegend geändert. Druckerpresse und eigenes Vertriebsnetz sind verzichtbar, beides ersetzt das Internet. Heute kann jeder binnen weniger Minuten eine eigene Webseite anlegen (statt Druckerpresse) oder eine App gestalten und ist über das weltweit umspannende Internet (Vertriebsnetz) erreichbar. Es kostet nahezu nichts, Inhalte online zu stellen. Einfach mal machen, lautet die Devise. Ich habe sogar schon von Unternehmen gehört, die »Jede Woche eine neue App!« zum Ziel haben.

Und was passiert? Jeder kann sich in der digitalen Welt jederzeit durch Unmengen an Informationen durchklicken. Meist ist es zu viel. Wurde im klassischen Medium durch den Journalisten der Inhalt ausgewählt, so wird diese Last zunehmend auf den Leser abgewälzt. Oft entscheidet sogar der Algorithmus, was mir als Erstes angezeigt wird. Doch woran mache ich fest, was ich genauer anschaue und ob eine Quelle vertrauenswürdig ist? Als Anbieter von Informationen ist es heute ungleich schwieriger, seiner Stimme Gehör zu verschaffen.

Medienmarken als Orientierung

Marken geben Orientierung. Wenn mir das Nachrichtenmagazin *Stern* gut gefällt, so bin ich geneigt, weitere Blätter, die unter dem gleichen Markendach erscheinen, zu probieren. Und auch die Website interessiert mich vermutlich mehr, wenn ich jahrelang das Heft gelesen habe.

Nachrichten definieren sich darüber, dass sie einen »Neuigkeitswert« haben, also eine Meldung wert sind. Je mehr »Gewimmel« und Wettbewerb, desto effizienter müssen Anbieter arbeiten, um zu erreichen, dass wir ihre Nachrichten anklicken. Das heißt, es werden immer mehr Klicks in immer kürzerer Zeit, die sich der Einzelne für die Auswahl nimmt, angestrebt. Denn dort, wo sich viele Menschen aufhalten, sind attraktive Werbeflächen, die die Webseite finanzieren. So funktioniert das heutige Geschäftsmodell in der Nachrichtenbranche. Im Wettbewerb um die meisten Leser treffen wir daher im digitalen Medium vermehrt auf recht reißerische, laute Schlagzeilen. »Clickbait«, zu Deutsch: Klick-Köder, nennt man das Vorgehen, möglichst viel Neugier mit der Überschrift zu wecken, sodass der Leser hineinklicken will. Folgt man dem Aufreißertitel, landet man allerdings häufig bei journalistisch schwachen bis unbrauchbaren Informationen und hat damit wertvolle Zeit verloren. Der Marke, die dafür verantwortlich ist, tut das sicher nicht gut – zumindest langfristig nicht.

Die Frage ist: Wie gehen wir mit falschen Informationen um? Können wir sie überhaupt erkennen? Können wir bei der Vielfalt des Angebots den Absender und dessen Glaubwürdigkeit immer einschätzen? Wer sich stets bei der Medienmarke seines Vertrauens aufhält und von der Qualität der Information nicht enttäuscht wird, fühlt sich selbst beim flüchtigen Lesen gut informiert und wird dort mehr Zeit verbringen. Die Nutzungsstatistiken zeigen aber, dass wir zunehmend Informationen »googeln« und damit auf beliebigen Seiten landen, die der Algorithmus uns vorschlägt.

Worauf klicken Sie in der Ergebnisliste Ihrer Online-Suche? Jeder Einzelne sollte seinen eigenen Medien- und Nachrichtenkonsum hinterfragen. Geht es um echte Information? Wenn Unterhaltung und Information ineinanderfließen, ist es manchmal schwer, das eine vom anderen zu unterscheiden. Bereits in klassischen Medien, ob Print oder TV, markiert das Wort »Anzeige« oder »Produktplatzierung« in der oberen Ecke den Hinweis für den Leser oder Zuschauer, dass ein Beitrag bezahlt, sprich: nicht journalistisch recherchiert und aufbereitet wurde.

Während klassische Zeitungsverlage ihre Auflage kaum halten können, gewinnen Social-Media-Kanäle mit sogenannten Influencern millionenfach Abonnenten. Jeder kann jederzeit seinen Kanal in den sozialen Medien wie YouTube, Instagram oder Facebook oder seinen Audio-Nachrichtenkanal als Podcast starten und sich der Öffentlichkeit stellen. Authentische Kommunikation vom selbst auserkorenen Meinungsmacher. Fühlen wir uns so gut informiert?

Influencer sind inzwischen ebenso verpflichtet, ihren Beitrag zu markieren, wenn sie bezahlt wurden. Die oftmals sehr jungen Persönlichkeiten werden inzwischen professionell vom Marketing bekannter Marken eingesetzt, um etwa die junge Zielgruppe authentisch von neuen Produkten zu überzeugen. Tatsächlich ist die Glaubwürdigkeit eines Influencer-Beitrags hoch, insbesondere wenn ein Produkt sowohl positiv wie negativ besprochen wird. Also eben keine klassische Werbung ist, in der nur die hochglanzpolierte Seite eines Produktes gezeigt wird, wie etwa der Burger, der auf dem Foto perfekt aussieht, aber nicht dem Produkt gleicht, das uns im Schnellrestaurant über den Tresen gereicht wird. Selbst wenn der Influencer seinen Beitrag als Werbung markiert, ist dieser immer noch überzeugender als die einseitige, nur positive Darstellung eines Produkts.[20] Authentizität einer »echten« Person, der ich vertraue, scheint sich auszuzahlen. Hauptsache, ich fühle mich auch ehrlich informiert.

In Zeiten beliebig vieler Absender und nahezu unendlicher Möglichkeiten kann jeder sein eigener Sender sein und »auf Sendung« gehen. Dem Nutzer fällt es schwer auszuwählen, woran man sich orientieren und wem man Glauben schenken darf. Ein Beispiel: Vielleicht haben Sie vom Fall Cambridge Analytica im US-Wahlkampf 2016 von Hillary Clinton gegen Donald Trump gehört? Kurz nach Trumps Sieg meldete sich die Technologiefirma und verlautbarte, dass sie Trump zum Sieg verholfen habe. Sie hatte (wie man heute weiß, illegal) Profildaten von 50 Millionen Amerikanern auf Facebook erhalten, diese ausgewertet und entsprechend einem gefundenen Suchraster gezielt Nachrichten ausgespielt, die unentschiedene Wähler überzeugen sollten, Donald Trump zu wählen.[21] Ein Vorfall in solchem Ausmaß kann bedeutenden Einfluss auf unsere Demokratie haben.[22] Mit der ethischen Frage werden wir uns später noch beschäftigen.

Auch wenn die Aussage des Unternehmens vor allem einem Werbeeffekt diente und allem Anschein nach übertrieben war, so ist das Szenario real: Es liegen jede Menge Daten über einen Menschen vor, der digital, sei es in sozialen Medien wie Facebook, in Messengern oder einfach in Apps, aktiv ist. Mit jedem Like, jedem Beitrag, jeder Reaktion steigt das Wissen im Netz über den Einzelnen. Technisch ist es ein Leichtes, die Daten zu teilen, sie zu analysieren und je nach Zielgruppe eine andere Werbung auszuspielen. Sie erinnern sich an das Wenn-dann-Prinzip von oben? Dies ist nichts anderes. Vereinfacht gesagt, suchte der Algorithmus in den Profildaten nach Hinweisen auf Unentschlossenheit oder andere relevante Merkmale und dann griff »Wenn unentschlossen, dann Meldung xy einblenden«. Das heißt für Sie als Nutzer digitaler Dienste, genauer hinzusehen, zu hinterfragen und im Detail zu lesen, was Ihnen an Informationen dargeboten wird. Seien Sie kritisch und reflektieren Sie das Gelesene im eigenen Kontext. Setzen Sie Ihren gesunden Menschenverstand ein.

Datenanalyse: ein Zukunftsfeld in nahezu allen Märkten

Wenn Sie Berichte oder Stellenausschreibungen lesen, stellen Sie fest, wie groß die Nachfrage nach Datenexperten ist. Im Februar 2019 meldete zum Beispiel SAP, der größte Softwarehersteller Europas, die Entlassung von über 4000 Mitarbeitern und gleichzeitig die massive

Suche nach neuen Mitarbeitern – mit anderen Digitalkompetenzen in den Feldern Künstliche Intelligenz, Cloud Computing und Internet der Dinge. Genau aus diesem Grund: Es gibt Unmengen an Daten. Diese intelligent auszuwerten und zu nutzen ist ein Markt der Zukunft und eine ganz wesentliche Veränderung aller Märkte, in denen wir uns bewegen – inklusive der Softwareindustrie selbst.

Die Frage ist, wie wir diese datengetriebene Zukunft positiv für den Menschen gestalten. Jeder Einzelne sollte die Gelegenheit haben, gut und objektiv informiert zu sein. Einerseits ist Bildung relevant: Jedes Kind – ebenso wie jeder Erwachsene – muss verstehen und sich bewusst machen, was es heißt, Datenspuren zu hinterlassen. Dabei sollte nicht die rein negative Sicht auf die Dinge überwiegen, sondern schlicht ein Bewusstsein geschaffen werden, dass man bewusst entscheiden kann, in welchen Kanälen man sich wie engagiert.

Ich lasse es mir etwa nicht nehmen, mit meiner Familie in Syrien in Kontakt zu sein, beschäftige mich allerdings mit den entsprechenden Einstellungen der Privatsphäre und stelle bspw. keine Fotos meiner Kinder ins Netz. Natürlich gibt es ein Risiko, dass meine Daten abgelauscht werden, aber hier halte ich es mit einer ganz persönlichen Risikoabwägung: Wie groß ist das Risiko im Verhältnis zu meinem persönlichen Bedürfnis, in Kontakt zu sein? Entsprechend entscheide ich, was ich wo teile.

Damit Sie selbst eine Haltung für Ihren Umgang mit dem Digitalen einnehmen können, werden Sie später einen Einblick in die Möglichkeiten der Datenanalyse erhalten. Dies soll keine Angst machen, sondern Bewusstsein dafür schaffen, dass wir mit unseren persönlichen Daten Spuren hinterlassen und bewusst damit umgehen sollten. Gleichermaßen möchte ich Sie an aktueller Forschung zum Thema teilhaben lassen.

Noch viel wichtiger ist aber für alle, die Verantwortung für einen Datenfundus tragen, wie sie damit verfahren. Der Marktforscher unterliegt seit jeher besonderen Regeln, denen er sich verpflichtet, und zwar nicht nur den geltenden Datenschutzgesetzen, sondern auch strengen und berechtigten Standesregeln.[23] So werden bspw. persönliche Daten immer getrennt von Aussagen gespeichert und anonym analysiert. Marketing, also das Bewerben etwa eines Produktes, ist stets streng von der Forschung getrennt und einem Marktforscher gar nicht erlaubt. Diese Regeln machen vollkommen Sinn, da sie eindeutig festlegen, dass derjenige, der das Wissen über eine Zielgruppe hat, zwar generelle Ableitungen festhalten darf, aber auf keinen Fall sein besonderes Wissen über, sagen wir mal, Lieschen Müller ausnutzen darf. Der Fall Cambridge Analytica hätte in der Marktforschung nicht stattfinden können. Ein Technologieunternehmen fühlt sich solchen Richtlinien allerdings nicht verpflichtet.

In einem öffentlich geförderten Forschungsprojekt untersuchten wir den Umgang mit Daten genauer[24] und haben eines gelernt: Wer bewusst Daten teilt (etwa in Umfragen), empfindet die (anonyme) Analyse der Daten als unbedenklich. Ebenso verhält es sich, wenn ein Problem gelöst werden soll und etwa der Techniker Zugriff auf die Haustechnik erhält, um die Heizung oder die Internetverbindung wieder in Gang zu bringen. Im neuen SmartHome, also dem vernetzten Zuhause, werden eine Menge Informationen gesammelt (wann wird wo Licht angeschaltet, die Waschmaschine oder Heizung angestellt usw.). Wenn diese mit einem Dienstleister geteilt werden sollen, damit er einen Schaden behebt, ist auch hier das Teilen in Ordnung. Darüber hinaus nicht. Der Nutzen, also hier das Lösen eines Problems, muss immer klar gegeben sein.

Am sensibelsten sind Finanzdaten, wie etwa Kontoinformationen. Knapp dahinter rangieren Gesundheitsdaten, die ebenfalls hoch sensibel sind.[25] Am unkritischsten empfinden wir den Namen unseres Haustiers, die sensibelste Information dagegen ist das Passwort. Überlegen Sie: Haben Sie schon einmal selbst ein Passwort vergeben? Und halten Sie ein Haustier? Haben Sie den Namen Ihres Tiers schon einmal in einem Passwort verwendet? Ich habe mich dabei schon erwischt und befinde mich dabei in guter Gesellschaft.[26]

Betrachten wir das Thema Gesundheitsdaten genauer. Erinnern Sie sich noch an Ihr Gefühl, als Sie zu Beginn von der intelligenten Toilette hörten, die Ihre Daten automatisch an den Arzt sendet? Wie sehen die Menschen also die Weitergabe von Gesundheitsdaten? Wenn wir in Zukunft durch das Auswerten unserer Daten bessere Therapien für Krankheiten erwarten könnten, wäre der Nutzen sehr groß. So stimmen die Menschen der Weitergabe ihrer Gesundheitsdaten zu diesem Zweck mehrheitlich zu. Kritisch wird allerdings der Aspekt gesehen, als Person identifiziert zu werden. Nur wenn die Wahrscheinlichkeit, als Person erkannt zu werden, ganz gering ist, teilen die Menschen Gesundheitsinformationen. Was beim Hausarzt für den persönlichen Check-up vielleicht noch in Ordnung ist, stößt auf ein großes Hindernis, wenn es darum geht, diese Gesundheitsdaten anderweitig zu teilen. Es kommt hier wesentlich auf den Kontext und den Empfänger an: So sind Menschen mehrheitlich bereit, ihre Gesundheitsdaten mit wissenschaftlichen Institutionen wie Universitäten oder Unikliniken zu teilen, lehnen aber eine Weitergabe an Versicherungsunternehmen oder private Wirtschaftsunternehmen, die einen Nutzen daraus ziehen, deutlich ab. Ebenso ist von Bedeutung, um welche Art von Krankheit es geht: Informationen zur generellen Gesundheit, physische oder auch chronische Krankheiten werden tendenziell eher geteilt als mentale Krankheiten, zu denen die meisten generell keine Informationen weitergeben wollen.[27]

Sollten Sie gefragt werden, ob Sie Ihre Gesundheitsdaten teilen, denken Sie gut darüber nach und informieren Sie sich. Wem wollen Sie diese für welchen Zweck weitergeben? Dient es vielleicht der Gesellschaft? Ist der Service kostenlos, dann zahlen Sie oftmals mit Ihren Daten. Das sollte Ihnen bewusst sein. Und zu guter Letzt: Vertrauen Sie dem Empfänger Ihrer Daten? Damit werden wir uns noch detaillierter beschäftigen. Dies gilt für digitale Gesundheits-Apps und Fitnesstracker ebenso wie für Institutionen. Machen Sie sich die Mühe, die Dateneinstellungen genau anzuschauen und Vereinbarungen zu lesen oder nachzufragen. Seriöse und gute Anbieter werden es Ihnen leicht machen, diese zu finden. Alle anderen löschen Sie vielleicht besser gleich von Ihrem Smartphone. Denn das geht ganz leicht und ist für die digitalen Märkte eines der größten Risiken. Sie verschwinden von der Bildfläche, als Datenpunkt und als Kunde. Und Sie hoppen einfach zum nächsten Anbieter, dem Sie in Sachen Datenschutz mehr vertrauen. (Wie sich unser Anspruch an Marken im digitalen Zeitalter ändert, darauf schauen wir in *Kapitel 3* genauer, und von der Gesundheit in Zeiten der Digitalität sprechen wir noch in *Kapitel 4*.)

Nun haben wir viel auf Online-Angebote oder Apps geschaut. Natürlich geht die Digitalisierung deutlich weiter. Manches Mal manifestiert sie sich sogar in einem Gegenüber: einem Roboter, der menschenähnlich agieren soll. Und wir fragen uns, ob so die digitale Zukunft aussieht.

Roboter statt Mensch

Das menschliche Gehirn ist eben nicht zum Auswendiglernen von Sachverhalten, sondern für das Lösen von Problemen optimiert.[28]
Gerald Hüther

Man sieht sie überall, die Roboter. Nicht nur auf Fotos, sondern auch im Praxiseinsatz – zumindest testweise. Was denken Sie und wie fühlen Sie sich, wenn Sie mit einem konfrontiert werden? Befinden sich Mensch und Roboter auf Augenhöhe?

China führte uns gerade vor, dass Roboter den Stuhl des Nachrichtensprechers übernehmen können.[29] Wird vielleicht im nächsten Schritt nicht nur das gedruckte Magazin, die Zeitung und ihr Produktionsprozess, sondern auch der Sprecher digitalisiert? Ist das digitale Pendant vergleichbar mit dem realen Sprecher? Lassen wir Kulturunterschiede zwischen dem asiatischen Kulturraum und unserem beiseite und beschränken uns auf Ihre persönliche Wahrnehmung. Der Roboter liest brav die Weltnachrichten vor. Kein Versprecher, keine Gefühlsregung. Welche Eigenschaften vermittelt Ihnen der Roboter? Was erwarte ich von einem Sender und seinem Nachrichtensprecher? Ist es nur Gewohnheit, dass ich mir keinen Roboter vorstellen kann?

Lassen Sie uns darüber nachdenken, welche Auswirkungen diese Art der Digitalisierung auf unsere Wahrnehmung eines Anbieters hat.

Bundeskanzlerin trifft Sophia

Sophia ist ein menschenähnlicher Roboter. Gebaut vom Hongkonger Unternehmen Hanson Robotics gilt er – oder besser sie oder gar es? – aktuell als eine der fortschrittlichsten Entwicklungen hinsichtlich des Aussehens, Verhaltens und Reaktionsvermögens. Man schaut durch eine transparente Schädelplatte in sein Gehirn, das aus vielen Drähten und Platinen besteht. Das Gesicht ist bestmöglich als hübsche Maske nachgebaut, der Oberkörper steht regungslos, aber bekleidet mit einem Standardoutfit, bestehend aus Shirt und Jacke. Das Gesicht dreht sich dorthin, wo er eine Stimme vernimmt. Man nimmt leichte Veränderungen der Gesichtszüge wahr, die den Ausdruck von Emotionen vermitteln wollen.

Im Sommer 2018 traf Bundeskanzlerin Merkel auf den nachgebauten Menschen Sophia und plauderte mit ihm.[30] Spricht die Kanzlerin, schaut Sophia dorthin. Sophia nimmt auf, was sie hört, und man kann zusehen, wie sie es verarbeitet. Es dauert, bis eine Antwort kommt. Und die Antwort ist entweder ein Abspulen von Gelerntem oder – keine passende Antwort.

Selbst wenn die Maschine in Zukunft noch schneller wird und mehr lernt, so bleibt sie doch eine Antwortmaschine auf Fragen. Keine wahre Emotion, keine Absurdität in den Antworten, wie sie vielleicht vom Menschen kämen. Keine menschliche Emotion oder gar Unberechenbarkeit. Höchstens ein Algorithmus, der arbeitet und irrt oder nicht weiterweiß.

Wenn man das Video von diesem »Gespräch« mit offenen Augen anschaut, stellt man fest, wie weit entfernt der Computer-Mensch vom realen Menschen ist. Es macht womöglich Angst, zu sehen, dass hier ein Mensch mit seinen Antworten nachgebaut wird. Aber auf Augenhöhe ist die Maschine noch nicht und wird es sehr lange nicht sein.

Die Frage ist ja, in welchen Anwendungen macht ein solcher Computer-Mensch Sinn? Positiv ist, dass man gleich erkennt, dass es sich um einen Computer handelt, der Mensch hier also nicht im Ungewissen bleibt. Wir werden später noch sehen, dass das bisweilen schon nicht mehr selbstverständlich ist.

In Japan wird mit Robotern für den Check-in-Prozess im Hotel experimentiert.[31] Für das sogenannte Hospitality-Business, also Gastfreundschaft, finde ich diese Idee persönlich befremdlich. Und Sie? In welchen Lebenssituationen möchten wir von einem Computer bedient werden? Natürlich kann man über die reine Kostensicht argumentieren, dass der Roboter viel günstiger ist und Routinefragestellungen bearbeiten kann. Die Frage ist, ob das Gegenüber, solange es ein Mensch ist, also etwa der Gast im Hotel, den Service schätzt oder beim nächsten Mal einen anderen Anbieter wählt.

Gunter Dueck prägte den Begriff des »Bildschirmrückseitenberaters« als prägnante Umschreibung für alle Jobs, die früher oder später überflüssig werden.[32] Er meint damit all jene, die heute vor dem Bildschirm sitzen und Formulare für den Kunden ausfüllen, während der Kunde wiederum auf die Rückseite des Bildschirms schaut. Viele dieser Formulare werden in der Zukunft wohl direkt online dem Kunden bereitgestellt und von ihm selbst ausgefüllt werden. Sofern keine Beratung, soziale Interaktion oder menschliche Zuwendung notwendig ist, werden diese Aufgaben zukünftig von der Maschine erledigt. Dies trifft den Bankberater, die »Frau vom Amt«, die Kassiererin im Supermarkt usw.

Die Frage ist: Wo wird die menschliche Zuwendung wertgeschätzt? Oder wo wird sie womöglich sogar zum Differenzierungsmerkmal?

Ersetzt die Maschine den Menschen?

Der Mensch ist Etwas, das überwunden werden soll.
Friedrich Nietzsche (1844–1900)

Kaum geht es in einem Zeitschriften- oder Buchtitel um Digitalisierung, muss der Roboter als Aufmacher herhalten. Er ist das Sinnbild der Digitalisierung und uns Menschen beschleicht die Angst: Sieht so das Morgen aus und wird der Mensch in dieser technisierten Zukunft bedeutungslos? Das ist eine berechtigte Frage.

In vielen Technologie- und Digitalisierungsdiskussionen geht es vorrangig darum, wer digital höher, schneller, weiter springen kann, um bisherige Aufgaben des Menschen von nun an maschinell zu lösen. Die Technologie steht so sehr im Vordergrund, dass man meinen könnte, der Mensch wurde aus den Augen verloren, ja, als ginge es darum, den Menschen zu überwinden. So manche digitale Neuigkeit wirkt, als würde sie schlicht in den Markt eingeführt, »weil man kann«. Weil es technisch machbar ist, nicht weil jemand – ein Mensch – darauf gewartet hat.

Ob eine Innovation sinnvoll und erfolgreich ist, hängt jedoch maßgeblich vom Menschen ab. Er entscheidet, was Innovationen, insbesondere auch digitale Innovationen, erfolgreich macht und wo sie an Grenzen stoßen. Die Messlatte hierfür ist vor allem, ob sie einen relevanten Nutzen für den Menschen haben und ob wir die Effektivität (= das Richtige tun) im Blick haben und vor die Effizienz setzen (= die Dinge richtig bzw. immer schneller und günstiger tun).

Soll die Maschine dem Menschen dienen oder umgekehrt? Vermutlich beantworten wir diese Frage alle gleich mit »Der Mensch muss im Mittelpunkt stehen« – vorausgesetzt, Sie, verehrte Leserin, verehrter Leser, sind ein Mensch. ;-) Aber davon gehe ich einmal fest aus, sonst würde mir dieses Buch nicht so am Herzen liegen.

Warum nur diskutieren wir dann das Maschinenzeitalter so vehement? Warum sorgen wir uns so sehr, dass die technologische Singularität[33] eintrifft, in der sich Maschinen mit künstlicher Intelligenz selbst so verbessern, dass sie dem Menschen überlegen werden könnten? Aus meiner Sicht wird dies nie eintreten, allein schon weil Maschinen selbst nichts verstehen und sie darauf angewiesen sind, dass wir Menschen es ihnen beibringen. Es sei denn, wir bewegen uns in einem Science-Fiction-Szenario.

Ich denke, es liegt daran, wie wir über Digitalisierung reden. Denjenigen zu belächeln, der die digitale Welt als Neuland bezeichnet, ist einfach. Zu erklären, was sie denn nun eigentlich ausmacht, deutlich schwerer. Ich bin überzeugt, wir brauchen mehr Aufklärung und Verständnis, was Digitalisierung, insbesondere für den Einzelnen, genau bedeutet.

Alles, was digitalisiert werden kann, wird digitalisiert werden.

Dieser Satz wurde vielfach zitiert, u. a. von Ossi Urchs und Tim Cole in dem lesenswerten Buch »Digitale Aufklärung« aus dem Jahr 2013.[34] Und wir glauben das sofort. Ist unser Leben doch heute schon von digitalen Geräten und Funktionen durchdrungen. In Zeitungsartikeln, Fernsehbeiträgen oder den sozialen Medien begegnen uns jede Menge Fachbegriffe, die sich nicht selbst erklären, und vermeintliche Experten schauen düster genug drein, dass Sie schnell glauben, die Maschine würde uns Menschen alsbald überholen und überflüssig machen. Viele in der heutigen Gesellschaft fühlen sich schlicht abgehängt von den neuen technologischen Möglichkeiten und ergeben sich intuitiv einem der beiden Reflexe: Schockstarre oder Flucht.

Dies gilt gerade für uns Deutsche: Aus 30 Jahren Erfahrung in Digitalisierung und Forschung würde ich sagen, wir Deutsche befinden uns zu großen Teilen in Schockstarre oder auf dem Rückzug. »Ich muss das nicht mehr lernen«, »Ich bin zu alt« oder »Ich will das nicht« sind typische Aussagen, sobald ein noch unbekanntes Gerät oder neuartiger Dienst auf dem Markt erscheint. Und während vieles Einzug in unseren Alltag findet, wir Geräte und Services passiv nutzen, entwickeln wir allzu selten selbst eine digitale Neuheit oder passen selbst etwas unseren Wünschen an. Manch einer glaubt, die Digitalisierung sei wie ein Schnupfen und gehe schon wieder vorbei. Dabei sind die Anzeichen eindeutig: Sie bleibt und schreitet immer schneller voran.

Ich will nicht sagen, dass wir willkürlich die Arme ausbreiten sollten, um die Digitalisierung bedenkenlos willkommen zu heißen. Eine gesunde Skepsis und ein Hinterfragen ist ebenso angebracht wie ein gesundes Selbstbewusstsein als Mensch, indem wir uns auf unsere Menschenwürde besinnen. Aber wie soll man das bewerkstelligen, bei dieser Geschwindigkeit? Wer hätte gedacht, dass schon zehn Jahre nach seiner Einführung fast drei Viertel der Nutzer sich ein Leben ohne Smartphone (übersetzt heißt es treffenderweise das »schlaue Telefon«) nicht mehr vorstellen können?[35]

Wie wäre es, wenn wir den Spieß umdrehen und den Menschen bei allen neuen Entwicklungen in den Mittelpunkt stellen? Stellen wir uns einmal vor, es würde eben nicht zwingend alles digitalisiert, was technisch digitalisiert werden kann, sondern nur das, was auch dem Menschen nutzt. Dabei will ich hier bewusst weniger auf die Prozessoptimierungen der ersten Welle schauen, die Routineaufgaben automatisieren, sondern vielmehr auf neu entstehende digitale Innovationen.

Betrachten wir die Konsumentenmärkte: Hier herrscht nach wie vor Angebot und Nachfrage, sogar noch dynamischer als bisher. Modekollektionen der großen Textilhandelsunternehmen wechseln inzwischen wöchentlich und folgen damit schnellstens den Vorlieben ihrer Kundschaft. In ersten Pilotprojekten wird der Pulli heute schon im Ladenlokal gestrickt und kann gleich mitgenommen werden, im 3D-gedruckten Turnschuh der Zukunft wird für Sie individuell Fußbett und Sohle hergestellt. Dies ist ein erstes Ergebnis der Digitalisierung im Produktionsprozess, bei dem individualisierte Produkte möglich werden.

Digitale Produkte ohne Nutzen dagegen werden nicht lange am Markt bestehen, weil keiner sie kauft, herunterlädt und – selbst kostenlos (Sie erinnern sich? Sie zahlen mit Ihren Daten) – nicht nutzt. Ich bin fest überzeugt, dass diese Quote im digitalen Kosmos noch deutlich höher liegt, wenn in der Konsumgüterindustrie (also Produkte wie Zahnpasta, Schokolade oder Dosensuppen) mindestens drei von vier neu eingeführten Produkten floppen.[36] Mein Tipp liegt bei mindestens 90 %, also neun von zehn Ideen, die in den Markt kommen, gehen meist sang- und klanglos unter. Wenn die Dynamik weiter ansteigt, werden wir schnell auch 99 % erreichen oder mehr. Irgendwann wird nur noch jede tausendste App ein wahrer Erfolg, die genug Menschen erreicht, um wirtschaftlich bestehen zu können. Warum? Weil man technologisch vieles umsetzen kann, worauf aber leider kein Mensch gewartet hat. Die »Jede Woche eine App«-Philosophie ist nicht nachhaltig. Vielmehr sollten sich Macher von Apps vorab damit beschäftigen, was dem Menschen wirklich dient, statt einfach in die Tasten zu hauen.

Worin ist der Mensch gut?

Ich habe die Menschen gefragt, worin ihrer Überzeugung nach der Mensch besonders stark ist. Der Vorteil meiner Arbeit ist, dass ich täglich mit vielen Menschen in Kontakt bin und wir sehr große Umfragen durchführen können. Dazu ziehen wir zufällig eine Stichprobe aus unserem Online-Panel (eine große Gruppe von Menschen, die wir rekrutiert haben. Jeder Einzelne hat sich bereit erklärt, an Befragungen teilzunehmen) und schauen klassischerweise, dass nach Alter und Geschlecht die gesamte Bevölkerung repräsentiert wird.

Im Dezember 2018 fragten wir auf diese Weise 1000 Deutsche: »Worin ist der Mensch besonders gut?« Das Ergebnis sehen Sie in der Grafik. Je größer das Wort, desto häufiger wurde es von den Menschen genannt. Und Sie werden vielleicht gar nicht überrascht sein: Die größte Stärke des Menschen ist das Gefühl, die Emotion. Der Mensch macht Fehler – und ich würde sagen, das ist auch gut so. Würde ein kleines Kind nicht erst zigmal hinfallen, bis es laufen kann, würde es nur schwerlich das Laufen lernen. Wir Menschen lernen durch Fehler, durch das Wiederaufstehen, Probieren und dann Erfolgreichsein. Genau so entwickeln wir Fähigkeiten und unser Gehirn (Stichwort Neuroplastizität).

Der Mensch hat Empathie und Mitgefühl, ist warmherzig und sozial. Er ist intelligent, denkt, handelt und kann reden. Er ist intuitiv, flexibel und entscheidet. Der Mensch ist individuell, kreativ und hat Ideen. Er bringt sowohl Humor mit als auch Moral und Ethik. Nicht zuletzt machen ihn der Geist und der Glaube aus. Insgesamt erhielten wir sehr vielfältige Antworten. Den Menschen macht eine ganze Menge aus, was ihn so individuell macht, wie er ist. Diese Beschreibungen sind wunderschön, spiegeln sie doch gut wider, was ganz eindeutig menschlich und so gar nicht von der Maschine kopierbar ist.

Worin liegen die Stärken des Menschen?

Worin ist die Maschine gut?

Die gleiche Frage stellten wir zu den Besonderheiten der Maschine. Hier fällt die Antwort schon simpler aus: Die Menschen sagen, die Maschine erledigt die Arbeit, und das besonders schnell. Sie macht weniger Fehler als der Mensch, steht immer zur Verfügung und wird nicht krank. Sie ist ausdauernd, rund um die Uhr im Einsatz und unbestechlich. Sie funktioniert, schafft viel sehr effizient und mit Präzision. Sie wird programmiert.

Schnittmenge

Die Schnittmenge zwischen beiden ist recht klein, aber doch interessant, denn genau hier müssen Mensch und Maschine noch zu einem sinnvollen Miteinander finden: Die Maschine ist manches Mal schneller als der Mensch, wenn es um die Bearbeitung von Routineaufgaben geht. In der Intuition dagegen ist der Mensch der Maschine überlegen. Er muss nicht nachdenken, sondern weiß intuitiv, was richtig ist, und handelt, ohne nachzudenken. Der Mensch macht Fehler, die der Maschine womöglich nicht unterlaufen. Andererseits ist die Maschine nicht für alles geeignet oder erkennt die eigenen Fehler nicht.

Das Thema Arbeit taucht vermehrt bei der Maschine auf. Sie macht den Menschen gefühlt überflüssig, gehört aber in immer mehr Berufen zum Arbeitswerkzeug.

Maschinen sind nur so intelligent, wie wir Menschen sie gestalten, indem wir etwa die geeignete Datenbasis auswählen und Algorithmen programmieren. Sie folgen der Logik und Ethik, die wir ihr vorgeben. Ihnen fehlen zutiefst menschliche Eigenschaften wie Empathie, Kreativität oder soziale Interaktion. Da die Maschinen vom Menschen programmiert werden, liegt es an uns, die Potenziale des Menschen zu nutzen und die digitale Welt entsprechend zu gestalten. Obschon »künstliche Intelligenz« ein häufiges Wort in der Technologieszene ist, wird mit der Maschine nicht zwingend Intelligenz assoziiert.

Betrachten wir auch die Frage, welche Dienstleistung wir nur vom Menschen entgegennehmen möchten. Können Sie sich bspw. vorstellen, sich von einem Roboter die Haare frisieren zu lassen? Unter einer Art »Schneide-Haube« vielleicht? Oder ist das eine zutiefst menschliche, ja oftmals vielleicht auch kreative Dienstleistung, bei der es

Worin ist die Maschine gut?

ebenso sehr um die soziale Interaktion geht? Ein Beruf, der nicht aussterben wird? Auch die Küche wird in Zukunftsszenarien bereits beispielhaft mit Roboterarmen ausgestattet. Wie sehen Sie die Küche oder das Restaurant der Zukunft? Mit Automaten bestückt? Oder doch mit viel Liebe selbst gekocht bzw. vom Küchenchef kreativ und nach Tagesform und -menü zusammengestellt? Schmeckt man dies vielleicht sogar? Ich bin überzeugt, gerade in vielen Handwerksberufen steckt so viel menschliche Leidenschaft und Kreativität, dass sie durch die Digitalisierung wichtiger werden. Darauf sollten wir uns auch in der Zukunftsplanung und etwa im Bildungssystem einstellen.

Im weiteren Verlauf will ich herausstellen, wie wir durch die Stärkung unserer Potenziale für die Gestaltung der Digitalisierung und der Maschinen unterstützt werden.

Die Würde des Menschen

Betrachten wir den Menschen aus einer grundlegenden Perspektive: Die Würde des Menschen ist unser höchstes Gut (Artikel 1 Grundgesetz und Grundlage der Menschenrechte).
Die Menschenwürde ist

> der (...) Wert eines jeden Menschen um seiner selbst willen.
> Mit ihr ist (...) der soziale Wert- und Achtungsanspruch
> des Menschen verbunden, der es verbietet, den Menschen
> zum bloßen Objekt des Staates zu machen oder ihn
> einer Behandlung auszusetzen, die seine Subjektqualität
> prinzipiell infrage stellt.[37]

Diese Würde wird immer dann verletzt, wenn der Mensch als Objekt behandelt wird statt als (individuelles) Subjekt und Persönlichkeit, wenn also die Bedeutsamkeit des Einzelnen keine Rolle spielt.[38] Dies trifft bereits zu, wenn wir andere als Objekt behandeln, um einen Vorteil daraus zu ziehen. Es gibt uns das Gefühl der Macht über andere und entsteht vor allem dort, wo Hierarchien gelebt werden. Hierarchische Systeme umgeben uns heute nahezu überall: im Unternehmen (Chef gegenüber Mitarbeitern), Kindergarten (Erzieherin/Kinder), in der Schule (Lehrer/Schüler), in Krankenhäusern (Arzt/Patient) oder auch in Gremien, in denen ein Vorsitzender für den Rest der Gemeinschaft spricht.

Die menschliche Würde steckt in der Subjekthaftigkeit des Menschen. Dabei ist es essenziell, dass sich jeder Einzelne seiner eigenen Würde bewusst wird, ob Chef oder Mitarbeiter. Denn dann ist keiner durch den anderen verletzbar und lässt sich nicht als Objekt »benutzen«.

In Kapstadt besuchte ich die »Good Hope School«, die Schule der guten Hoffnung. Dieses Gemälde einer Schülerin entdeckte ich direkt am Eingang, an der Tür der Direktorin, mit einem Zitat von Eleanor Roosevelt: »Ohne deine Zustimmung kann niemand bewirken, dass du dich minderwertig fühlst.«

Mein Eindruck ist, dass wir genau diese Menschenwürde durch digitale Prozesse in Gefahr sehen. Denn die wahrgenommene Komplexität unseres Lebens steigt: Die digitale Realität zwischen Mailbox, Messenger, digitalisiertem Job und Freizeit, zwischen eigenen Bedürf-

Zeichnung einer Schülerin an der Good Hope School in Kapstadt

nissen, Familie und Freunden dreht sich immer schneller und ist in der Tat komplex.

Dabei hat der menschliche Organismus eine einfache Überlebensstrategie: Wann immer es uns zu viel wird, strebt unser Gehirn automatisch nach Komplexitätsreduktion. Die Neurowissenschaftler sprechen von Inkohärenz, wenn etwas nicht stimmig ist und wir uns im Widerspruch befinden. Bei jeder Inkohärenz wird es anstrengend, das Gehirn braucht mehr Energie und wir suchen unweigerlich nach Lösungen, um der Komplexität zu entkommen.

Die Digitalität bietet schnelle Lösungen als Ablenkungsmanöver, von denen wir bereits einige kennengelernt haben: Messenger, also Nachrichten oder Mails, checken, aber auch shoppen gehen oder sich von Serien berieseln lassen – online noch leichter verfügbar. Oder: sich, ohne groß nachzudenken, an anderen zu orientieren, was in sozialen Medien wunderbar geht. Und wenn es ganz schlimm wird, betäubt der eine oder andere die Unstimmigkeit mit Suchtmitteln. Aus dem Glas Wein am Abend wird eine ganze Flasche. Auch digitale Medien eignen sich als Suchtmittel. Langfristig helfen alle diese Maßnahmen nicht, die eigene Würde zu erkennen und zu bestärken. Im Gegenteil, sie schwächen uns zunehmend.

Aus der praktischen Ethik abgeleitet entstammt das Sprichwort:

Was du nicht willst, das man dir tu, das füg auch keinem anderen zu.

Würde hat etwas mit Gegenseitigkeit zu tun. Bei Kindern ist es ganz offensichtlich. Wenn sie auf die Welt kommen, lernen sie besonders von ihren Vorbildern, den Eltern. Das, was wir vorleben, ist ihr Ziel. Unser Gehirn entwickelt sich aber auch nach der Kindheit stets weiter – wenn auch nicht im gleichen Tempo – und bildet neue Verbindungen, wie wir schon gesehen haben. Das heißt, wir lernen ständig auch von anderen. Seien Sie selbst das gute Beispiel, das Sie Ihren Kindern oder anderen, die sich an Ihnen orientieren, sein wollen.

Sie fragen sich, warum ich hier darüber schreibe? Nehmen wir ein Beispiel, das ich vor wenigen Jahren erlebt habe. Ich bin sicher, Ihnen fallen gleich mehrere eigene aus Ihrem Alltag ein.

Beispiel Online-Auktion

Eine Bekannte erzählte mir, dass sie auf der Online-Auktionsplattform Ebay einige Dinge versteigerte. Der Auktionswert der angebotenen Waren war niedriger, als sie erhofft hatte, und so bot sie selbst unter anderem Namen mit. Der Preis stieg entsprechend; als ein Unbekannter den Zuschlag erhielt, ging die Ware zum erhöhten Preis an ihn. Die Anbieterin nutzte die Anonymität des Netzes dazu, ihn im Glauben zu lassen, dass er den bestmöglichen Preis erzielt hatte. Schließlich hatte er die Auktion gewonnen. Doch er war das Objekt ihrer Macht geworden, die Dinge eigenmächtig in die Hand zu nehmen. Auf meinen Einwand: »Das ist doch nicht in Ordnung«, antwortete sie: »Das machen alle so«, und hatte das schlechte Gewissen, das womöglich kurz in ihr emporkroch, schnell beiseitegeschoben. Sie orientierte sich an anderen und nutzte dies zur eigenen Rechtfertigung.

Ähnlich verhält es sich, wenn wir uns in sozialen Medien die Zeit vertreiben, passiv beobachten, wie andere sich selbst im Netz von ihrer besten Seite zeigen. Ich könnte ganze Bücher über die Erlebnisse mit meinen Kindern schreiben (aber das tue ich weder meinen Kindern noch Ihnen an), wie groß der Einfluss und wie stark die Macht der allzu schönen Bilder der »Influencer« (!) ist.

Das größte Risiko ist aber, dass Ihr Kind oder Sie selbst zum Objekt werden. Sich selbst kleiner fühlen, weil die Bilder da draußen so übermächtig schön sind. Sei es die gute Figur, die Traumreisen der anderen oder die ach so hübschen Objekte der Begierde, die zur Schau gestellt werden. Nichts anderes als eine Komplexitätsreduktion desjenigen, der sie online stellt. Dabei hat dessen Leben auch seine traurigen Seiten und Tiefpunkte, aber die stellt man in den »sozialen« Medien dann doch nicht zur Schau. Sie sind den wahren Freunden und oftmals dem persönlichen Gespräch vorbehalten.

Lassen Sie diese Bilder keine Macht auf Sie ausüben, sie sind eine Illusion. Machen Sie sich bewusst, dass es menschlich ist, die überwiegend positive Seite auf den öffentlichen Kanälen zu teilen, und lassen Sie sich dadurch nicht kleinmachen.

Seien Sie also selbstbewusst und wachsam, wenn Sie sich mit anderen vergleichen. Nehmen Sie sich nicht so viel Zeit, darauf zu reagieren, sondern schauen Sie, wie Sie selbst ins Gestalten kommen. Ich selbst bspw. bin dazu übergegangen, online zwar ab und an etwas zu schreiben, aber relativ wenig zu lesen oder zu reagieren und damit Zeit zu verschwenden.

Weil ich fest überzeugt bin, dass dies eine der wichtigsten Überlebensstrategien des Menschen in der Digitalität ist, widme ich dem »Agieren statt reagieren« ein eigenes Kapitel. Denn wenn wir es schaffen, ins Agieren zu kommen, wird es uns auch gelingen, das Zusammenspiel von Mensch und Maschine zu gestalten.

Statt die Maschine als Gegner des Menschen zu betrachten, werden wir zu einem harmonischen Miteinander finden können, wenn wir in die passende Haltung gelangen. Wer etwa permanent das Gefühl hat, er sei bedroht, weil der Computer seinen Arbeitsplatz ersetzt, wird sich schwertun bei diesem Gedanken. Aber wenn wir es schaffen, uns dafür zu öffnen, dass Maschinen uns ganz grundsätzlich das Leben leichter machen könnten, dass sie uns dort ergänzen, wo wir Hilfe brauchen können, dann gelangen wir in eine andere Haltung. Ich möchte mit Ihnen gemeinsam die Veränderung als Chance sehen und nicht als Risiko. Für jeden Einzelnen, aber insbesondere auch für die Gesellschaft.

Entrepreneurship

Gründerinnen und Gründer stehen sich bisweilen nicht nur in Sachen Digitalität im Wege. Auch zu große Vorsicht und Fehlervermeidungskultur sind in der schnellen Welt des digitalen Wandels ein Hemmschuh. Die Chancen sind besser denn je für mehr Entrepreneure und Intrapreneure, also Unternehmer und Gestalter in Unternehmen oder anderen Institutionen aus allen Bereichen der Gesellschaft und Wirtschaft. Ich freue mich riesig über jeden Einzelnen, der sein Glück selbst in die Hand nimmt. Aber auch ohne diesen ganz großen Schritt kann jeder Einzelne eine Menge bewegen.

Ich hatte das große Glück, in der ersten Internetwelle 1999 mein erstes Digitalunternehmen Dialego zu gründen. Es war eine spannende Zeit, wenn man zu den Pionieren einer solchen Bewegung gehörte. Ich war eine der wenigen Frauen im Technologie-Umfeld, was mich nie allzu sehr gestört hat. Auf das Thema will ich hier nicht tiefer eingehen. Aber wenn Sie als Frau im Digital-Umfeld unterwegs sind oder wenn Sie Töchter haben, die Sie fördern möchten, dann habe ich hier ein paar Lösungsansätze parat. Projekte, die ich in den letzten Jahren anstoßen durfte und die vielleicht den einen oder anderen Entre- oder Intrapreneur inspirieren.[39]

Kreativität im Leben

Sie haben mehrfach bereits von Kreativität gelesen. Sie ist eine ureigene menschliche Eigenschaft und wir brauchen sie, um uns mit Begeisterung zu entfalten. So können nur wir Menschen gestalten und Gestaltetes mit allen Sinnen erfahren. Ja, wir wollen über alle Sinne angesprochen werden. Wenn wir Kunst betrachten, dann versuchen wir den Menschen dahinter zu erkennen und zu verstehen, wie etwa bei der Mona Lisa von da Vinci.

Gut in Erinnerung geblieben sind mir zwei weitere Beispiele von jungen Künstlern: Ranga Yogeshwar spielte auf einer Konferenz, auf der wir beide sprachen, eine Aufnahme von zwei Musikstücken vor. Eines spielte seine Tochter auf dem Klavier, ein zweites war digital vom

Computer erstellt. Was denken Sie – haben die Zuhörer diesen Unterschied erkannt? Nein, auch ich nicht. Aber allein die Tatsache, dass seine Tochter eines der Stücke spielte, hat mich berührt. Ein anderes Mal spielte ein Orchester zwei Stücke, eines von der Maschine komponiert, das andere von einem Menschen. Wieder sollte das Publikum abstimmen, ob A oder B von Mensch oder Maschine war. Es lief auf etwa fifty-fifty hinaus. Wir konnten uns nicht recht entscheiden. Die beiden Komponisten betraten die Bühne: die menschliche Komponistin und der Programmierer des digitalen Stückes. Was mich am Ende am meisten bewegt hat, war nicht die Musik, sondern die Geschichte, dass die beiden ein Paar waren.

Wie viel Kreativität oder Kulturelles gehört in Ihren Alltag? Bei mir sind beide ein fester Bestandteil. Malen und Nähen sind mein persönlicher Ausgleich eines doch sehr digitalen Lebens. Die Möglichkeit, mich neben der Sprache auch bildlich oder anders gestaltend ausdrücken zu können, ist mir wichtig.

Wenn wir klein sind, im Kindergarten oder in der Grundschule, dürfen und sollen wir malen, singen und tanzen. Irgendwann auf dem Weg zum Erwachsenen geht er verloren, der selbstverständliche, dem Menschen immanente kreative Ausdruck. Je digitaler geprägt (und gelegentlich beliebiger) unser Ausdruck wird, desto wichtiger scheint mir der kreative Sinn des Menschen, seine Begeisterung dafür, notwendig zu werden. Sei es Kino, Konzert, Oper, Tanz oder Museum – mit realem Direktor. Kreatives, selbst erlebt, mit Freunden geteilt oder gar selbst geschaffen. In all diesen Dimensionen werden wir uns immer als Mensch fühlen und die vielleicht so notwendige Bestätigung unseres Daseins erfahren.

Das Digitale kann sogar wesentlicher Teil der Kreativität werden. Videoproduktionen brauchen bspw. kein aufwendiges Studio mehr. Mit digitalen Mitteln lassen sich unglaublich kreative und professionelle Videoproduktionen erstellen und über das weltweite Netz verteilen. So drehte bspw. Shawn Bu als Student der Aachener Fachhochschule seine Bachelor-Abschlussarbeit als Star-Wars-Fanfilm »Darth Maul: Apprentice«[40]. Der Film wurde innerhalb weniger Tage sechs Millionen Mal angeklickt und mit dem Webvideopreis[41] 2016 ausgezeichnet. Digitalanbieter von Hardware wie Apple oder von Onlinediensten wie Amazon werden zu Inhalts- und Filmproduzenten und bringen – entgegen den großen Hollywood-Produktionen – neue, bislang unbekannte Schauspieler und Künstler ans Licht. Menschliche Kreativität und digitale Möglichkeiten schließen sich nicht gegenseitig aus, sondern bieten durch ihr Zusammenspiel neue Ausdrucksformen in der Digitalkultur.

Künstliche Intelligenz

Ähnlich wie beim »Roboter mit Gesicht« schlägt unser Puls höher, wenn wir von künstlicher Intelligenz hören. Bislang war es dem Menschen vorbehalten, »intelligent« zu sein. Nun soll dies auch künstlich möglich werden?

Die Meldung, dass Computerprogramme den Menschen zunächst im Schach schlugen und schließlich auch im chinesischen Brettspiel Go (dem asiatischen, ungleich schwereren »Schach«), wurde vielfach als Durchbruch verbreitet.

Auch wenn Go wiederholt als »komplex« beschrieben wurde, so ist diese sogenannte Komplexität letztlich nur eine »Kompliziertheit« – also eher ein sehr kompliziertes Uhrwerk. Bis zu diesem Zeitpunkt scheiterten Computerprogramme und die zugrunde liegende Hardware (Prozessoren, Speicher) an der Berechnung der Vielzahl an Spielzugvarianten, die den Schwierigkeitsgrad bei Go ausmachen. Letztlich jedoch folgt auch dieses Spiel einem festgelegten Regelwerk. Weiterentwickelte Algorithmen und schnellere Prozessoren machten die Berechnung von mehr Kombinationen möglich. Aber auch diese bilden »nur« komplizierte Regeln ab. Künstliche Intelligenz ist immer nur so gut wie der Mensch, der sie anlegt und »füttert«, selbst wenn die Technologie im Hintergrund schneller rechnet.

Nicht zuletzt reduzieren wir an dieser Stelle das Spiel auf die einzelnen Züge. Ist es aber nicht, ähnlich wie in der Kunst, ebenso interessant, den Menschen dabei zu beobachten? Wie groß ist der Einfluss der Mimik, Gestik, kleinen Worte eines Spielers auf den anderen, etwas, was die pure KI nicht berücksichtigt? Wir reduzieren massiv, als bestehe das Spiel nur aus Logik und sonst nichts. Jeder Mensch weiß, dass im Spiel viel mehr passiert als nur der Spielzug. Ja, das Spiel ist durch das Erlebte sogar geeignet, neue Verbindungen im Gehirn zu schaffen.

Neuronale Netze

Eine Richtung auf dem Gebiet der künstlichen Intelligenz betrifft die sogenannten neuronalen Netze, die versuchen, Informationen genau so wie im menschlichen Gehirn zu verarbeiten. Das ist allerdings nicht neu, wir lernten das in den Neunzigern schon an der Uni und die Anfänge dieser Idee gehen sogar in die Vierzigerjahre zurück, zum Beginn der ersten programmierbaren Computer.[42]

Dabei versteht man als neuronales Netz die mehrstufige, immer abstraktere Betrachtung einer Eingabe: Die Maschine lernt, aus einzelnen Pixeln auf höhere Abstraktionsebenen zu schließen, wie etwa auf die eines Bildes (Erkennen eines Tieres auf einem Foto), einer Handschrift (Erkennen der Buchstaben, Übertragen von Handschrift in Druckschrift) oder auf gesprochene Sätze (Erkennen der Stimme, Auseinandernehmen der Worte, Bilden der Sätze, Verstehen der Sätze, Finden der Antwort/Ausgabe). Inzwischen können Sie etwa auf Google eine umgekehrte Bildersuche starten,[43] also ein Bild hochladen und schauen, welche identischen oder ähnlichen Bilder gefunden werden. Dabei versteht das System aber nicht, was darauf abgebildet ist, sondern vergleicht rein technisch, ob die Pixel – also Bildpunkte – der Bilder sich ähneln. Schwer wird es, wenn die Maschine erkennen soll, was auf dem Bild dargestellt ist.

Dementsprechend verstehen Computer nichts, sondern replizieren das, was sie eingangs gelernt haben. Auch wenn die Lernalgorithmen optimiert werden, geben sie doch nur wieder, womit man sie zuvor gefüttert hat. Verbesserte Algorithmen und leistungsfähigere Hardware lassen zwar Fortschritte erkennen, doch ist die künstliche Intelligenz weit davon entfernt, den Menschen zu überholen. Auch wenn Wissenschaftler behaupten, aktuell an neuen Computern mit der »Architektur des Gehirns« zu arbeiten, so scheint dieser Nachbau schlicht Größenwahnsinn. Auch der Vergleich des digitalen neuronalen Netzes mit dem Gehirn des Menschen hinkt, denn während der Computer allein auf Basis vorhandener Daten und Strukturen Verbindungen herstellt, bildet das menschliche Gehirn komplett neue Verbindungen der Neuronen, insbesondere auch durch Sinneswahrnehmungen, die dem Computer vollends fehlen.

Aber schauen wir auf die bisherigen Errungenschaften der künstlichen Intelligenz. Die größte Herausforderung ist das Trainieren des Computers. Der Energieaufwand des Computers im Vergleich zum menschlichen Gehirn ist enorm und entbehrt jeden Vergleichs. Wo wir Menschen gerade mal ein paar Kalorien verbrauchen, um intuitiv etwa ein komplexes Bild oder eine schnörkelige Handschrift zu erkennen, benötigt die KI »Strom in der Größenordnung eines Atomkraftwerks«, etwa um Millionen Bilder oder Texte zu lernen.[44] Der größte derzeit entwickelte Supercomputer bildet gerade mal 1 % der Kapazität des menschlichen Gehirns ab.[45] Von »denkenden Maschinen mit Bewusstsein und Intention« ist die Technologie noch weit entfernt.[46] Und immer noch birgt die Maschine das Risiko, ungenau zu sein, sobald etwas vom Gelernten abweicht. Wir schauen uns im Folgenden ein Beispiel an.

Auf dem Gipfeltreffen zur »Digitalen Bewegung« auf Initiative mehrerer Medien, u. a. dem Handelsblatt, im Oktober 2018 bringt es der Neurobiologe Henning Beck auf den Punkt:

> *Was ist Intelligenz? Menschen können auf den ersten Blick Dinge verstehen (…). Wenn wir Maschinen hundertmal erklären, was auf einem Bild ist, ist das nicht intelligent.*[47]

KI, der Zoo und Tierbilder – ein fiktives Beispiel

Nehmen wir an, wir betreiben eine Webseite für den lokalen Zoo, auf der wir aktuelle Inhalte aus aller Welt einspielen wollen. Eine Idee ist, von den Tierarten, die es im Zoo gibt, Videos oder Bilder einzublenden. Da der Zoo über keinen Mitarbeiter verfügt, der täglich Bilder suchen könnte, wäre ein Automatismus praktisch. Der Zoodirektor hat von künstlicher Intelligenz gehört und will sie einsetzen. Ich stelle an dieser Stelle bewusst einmal juristische Fragestellungen zurück, denn natürlich ist es kritisch, einfach Bilder zu suchen und diese auf seiner eigenen Seite einzusetzen. Stellen wir uns der Einfachheit halber vor, das System, das wir als Nächstes gestalten, könnte nur auf Bilder zurückgreifen, für die die Rechte zur Verwendung freigegeben sind.

Wie funktioniert das nun? Zunächst wird der Computer trainiert. Wir sagen ihm, welche Tiere wir suchen: Da Koalas, Flamingos und Lamas gerade besonders angesagt sind, wollen wir auf der Website eine Informationsstrecke über sie machen und gezielt nach Bildern oder Videos dieser Tiere suchen. Wir beginnen mit den Koalas.

Wir brauchen sehr viele Bilder von Koalas, um den Computer zu trainieren. Je nach Detailgrad und Inhalt können es Tausende von Bildern werden. Wir nehmen bspw. bei uns im Zoo geschossene oder auch andere verfügbare Bilder und füttern damit unsere Maschine. Es sollten möglichst verschiedene Perspektiven oder auch unterschiedliche Koala-Arten dabei sein. Damit soll sichergestellt werden, dass auch wirklich nur Koalas erkannt werden.

Die Maschine lernt also, wie ein Koala aussieht und wie sie ihn von anderen Tieren unterscheiden kann. Wie geht der KI-Algorithmus vor? Er versucht technisch Merkmale zu extrahieren, anhand derer ein Koala erkannt werden kann. Also Ähnlichkeiten in den Bildern. Nun kann ein Koala mal von der Seite, mal von vorne oder in einem völlig fremden Kontext auftauchen, der die Maschine ablenkt. Allein das umgebende Licht kann einen enormen Unterschied ausmachen – auch wenn das für die menschliche Wahrnehmung wenig Bedeutung hat, sofern wir noch halbwegs etwas erkennen können. Denn die Maschine sucht pixelweise nach Ähnlichkeiten.

Beim Koala könnte es so etwas wie die markante große Nase, die kuscheligen Ohren oder das graue Fell sein. Er käme oftmals im Kontext von Eukalyptusbäumen vor, weil das seine Leibspeise ist. Aber Achtung: Offenbar gibt es auch braune Koalarassen. Und die ähneln ganz fix einem Känguru, wenn man sie aus der Nähe betrachtet. Oder es sind so viele Eukalyptusblätter vor dem Gesicht des Koalas, dass die Maschine seine Kennzeichen nicht eindeutig feststellen kann. Auch graue Katzen oder Mäuse, schwarz-weiße Pandabären oder Braunbären wurden mir von der KI bei einer beispielhaften Suche angezeigt. Allesamt für uns Menschen leicht als solche identifizierbar.

Es liegt in der Entscheidung des Programmierers, was in diesen Fällen passiert. So legt man etwa Wahrscheinlichkeiten an und sagt, mit welcher Bestimmtheit ein Koala als solcher erkannt werden muss, um ihn als Koala zu markieren oder auszuwählen. Zum Beispiel: »Wenn mindestens 90 % Gewissheit, dann zeige das Bild des Koalas an«, wäre ein recht sicherer Weg. Dennoch würden die Besucher der Zoo-Website ab und an auch ein Känguru darunter entdecken. In der Realität erfolgt daher häufig eine manuelle Prüfung durch einen Menschen, der dann das Bild als Koala freigibt oder als »*Nicht* Koala« markiert. Auch diese sogenannten Mikroaufgaben kann man im weltweiten Netz inzwischen für Cent-Beträge in Auftrag geben. Bei Amazon Mechanical Turk[48] finden Sie unzählige sogenannte Clickworker, also Klick-Arbeiter, die genau diese Aufgabe übernehmen. Ein Bild ansehen und anklicken: »Koala« oder »*Nicht* Koala«, oder Ähnliches. Amazon hatte selbst großen Bedarf an diesen Services, wie etwa Inhalte zu markieren, die nicht jugendfrei sind, und hat diese für alle geöffnet – nicht zuletzt, um daraus ein Geschäftsmodell zu machen. Aber ob sich dieser Aufwand für den Zoo lohnt? Sie sehen an diesem vielleicht kuriosen Beispiel: Von der wahren »Intelligenz« der Maschine sind wir noch ein ganzes Stück entfernt.

Wussten Sie, dass Sie – vermutlich unbewusst – schon mal Teil dieser Lernmaschine geworden sind? Wenn Sie im Internet einmal einen geschwungenen oder verzerrten Text eintippen sollten, um zu beweisen, dass Sie Mensch und nicht Maschine sind, dann haben Sie geholfen, eine solche zu trainieren.

Beispiel für ein Captcha

»Captcha« nennt sich das und steht für **c**ompletely **a**utomated **p**ublic **T**uring test to tell **c**omputers and **h**umans **a**part, also vollautomatischer Turingtest, um Computer und Mensch zu unterscheiden. Die sogenannten ReCaptchas von Google[49] sind Texte oder Bilder, die für die Maschine bislang nicht einzuordnen sind. Indem Menschen sie eintippen oder markieren, lernt der Computer, was sich dahinter verbirgt, und kann dies – nach ausreichend vielen Eingaben durch Menschen – zukünftig erkennen. So helfen Sie, bspw. in Google StreetView Informationen in Straßenansichten zu ergänzen, indem etwa das Eintippen einer Hausnummer, eines Straßennamens oder das Markieren eines Straßenschildes gefordert ist. Wenn genug Menschen das Gleiche eingetippt haben, lernt die Maschine den Inhalt des Bildes und speichert die Information ab. Hiernach können Sie von nun an suchen. Jeder Nutzer des Google-Service, der hilft, Mensch und Maschine zu unterscheiden, lernt mit jeder dieser Eingaben die Google-KI an, vermutlich millionenfach pro Tag. Ein intelligenter Schachzug von Google, ist doch das Anlernen der Maschine ein aufwendiger Prozess und die

Qualität der eingehenden Daten sind entscheidend für die Qualität des ausgegebenen Ergebnisses.

Der Mensch im Kontext

Wir Menschen lernen intuitiv, ohne lange nachzudenken. Wenn wir einmal einen Koala gesehen und kennengelernt haben, dann fällt es uns sehr leicht, einen weiteren zu identifizieren. Unser Gehirn hat die neue Verbindung geknüpft und muss nicht jedes Mal neu lernen. Wir beziehen grundsätzlich den Kontext mit ein, er – bspw. der Eukalyptuswald um den Koala herum statt eine Eislandschaft wie beim Eisbären – lässt uns eindeutig erkennen. Es fällt uns sehr leicht, und natürlich bemerken wir, wenn fälschlicherweise ein Känguru als Koala ausgegeben wird. Bei der Maschine müssten wir einen Schritt zurückgehen und ihr erklären, dass dies »*Nicht* Koala« ist. Sie kann sich zum einen nur daran festhalten, was wir ihr als Eingabe zum Lernen mitgegeben haben, zum anderen muss sie dies erst mal im Pixelwald »erkennen«. »Verstehen« wird sie den Koala nie, sondern maximal richtig in ihr gelerntes System einordnen.

Der Kontext ist grundsätzlich relevant und macht es dem Computer schwerer zu verstehen. Nehmen wir als Beispiel das Textmining, ein Verfahren des sogenannten Data Mining, das versucht, automatisiert Bedeutung aus großen Textmengen zu extrahieren.

Ein Beispiel aus meiner beruflichen Praxis ist, Kundenstimmen zu einem Neuprodukt zu analysieren, um zu verstehen, was den Menschen gefällt oder was optimiert werden könnte. Stellen wir uns vor, wir haben mehrere 100 Kundenstimmen zu einem neuen Kaugummi gesammelt und wollen die Inhalte nun mit Textmining[50] verstehen. Wir arbeiten dann u. a. mit einem definierten Kategoriensystem (der sogenannten Ontologie), mit dessen Hilfe wir auch Vergleiche anstellen können: Was sagen etwa die Jüngeren im Vergleich zu den Älteren, oder Ähnliches.[51]

Erinnern Sie sich an das Kaugummibeispiel zu Beginn des Buches? Wenn jemand von einem Kaugummi in seiner »Tasche« spricht, ist das für den Kaugummi der *Ort*, an dem er aufgehoben wird. Bewegen wir uns in einem ganz anderen Kontext, zum Beispiel in der Mode, wäre die Tasche wohl eher ein *Produkt*. »Kaugummi unter Schuh« spricht dagegen vielmehr für eine *Emotion*, nämlich Ärger. Ort, Produkt und

Emotion sind drei Kategorien der Ontologie in der Informatik, die uns helfen, die Aussagen einzuordnen und zu verstehen.

Der Kontext ist immer relevant für das Verstehen. In unserer Praxis des Textmining sortiert die Maschine tatsächlich etwa 80 % automatisch ein. Danach kann der Mensch übernehmen und direkt mit der Interpretation der Aussagen beginnen. Das ist ein riesiger Zeitvorteil im Vergleich zu Zeiten, wo es noch kein Textmining gab, sondern Forscher viele DIN-A4-Seiten Text durchforsten mussten und von Hand Notizen machten, bis sie den Überblick hatten. Eine herausfordernde Mission, bei der bisweilen viele Details verloren gingen.

Jede Analyse ist allerdings nur so viel wert wie ihre Datenbasis. Denn selbst wenn die Maschine uns Arbeit abnehmen kann, müssen wir durch die neuen Möglichkeiten der Datenanalyse kritisch sein und genau betrachten, womit wir sie »füttern«. Die KI kann noch so gut sein; wenn sie mit den falschen oder zu wenig Daten angelernt wird, ist der beste Algorithmus nutzlos.

In 20 Jahren Marktforschung habe ich eine Menge gute und schlechte Daten gesehen. Alles, was zählt, ist eine gute Datenbasis, um eine belastbare Aussage treffen zu können. Daher meine ich:

Wer Schutt in künstliche Intelligenz kippt, erhält künstliche Schuttintelligenz.

Nehmen Sie das Biomarktbeispiel aus *Kapitel 1: Der gesunde Menschenverstand.* Wenn wir bspw. die KI mit den Interviews trainieren, die Sie vor dem Biomarkt gesammelt haben, würde das System wohl annehmen, dass alle Menschen »bio« mögen – ganz einfach, weil es bislang kein anderes Verhalten »kennengelernt« hat. Ein sehr simples Beispiel, aber es zeigt, wie wichtig die Basis ist.

Ein weiteres Beispiel: Wenn Sie auf Facebook unterwegs sind, kennen Sie die Einblendungen von Beiträgen mit dem Hinweis »ähnlich zu Beiträgen, die Ihnen gefallen«. Je nachdem, was ich zuletzt viel geklickt habe, werden mir dazu passende Inhalte eingeblendet. Es entsteht die sogenannte Filterblase, dass ich mehr von dem sehe, was mir gefällt, oder von den Menschen, mit denen ich mich umgebe. Nichts anderes geschieht übrigens im realen Leben – aber bleiben wir im Digitalen. Kürzlich fiel mir auf, dass Facebook wohl seinen Algorithmus geändert hatte und vergleichsweise oft Tiervideos einspielte, obschon ich nicht besonders oft Tiervideos anschaue. Es war offensichtlich: Da hatte jemand bei Facebook entschieden, dass wir alle mehr Tierfilme anschauen sollten. Mit wenigen Klicks im Hintergrund lässt sich manipulieren, was in welcher Häufigkeit eingeblendet wird. Eine leicht gereizte Stimmung unter den Nutzern erkennbar? Dann sind seichte Töne durch lustige Katzenvideos, die jedermann gezeigt werden, eine Art Gute-Laune-Propaganda. Ich glaube tatsächlich, dass das funktionieren könnte, und halte es für wichtig, dass jeder aufmerksam ist und allen dargestellten Inhalten gegenüber eine gesunde Skepsis zeigt. Ganz gleich, ob die Plattform oder auch »Freunde« sie darbieten.

Lebendige Systeme

Sie wundern sich, dass eine solche Manipulation so einfach im Hintergrund vorgenommen werden kann? Es ist das Tolle am Digitalen, und Fluch zugleich, dass die Bits und Bytes sekündlich verändert werden können. Als ich bei einer Reise ins Silicon Valley Facebook besuchte, lernte ich, dass der gesamte Programmierprozess dahin gehend optimiert ist, dass jede kleinste Änderung jederzeit umgesetzt und – wenn sie nicht wie geplant funktioniert – auch wieder einzeln revidiert werden kann. Ein neues Symbol wird nicht verstanden? Dann geht es wieder zurück auf die Einstellung davor.

Wann immer wir einen Onlineservice nutzen, können wir davon ausgehen, dass hinter dem Bildschirm daran gearbeitet wird, diesen zu verändern und zu optimieren. Wir werden uns später noch mit dem Thema Ethik befassen, wenn es um die Transparenz von Algorithmen und Daten geht. Denn das Netz der Internetökonomie produziert einige Abhängigkeiten. Nehmen wir die Influencer wie etwa junge YouTube-Stars, die von Jugendlichen geradezu vergöttert werden, sei es, dass sie nun Beauty-Tipps geben, man ihnen über die Schulter schauen kann, wenn sie das neueste Computerspiel spielen, oder dass man mit ihnen Yoga machen kann. Alle leben davon, dass ihre Videos möglichst weit oben in den Vorschlagslisten stehen, denn je häufiger ein Video geklickt wird, desto höher ist der Verdienst. Es sind nicht wenige, die sehr gut davon leben können. Aber auch dieser Algorithmus ändert sich von heute auf morgen, ohne Ankündigung, und macht dieses Geschäft unberechenbar.[52] Inhaltsproduzenten sind abhängig von einem Drittdienst und dessen Algorithmen und Plänen.

Haben Sie sich schon mal gewundert, dass ein Produkt, das Sie gekauft haben – sagen wir mal Kopfhörer – trotzdem noch als Werbung angezeigt wird? Obwohl Sie es doch nun schon haben? Könnten denn die Algorithmen bitte schön nicht intelligenter sein und Ihnen stattdessen passende Musik anzeigen, die Sie herunterladen könnten? Nein, können sie nicht. Das liegt daran, dass zum Kauf keine Informationen in den Daten vorliegen. Der programmierte Code ist also nur so intelligent und so weit »informiert«, wie er über Daten verfügt. Und das ist der Fall für vieles, was Sie sich angeschaut haben. Über Tage oder Wochen zurück. Aber wenn Sie gestern das Produkt in irgendeinem Shop gekauft haben, dann liegt genau darüber keine Information vor, weil sie vom Shop nicht mit den Werbenetzwerken geteilt wird – und schwupps … ist all die Intelligenz dahin.

Ihre Oma hätte das besser hinbekommen. Sie wüsste, worüber Sie wochenlang gesprochen haben, wenn Sie gemeinsam beim Kaffeekränzchen saßen. Welche Prospekte Sie durchgeblättert, welche Werbung Sie studiert und welche unterschiedlichen Kopfhörer Sie beim gemeinsamen Spaziergang durch die Stadt im Laden ausprobiert haben. Eines Tages stehen Sie ihr gegenüber und haben die Kopfhörer um. Ihre Oma beglückwünscht Sie. Niemals würde sie auf die Idee kommen, zu fragen, ob das ein passendes Weihnachtsgeschenk für Sie wäre. Es sei denn, Oma hat Alzheimer.

Ein kleiner Exkurs zum Datenschutz

Wir haben gesehen, wie wichtig den Menschen ein vertrauensvoller Umgang mit ihren Daten ist. Andererseits schüttelt es Sie vielleicht schon allein beim Begriff »Datenschutz« und Sie denken an komplizierte Formulare und Fragen, die teils auch noch schwer verständlich sind? Ich kann es sehr gut verstehen. Mal ehrlich: Wer liest sich das alles durch? Die wenigsten von uns vermutlich. Auf Webseiten wird inzwischen abgefragt, ob »Cookies« (zu Deutsch: Kekse) gesetzt werden dürfen; daneben gibt es die Möglichkeit, umfangreiche Hintergrundinformationen zu lesen. Ein Cookie ist ein kleiner Eintrag auf Ihrem Rechner, wann Sie die Seite besucht, welche Produkte Sie betrachtet und bspw. in den Warenkorb gelegt haben. Der Eintrag kann bei Ihrem nächsten Besuch ausgelesen werden und damit sind Sie verfolgbar. Sie müssen dem Setzen der Cookies auf einer Seite nicht zustimmen und können diese auch leicht in den Einstellungen Ihres Browsers grundsätzlich ausschalten. Natürlich verzichten Sie damit auf den Service, dass der Webshop das nächste Mal noch weiß, was Sie sich ausgesucht hatten.

Noch härter trifft es diejenigen, die selbst ein Angebot bereitstellen, bspw. einen kleinen Shop im Internet für Handgemachtes. Die neuesten Regelungen zum Datenschutz (DSGVO) hatten eigentlich eine sehr gute Intention: Verbraucher sollten nun genau aufgeklärt werden, wozu Daten gespeichert und ggfs. wiederverwendet werden. Wozu hat es geführt? Zu großer Verwirrung bei großen, aber vor allem vielen kleinen Anbietern.

Kürzlich verfolgte ich ein Gespräch auf einem Handwerkermarkt: Die Kundin fragte, ob sie die hübschen Holzarbeiten auch über das Internet bestellen könnte. Die Verkäuferin erwiderte: »Nein, ich habe mich entschlossen, den Online-Shop zu schließen. Der Aufwand ist zu groß, den immer neuen Regelungen gerecht zu werden.« Das wäre sehr schade, denn gerade die Vielfalt mit vielen kleinen Anbietern macht die weltweite Vernetzung so spannend.

Verhältnismäßigkeit

Für alle, die Daten sammeln, gilt: Der Umfang der Datenaufzeichnung sollte angemessen sein. Das heißt, das, was aufgezeichnet wird, muss im Verhältnis zu dem stehen, was geboten wird. Und hier wird es herausfordernd. Denn alle datenbasierten Geschäftsmodelle verspeisen gerne Unmengen an Daten. Man könnte meinen, es gilt die Devise: »Je mehr Daten, desto besser.« Denken Sie an das Beispiel mit den Biomarktkäufern. Viel mehr Interviews an der gleichen Stelle hätten keine besseren Daten hervorgebracht. Im Gegenteil, Ihr »Wissen« wäre noch einseitiger geworden und würde nicht die Welt erklären. Gleiches gilt für jeglichen Datensatz.

Es kommt immer mehr auf die Qualität als auf die Quantität an. Wer viele Daten hat, könnte meinen, er säße allein aufgrund der Menge an Daten auf einem Datenschatz. Das Gegenteil ist der Fall. Wer sich nicht damit beschäftigt, woher die Daten stammen und wie ausgewogen sie sind, kann zu groben Fehleinschätzungen gelangen und damit zu teuren Entscheidungen. Ganz abgesehen von der verschwendeten Zeit für die Aufbereitung der »Schuttdaten« und Fehlinterpretationen.

Nehmen wir noch einmal das einfache Biobeispiel. Angenommen, Sie sind Lebensmitteleinzelhändler und hinterfragen nicht, woher die Umfrageergebnisse stammen. Dann könnten Sie – basierend auf dem Befragungsergebnis – beschließen, wegen des immens gestiegenen Bedarfs an Biokost auch Ihre eigenen Lager mit (naturgemäß verderblicher) Ware zu füllen. Ob die Absätze Ihre Erwartungen erfüllen? Wohl kaum.

Auch der Staat wandelt auf dem Grad des technologisch Machbaren. Die Möglichkeiten der massenhaften Datenspeicherung können für und gegen den Menschen verwendet werden: Einerseits kann das Durchsuchen von Daten etwa zu Telefonaten oder Kommunikation auf sozialen Medien helfen, Straftaten zu verhindern, andererseits darf nicht jeder unter Generalverdacht gestellt werden, indem alles anlasslos aufgezeichnet wird. Der Europäische Gerichtshof »hatte in einem Urteil 2016 festgestellt, dass die EU-Richtlinie über die Vorratsdatenspeicherung gegen Grundrechte verstößt[,] und diese damit gestoppt«[53]. Auch in der Charta der Grundrechte der Europäischen Union ist das Grundrecht auf Achtung des Privat- und Familienlebens und auf Schutz der personenbezogenen Daten niedergeschrieben (Art. 52 GRC). Die grundsätzliche Frage, die sich stellt, ist die Verhältnismäßigkeit der Aufzeichnungen.

Und da hakt es oftmals. Der ehemalige Bundesbeauftragte für Datenschutz, Peter Schaar, twitterte am 20.11.2018 etwa:

Automatisierte #KfZ-Kennzeichenauswertung per #Video zur Überwachung von #Dieselfahrverboten ist unverhältnismäßig. #Überwachungsinfrastruktur kann (und wird nach aller Erfahrung) auf andere Zwecke ausgeweitet werden #Datenschutz #StVG

Meine Antwort am nächsten Tag:

Vollkommen unverhältnismäßig. Da soll man sich wundern, wenn Menschen Angst haben vor weiteren digitalen Innovationen? #verhältnismässigkeit #aufwachen #digitalesgestalten #menschimmittelpunkt

Kennzeichen aufzuzeichnen, um Verstöße gegen das Dieselfahrverbot zu ahnden, ist unverhältnismäßig. Es werden Tausende von Kennzeichen aufgezeichnet, um *einen* Verstoß zu finden. Was passiert mit all den anderen aufgezeichneten Kennzeichen? Genau das ist es, was uns Menschen Angst macht. Wozu werden all die Daten verwendet? Kann ich dem Staat vertrauen? Ich fürchte, das Maß an Misstrauen ist beachtlich.

Hier ist eine kleine Übung, mit der Sie Ihre eigene Einstellung prüfen können. Stellen Sie sich vor, Sie planen einen Urlaub mit Freunden und erstellen ein Dokument mit allen Informationen, die Sie bislang gesammelt haben. Mögliche Ziele, Flugrouten, Hotels, Ausflüge. Die Informationen sind nicht sehr persönlich, aber doch ein Abbild Ihrer Vorlieben. Jetzt wollen Sie dieses Dokument mit Ihren Freunden teilen und überlegen, wo Sie es online speichern. Spontan kommen Ihnen Services von Google, Amazon oder Apple in den Sinn. Wo legen Sie das Dokument ab? Haben Sie spontane Vorlieben? Abneigungen?

Ich persönlich habe meine ganz subjektiven Präferenzen, die viel damit zu tun haben, welcher Marke ich vertraue. Ich mag Google für die Suche im Netz, die Google-Karten und einiges mehr. Aber im Kleingedruckten geben Sie Google mit der Nutzung von Google Docs weltweit das Recht, auf alle Dokumente zuzugreifen, die man dort ablegt. Auch wenn das Unternehmen in den FAQ (Frequently Asked Questions – oft gestellte Fragen) sagt, es würde nicht darauf zurückgreifen – rein rechtlich könnten sie es doch. Bei einem Unternehmen, dessen Geschäft ausschließlich auf Daten beruht, habe ich Magengrummeln. Ich möchte einfach nicht, dass dort persönliche Daten von mir liegen.

Zukünftig werden wir viel mehr danach entscheiden, welcher Marke wir vertrauen. Damit wird die Marke für alle Anbieter von Produkten und Services, gerade im Digitalen, klein oder groß, noch wichtiger werden.

Agieren statt reagieren

Digitale Demenz

Über das aktive Gestalten haben wir bereits gesprochen. Hier will ich tiefer darauf eingehen, warum wir dieses Selbstwirksamkeitsbewusstsein im Digitalen wie eine Art »Gegengift« für unsere Sorgen und Ängste dringend brauchen.

Manfred Spitzer, Gehirnforscher und Autor, beschreibt in seinem Buch »Digitale Demenz« die negativen Auswirkungen der Digitalisierung.[54] Er sieht »die Grundlagen unserer Gesellschaft in Gefahr«.

Ich gebe zu, ich hatte das Buch einige Monate im Bücherregal, bis ich es endlich las. Lange hatte ich mich gewehrt; »Ach, da redet jemand die Digitalisierung schlecht, das will ich nicht lesen«, vermutete ich. Aber das ist natürlich Quatsch. Selbst wenn man etwas nicht hören will, sollte man sich damit auseinandersetzen.

Ich war erstaunt, stimme ich ihm in vielen Dingen doch zu. Die Tatsache, dass er in seinem Buch viele Studien zitiert, überzeugt mich als Marktforscherin, auch wenn ihm vorgeworfen wird, Interpretationen in seinem Sinne vorzunehmen.[55] Ich muss gestehen, ich habe die vielen Studien nicht selbst geprüft, kenne das Vorgehen aber aus anderen Kontexten. Etwas anderes dagegen stört mich grundsätzlich: Spitzer liefert keine Lösungsansätze für die Zukunft *mit* den digitalen Medien, nur *gegen* sie. Ich stimme zu, dass das von ihm empfohlene Singen oder der Aufenthalt in der Natur für den Menschen bereichernd und gesund ist. Allerdings halte ich die simple Empfehlung, das Handy wegzulegen und mehr oder weniger passiv gegenüber dem digitalen Wandel zu verharren, für absolut unpassend. Denn wenn sich große Teile der Gesellschaft abgehängt fühlen, kann das zu einer größeren Depression führen, als wir uns heute vorstellen können.

Spitzer beschreibt selbst, dass Stress entsteht, wenn man das Gefühl hat, »machtlos ausgeliefert«[56] zu sein. Wieder liegt die Kunst darin, den Fokus auf den Menschen statt auf die Maschine zu richten und Lösungswege zu finden, mit ihm die Potenziale des Digitalen aktiv zu gestalten. Spitzers Ausführungen bestärken mich noch in dieser Ansicht. Wenn der Einzelne ins Tun kommt und das Gefühl hat, die Dinge zu beherrschen, starten wir eine positive Entwicklung der Potenzialentfaltung. Zentral ist etwa, dass erst das eigene Erleben zur Neuroplastizität führt und das Gehirn die wichtigen neuen Verschaltungen herstellt.

Wir lernen bei Spitzer etwa:

o Wer sich immer vom Navi navigieren lässt, verliert die Fähigkeit, sich zu orientieren. Londoner Taxifahrer dürfen erst nach intensiver Lernphase den Beruf ergreifen. Bei ihnen wurde ein Wachstum des Gehirns nachgewiesen. Gleiches wurde bei Medizinstudenten gezeigt: Die Hirnregion des Hippocampus war nach intensiven Lernphasen größer – und blieb es auch.
o Wir merken uns signifikant weniger, wenn wir wissen, dass die Informationen irgendwo (außerhalb unseres Gehirns) gespeichert sind.[57]
o Lernstoff begreifen wir im persönlichen Gespräch deutlich besser als im Kontakt über Bildschirm und Tastatur.[58]
o »Be-greifen« funktioniert. Wer etwas manuell ausführt, lernt besser. Die Gehirnbildung ist nachweisbar, wenn wir die Welt mit den Händen be-greifen.[59]
o Gleiches gilt für Musik, Sport, Theater, jede Form von enger Bindung, Familie oder sinnvoller Arbeit und das aktive Teilnehmen, Geben und Helfen.[60]
o Im Gegensatz dazu stehen Schulleistung einerseits und starke Computer- oder Internetnutzung andererseits in negativem Zusammenhang.[61]

Allerdings ist beim letzten Aspekt von der passiven Nutzung die Rede. Was passiert, wenn aktives Erleben und Gestalten des Digitalen dazukommen? Dies ist ein Lösungsansatz, wie ich finde! Und später noch ausführen werde.

Ein letzter Aspekt hat mich sehr ins Nachdenken gebracht, als ich im Kontext der »digitalen Demenz« davon las: Multitasking funktioniert nicht, es verlangsamt sogar unsere Gehirnleistung. Das erinnerte mich an eigene Erfahrungen.

Rüstzeit

Im Studium belegte ich u. a. das Fach Produktionstechnik (wenn Sie an einer technischen Uni wie der RWTH Aachen studieren, bekommen Sie das als eine Art Bonus dazu). Dort lernte ich die Planung maschineller Produktion: Neben der eigentlichen Produktionszeit berechnen

Sie auch die Rüstzeit. Wenn Sie etwa Schokoladenosterhasen herstellen und Ostern vorbei ist, rüsten Sie die Produktion auf Weihnachtsmänner um. Das braucht Zeit.

Von da an stellte ich oftmals fest, dass auch mein Gehirn diese Rüstzeit braucht. Der Wechsel von einem Thema zum anderen geschieht nicht nahtlos. Im Gegenteil, man braucht im Durchschnitt gut 20 Minuten,[62] bis man wieder in einem Thema drin ist. Das produziert zusätzlichen Stress.[63] Und wie ist es, wenn man versucht, einiges parallel zu machen? Es geht einfach nicht, so meine Erfahrung. Sie tun nichts parallel, Sie switchen nur blitzschnell hin und her. Plus Rüstzeit für jedes »Hin« und jedes »Her« und den damit verbundenen Zeitverlust. Seitdem fokussiere ich mich auf eine Sache und versuche sie konsequent zu Ende zu bringen.[64]

Der wahre Rohstoff, der in der Zukunft rar sein wird,
ist die Aufmerksamkeit der Menschen.
Satya Nadella, CEO Microsoft

Bevor wir passiv zusehen, wie die Welle des Digitalen über uns zusammenschlägt, sollten wir unsere Aufmerksamkeit auf das Wesentliche lenken: agieren statt reagieren.

Zeit für mich

Kennen Sie das Gefühl, die Mailbox gar nicht erst öffnen zu wollen? Sie können sich noch so sehr selbst optimieren und versuchen, der ständigen Flut an persönlichen Nachrichten auf immer mehr Kanälen Herr zu werden: Sie befinden sich in einer Art Dauerschleife. Es ist das Gefühl, stets nur zu reagieren, aber nicht selbst zu agieren.

Tatsächlich ist eines der stärksten Erfolgsrezepte vieler erfolgreicher Menschen: Sie starten den Tag mit einem eigenen Ritual und nehmen sich erst einmal Zeit für sich selbst. Eindrucksvoll beschreibt dies Dominik Spenst in seinem Buch »Das 6-Minuten-Tagebuch«, das ich gleich ausprobiert und sehr schätzen gelernt habe.[65] Größen wie Bill Gates, Günther Jauch oder Barack Obama beginnen den Tag alle gleich, sie agieren erst, bevor sie reagieren.

Sie brauchen dies auch, um auf sich selbst achtzugeben. Als Mutter, Unternehmerin und Ehrenamtlerin müsste ich mitunter mehr als

24 Stunden am Tag haben. Ich mache mir inzwischen bewusst, wie wichtig es ist, auf mich selbst zu achten. Sie schulden es vor allem sich selbst, dann sicher auch Ihrer Familie, Ihrem Arbeitgeber oder Freunden. Nur wenn es Ihnen gut geht, können Sie für alle anderen Gutes tun. Auf diesem Wege wächst das Bewusstsein für die eigene Selbstwirksamkeit und die Dankbarkeit dafür.

Nehmen wir also morgens nicht als Erstes das Handy in die Hand, sondern tun wir etwas, was uns gut tut. Das kann der morgendliche Lauf für 30 Minuten sein, eine Yoga-Session oder einfach eine Tasse Kaffee und ein Buch. Bei mir ist es Yoga, Kaffee und das 6-Minuten-Tagebuch, in dem ich den Tag mit einer Reflexion beginne. Etwa zu den drei Dingen, für die ich dankbar bin. Allein dadurch ändert sich das Bewusstsein, richtet sich auf die eigenen relevanten Dinge und das Gute, das einen umgibt.

Schnelles Denken, langsames Denken

Daniel Kahneman, Nobelpreisträger und Bestsellerautor, beschrieb in seinem Werk »Schnelles Denken, langsames Denken«[66] unser Gehirn als aus zwei Systemen bestehend: dem System 1, das für das schnelle, instinktive, emotionale System steht, und dem System 2, dem langsamen, denkenden, logischen. Kurz gefasst unterscheidet er Emotion und Ratio des Menschen.

Es scheint, als wäre das digitale Dilemma damit eindeutig: Die Digitalisierung von Prozessen adressiert nur System 2, die Ratio. Dabei spielt bei uns Menschen die Emotion eine ganz wesentliche Rolle. Sie ist nicht wegzudenken aus dem menschlichen Handeln und Leben. Ein digitaler Nachbau wäre eben nur ein rationaler Nachbau, aber keine »wahre Emotion«.

Prognosen darüber, dass der Mensch durch die Maschine ersetzt wird, betrachten die exponenzielle Entwicklung von Rechenleistung in den letzten Jahren und projizieren diese schlicht in die Zukunft. Dann könnte man auf den Gedanken kommen, dass die Maschinen übernehmen. Aber das ist nicht alles.

Sind wir Menschen nicht irrationale, unberechenbare Wesen? Was erst einmal negativ klingt, könnte der Weg für unsere Rettungsmission »Der Mensch überlebt und bleibt wichtiger als die Maschine« sein. Wir handeln mit Intuition und mit implizitem Wissen. Das macht uns nicht

nur unglaublich schnell, sondern unsere Handlungen auch komplex –
statt nur kompliziert. Ein Nachbau ist nicht machbar oder sinnvoll,
denken Sie an den digitalen Museumsdirektor.

Wie also überwinden wir das digitale Dilemma?

3 Das digitale Dilemma

Wir lieben unsere Autonomie und freie Meinungsäußerung auf der einen Seite sowie Sicherheit auf der anderen Seite. Wie schaffen wir es in der digitalen Welt, beides zu gewährleisten? Indem wir über die digitalen Möglichkeiten und Gefahren aufgeklärt sind und diese aktiv angehen. Zunächst einmal steht auch hier der einzelne Mensch im Mittelpunkt und die Frage, wie sehr er in die eigene Selbstwirksamkeit kommt. Im nächsten Schritt stellt sich die Frage, wie unsere staatlichen Systeme uns schützen können.

Das Dilemma der Digitalisierung ist, dass sie sowohl für als auch gegen den Menschen wirken kann. Während wir uns etwa über die neuen Möglichkeiten des Austauschs in sozialen Medien freuen, werden Daten vielleicht in dem Ausmaß aufgezeichnet und ausgewertet, wie wir es nicht möchten.

Erinnern Sie sich an die Sorge, dass Daten gegen den Menschen eingesetzt werden? Wie also gestalten wir die Digitalisierung in der Zukunft *für* den Menschen? Und stellt sich die Frage nur bei Bits und Bytes oder auch bei Produkten? Keiner würde ein Produkt kaufen, das gegen ihn verwendet wird. Digitales dagegen ist unsichtbar, es integriert sich nahtlos in unseren Alltag. Oftmals nehmen wir gar nicht wahr, welche Datenspur wir hinterlassen oder wo Digitales im Hintergrund wirkt. Spätestens bei einem kostenlosen Service, wie etwa einer App, dürfen Sie davon ausgehen, dass Sie »mit Ihren Daten zahlen« und dies bewusst oder unbewusst im Kleingedruckten bestätigt haben. Wir brauchen hier ein neues Bewusstsein eines jeden Nutzers einerseits und einen verantwortungsvollen Umgang mit Daten bei denen, die sie sammeln, andererseits. In einer Welt, in der alles vernetzt ist, alles aufgezeichnet werden kann, ich auf Schritt und Tritt digital verfolgbar bin, ist es eine berechtigte Frage eines jeden Einzelnen: Wer macht was mit dieser Information?

Das Manifest *in Kapitel 5* hat das Ziel, Sie zu einem noch mündigeren Bürger zu machen, der, gerade im dynamischen Feld der Digitalisierung, weniger das Gefühl hat, schicksalhaft überrannt zu werden. Ich wünsche mir, dass Sie sich in die aktive Rolle versetzen. Sie treffen die Entscheidung, welche Produkte oder Services Sie verwenden und welche nicht. Mit wachen Augen setzen Sie auf Dienstleister, die in Ihrem Sinne denken und handeln. Nutzen Sie Ihre »Marktmacht« als Kunde und wechseln Sie den Anbieter, wenn Sie das Gefühl haben, dass nicht in Ihrem Sinne gehandelt wird. Stehen Sie auf und erklären Sie, warum das so ist. Machen Sie sich bewusst, dass Sie bei einem kostenlosen Service mit Ihren Daten zahlen, und wählen Sie gezielt den Bezahlservice, wenn Ihnen nicht wohl dabei ist, dass Sie etwa bei der Navigation Ihren Standort teilen. Wenn Sie das Weltwissen auf Wikipedia schätzen, dann folgen Sie den regelmäßigen Spendenaufrufen und beteiligen Sie sich daran, dass es weiterhin zur Verfügung steht. Wenn wir alle so handeln, wird unsere Welt davon geprägt sein, dass sich die Dinge durchsetzen, die wirklich gut für den Menschen sind.

Zeit für das Wesentliche gewinnen

Der buddhistische Mönch und Bestsellerautor Haemin Sunim beschreibt in seinem Buch,[67] dass man die schönen Dinge nur sieht, wenn man langsam geht. Die Schönheit des Lebens in der Langsamkeit zu entdecken ist im stressigen und schnellen digitalisierten Alltag ein schwieriges Unterfangen. Schließlich gibt es keinen Hebel, den man mal eben umlegt wie einen Lichtschalter, um von schnell auf langsam und umgekehrt zu schalten. Die Kunst liegt darin, genau diese Geschwindigkeit selbst zu steuern. Auch hier zu agieren, statt zu reagieren. Im Kleinen, ganz für uns allein, können und müssen wir beginnen. Indem wir zum Beispiel definieren, was für uns das Wesentliche ist.

Eine schöne Herangehensweise sind etwa die Bücher »Big Five for Life« oder »Das Café am Rande der Welt« von John Strelecky.[68] Die wesentliche Frage lautet: Was treibt mich im Leben wirklich an (und damit sind nicht all die digitalen Möglichkeiten gemeint)?

Ich werde in *Kapitel 4* Ansätze dazu in den fünf Gestaltungsfeldern Arbeit, Freizeit, Bildung, Gesundheit und Mobilität geben. Immer mit dem Ziel, *mit* statt gegen die Digitalisierung zu handeln und diese gestaltend anzunehmen. Ja, sie sogar als Helfer zu nutzen, um uns freier zu machen, Zeit zu schaffen für das, was uns wirklich bewegt, und etwa wieder mehr Zeit für uns selbst, aber auch für das wichtige Miteinander mit Familie und Freunden zu finden.

Beispiele von Google und Orcam

Google startete sein Google Glass im Jahr 2012, doch die Datenbrille konnte sich nie wirklich durchsetzen. Warum? Weil die Technologie, zumindest im breiten Massenmarkt, gegen den Menschen agiert. Wer ein Google Glass trägt, der sollte per einfachem Sprachbefehl Filme aufnehmen und Fotos machen können oder etwa Zusatzinformationen im intelligenten Brillenglas eingeblendet bekommen. Was zunächst als Technologie gefeiert wurde, scheiterte und wurde 2015 wieder eingestellt.[69]

Warum? Weil sich die Technologie zwischen die Menschen schiebt. Was zunächst wie eine normale Brille aussieht, hat eine kleine Kamera und einen integrierten Bildschirm mit Zusatzfunktionen, wie zum Beispiel das Aufzeichnen eines Videos oder das Suchen eines Namens. Wenn ich einem Google-Glass-Träger gegenüberstehe, weiß ich nicht, ob er gerade einen Film von mir macht. Oder gar Hintergrundinformationen über mich abfragt und im Brillenglas gleich eingeblendet bekommt. Diese mangelnde Transparenz und die Gefahr, dass Daten oder Informationen gegen mich verwendet werden könnten, führten zu Ablehnung. Und die war bei Google Glass so stark, dass eine als innovative Technologie gefeierte Neuerung im Markt nicht Fuß fassen konnte.

Im beruflichen Kontext dagegen erfährt das gleiche Produkt eine andere Wertung. Wenn ein Lagerist dank Datenbrille schneller das gesuchte Produkt findet oder der Monteur beim komplexen Elektroschaltplan in der Datenbrille die richtige Sicherung und entsprechenden Handgriffe findet, um auch die neueste Anlage wieder in Gang zu bringen, dann ist das eine neue Perspektive für Google Glass und Wettbewerber.

Einen Unterschied macht es meiner Ansicht nach auch, ob die Datenbrille als solche sichtbar ist, also auf die digitalen Fähigkeiten der Aufzeichnung hindeutet, oder ob all dies so integriert ist, dass wir es nicht einmal wahrnehmen. Spätestens hier ist eine *ethische* Diskussion notwendig, wie wir uns dazu stellen, dass Aufzeichnungen beliebig erfolgen und Daten live ausgewertet werden können.

Ein anderes Beispiel mit klarem Nutzen liefert die Firma Orcam aus Israel,[70] die inzwischen auch einen Sitz in Deutschland hat. Sie bietet blinden und sehbehinderten Menschen eine kleine Kamera, die man per Magnet einfach an die eigene Brille heften kann. Das kleine Gerät sieht für seinen Nutzer mit der Kamera, verarbeitet auf dem internen Chip – ohne Verbindung zum Internet – Bilder, erkennt diese per künstlicher Intelligenz und liest per Sprachausgabe etwa die Zeitung vor. So nennt das Gerät auch Namen von Menschen, die man kennt (das System lernt dies vorher mithilfe des Nutzers per Knopfdruck), oder macht im Straßenverkehr auf Schilder aufmerksam. Der Nutzen ist so klar für sehbehinderte Menschen, dass das System zwischenzeitlich von den Krankenkassen bezahlt wird.

Je mehr die digitalen Möglichkeiten in unseren Alltag eindringen, je mehr wir aufzeichnen können, desto deutlicher offenbart sich, dass die Haltung und Kenntnis jedes Einzelnen mindestens so wichtig, wenn nicht wichtiger ist als die gesetzliche Regelung. Teilweise ist es ein schmaler Grat, auf dem wir uns bewegen; umso wichtiger ist es, dazu eine Haltung einzunehmen.

Gesichtserkennung im Supermarkt

Schauen wir uns einen anderen Fall der Gesichtsaufzeichnung an, bei der künstliche Intelligenz dazu dient, mit einer gewissen Wahrscheinlichkeit das Geschlecht (Mann oder Frau), das Alter und auch die Emotion des Menschen vor der Linse zu erkennen. Diese Biometrietechnologien werden seit einigen Jahren auch stark in Deutschland bspw. von der Fraunhofer Gesellschaft entwickelt.[71]

Der vorliegende Fall bewegt sich innerhalb der gesetzlichen Regelungen, weil die Daten nur anonym betrachtet und nur wenige Sekunden gespeichert werden: Eine Supermarktkette platzierte einige Zeit Kameras an den Kassen, um die Reaktion auf Werbung zu testen – ohne weiteren Hinweis für den Supermarktbesucher.[72] Das Szenario: Stehen Männer in der Schlange, wird Werbung für Rasierzubehör gezeigt, bei Frauen folgt ein Hinweis auf die Kosmetikangebote.

Seit Jahren wird versucht, automatisiert Emotionen zu erkennen. Emotionen sind etwas zutiefst Menschliches. Sie sind im Marketing gleichzeitig der Schlüssel zu den spontansten Entschlüssen und Käufen. Deshalb beschäftigt die wissenschaftliche Forschung die Frage, wie man Emotionen messen kann, um noch besser zu verstehen, wie man ein Produkt emotional platzieren und den Konsumenten zum Spontankauf bewegen kann.

Es wurden schon Menschen in den Hirnscanner geschoben mit dem Ziel, zu erkennen, welche ihrer Hirnareale aktiviert werden, wenn man ihnen Eiscreme oder Haarshampoo zeigt. Oder ob ein Mann oder eine Frau als Model positiver in der Werbung fürs neue Auto wirkt. Im Ergebnis gibt es spannende Erkenntnisse, welche Hirnareale aktiviert werden. Aber solche Tests sind sehr teuer und die Aussagekraft eingeschränkt. Die Digitalisierung verspricht günstige, wirksame »Emotionsmesser« quasi nebenbei.

Die Aufnahme von Gesichtern und das Erkennen der Emotionen funktioniert bereits erstaunlich gut. Ich habe kürzlich eine aktuelle Version eines solchen Systems an der HafenCity Universität in Hamburg getestet. Wir standen als Gruppe vor einem Bildschirm mit Kamera und die meisten von uns berichteten, dass die vom System erkannte Emotion, wie bspw. freundlich oder erstaunt, zum eigenen Gesichtsausdruck passte. Außerdem schätzte das System das Geschlecht und Alter. Hier kann der Mensch natürlich zweifelsfrei checken, ob es stimmt oder nicht. Die Maschine lag zwar oft daneben, aber insgesamt hat sie tatsächlich aufgrund der gelernten Informationen, welche Gesichtszüge sich wie bewegen, wenn sie eine Emotion ausdrücken, oder auch über Hinweise auf Alter und Geschlecht einen guten Tipp abgegeben. Ähnlich dem Koala-Beispiel: mit einer gewissen Wahrscheinlichkeit korrekt.

Fragen Sie sich selbst: Ist das für Sie in Ordnung? Oder geht die »Überwachung« zu weit? Wären Sie damit einverstanden, wenn es eine Information dazu gäbe, dass aufgezeichnet wird?

Ich finde es wichtig, dass wir uns eine Meinung bilden und in der Zukunft gemeinsam darauf hinarbeiten, menschenzugewandte Lösungen zu entwickeln. Wenn wir der Meinung sind, ein Überwachungsstaat gehe zu weit, dann sind auch nicht angekündigte Kameras zur Messung der Wirkung von Werbung nicht akzeptabel. Die Verhältnismäßigkeit wäre nicht gewahrt. Sie werden sicher eher akzeptiert, wenn mit ihrer Hilfe Gefahr von uns abgewendet wird. Wenn an der

Landesgrenze digital biometrisch ein Check erfolgt und zum Beispiel Straftätern der Eintritt ins Land verwehrt wird.

Aber dazwischen liegt ein breiter Korridor der Möglichkeiten, den zu akzeptieren wir im Diskurs besser verstehen lernen sollten. Zudem ist Transparenz und die Möglichkeit, sich frei entscheiden zu können, ob die eigenen Daten auf eine bestimmte Weise ausgewertet werden oder nicht, für den Einzelnen relevant.

Denn heute schon wird an Technologien gearbeitet, die Ihnen online Werbung für bspw. eine Spielekonsole einblenden, wenn Sie sich letztes Wochenende in der Innenstadt ein solches Gerät im Laden angeschaut haben. Mit der russischen App FindFace[73] etwa können Sie mit jedem Foto, das Sie von jeder beliebigen Person geschossen haben, diese im Internet suchen und bspw. über Social-Media-Profile ausfindig machen. Technologien, die früher hochspezialisiert waren und nur Experten zur Verfügung standen, sind nun für jedermann zugänglich.

Es mag erscheinen wie eine Szene aus dem Hollywoodfilm »Minority Report«, in dem Tom Cruise durch die futuristische Stadt läuft und jede digitale Werbewand sich seinen Interessen anpasst. Doch diese Zukunft ist bereits Realität und jeder Einzelne sollte sich schon in den Anfängen an dieser Entwicklung selbst aktiv beteiligen – an der Entwicklung selbst oder zumindest mit einem eigenen Verständnis der Dinge und entsprechend aufgeklärten Handlungen.

Beispiel: Google-Spracherkennung

Im Mai 2018 stellte Google Duplex vor. Künstliche Intelligenz sollte in eine neue Dimension gehoben und mit natürlicher Sprache bereichert werden. Spiegel Online titelt nach der Vorstellung dieser neuen Technologie »Künstliche Intelligenz ist gruselig gut«.[74] Der Google-Chef stellte die neue Technologie vor, indem er einen Anruf des Sprachassistenten beim Friseur abspielte. Tatsächlich vereinbarte der virtuelle Assistent mit seinem menschlichen Gegenüber telefonisch mühelos einen Termin.

Dabei verhält sich Google Duplex sehr menschlich. Nicht nur, dass dieser digitale Assistent die menschliche Gesprächspartnerin gut versteht und auf sie eingeht. Die künstliche Intelligenz reagiert wie ein Mensch mit einem zustimmenden »Hm, hm« statt mit einem mechanischen »Ja«. Der Mensch am anderen Ende kann nicht ahnen, dass er mit einem Computer spricht.

Was ist daran falsch? Auch hier fehlt mir die Transparenz. Ich meine, der Mensch sollte immer wissen, ob er es mit einem Menschen oder einer Maschine zu tun hat. Bei Sophia, dem Roboter mit dem Platinenhirn und der Maske, ist dies offenkundig. Die Schriftstellerin Ulla Hahn fordert bei ihrer Diskussion zum Thema ein gesetzlich verankertes Recht, zu wissen, ob das Gegenüber menschlicher oder maschineller Natur ist.[75] Ich stimme ihr zu. Es ist zudem eine ethische Frage, ob wir Maschinen, die den Menschen imitieren, eindeutig als Maschinen kennzeichnen oder nicht.

Die weitreichende Macht der Sprachassistenten

Gerade in der Vernetzung verschiedener digitaler Technologien liegt noch Zündstoff. Insbesondere wenn wir diese zu Hause im Einsatz haben, sollten wir uns damit beschäftigen. Drei Beispiele hierzu.

Haben Sie einen digitalen Sprachassistenten im Haus? Knapp jeder fünfte Deutsche hatte im Jahr 2018 bereits Erfahrung mit einem Lautsprecher wie Amazon Alexa oder Google Home. Die wenigsten dürften über die spielerische Wetterabfrage, den neuesten Witz oder den Radiowecker hinausgekommen sein. Am KIT – Karlsruher Institute for Technology – erlebte ich im FZI Reallabor ein schönes Beispiel, wie schnell aus der Kombination des harmlosen pinken elektronischen Plüschtiers Furby, einem digitalen Sprachassistenten und der digital gesicherten Haustür ein reales Gefährdungsszenario werden kann. Furby, das elektronische Haustier, lernt von seinem Besitzer Wörter. Mit denen kann er den Sprachassistenten starten und zum Beispiel die digitale Haustür öffnen. Schauen Sie sich das Video[76] an, und Ihnen wird klar, zu welch einem realen Gefährdungsszenario die Vernetzung von einzelnen, vielleicht harmlosen Digitalspielzeugen führen kann. Sie haben es in der Hand, welche Technik Sie wie einsetzen.

Das zweite Beispiel ist aus Israel: Ein Cybersecurity-Experte erzählte von einem Fernsehinterview, in dem es um Amazons Alexa ging. Am Tag darauf meldeten sich etliche Leute bei ihm und berichteten, dass sie ihn im TV gesehen hatten und ihre Amazon Alexa zu Hause jedes Mal angesprungen wäre, sobald er diesen Namen nannte. Ihm wurde bewusst: Hätte er gesagt »Alexa, bestelle ein weißes Hochzeitskleid«, wäre dieser Satz tausendfach in die Haushalte von Alexa-Besitzern gegangen und hätte dort für große Verwirrung gesorgt.[77]

Die Macht der Sprachassistenten geht noch weiter, wie wir im dritten Beispiel sehen: Fast jedes Smartphone ist mit der Funktionalität ausgestattet, Sprache zu verstehen. Sie können dies ein- oder ausschalten. Bei eingeschaltetem Sprachassistenten hört Ihr Telefon stets mit. Es könnte ja gefragt sein. Die Funktion geht aber noch weiter: Auch jede App, die Sie installiert haben, hört mit. Ich wollte es erst nicht glauben, als mir ein Freund das erste Mal erzählte, dass einzelne Apps Werbung einblenden, die Bezug auf das nehmen, was er zuvor gesprochen hatte. Und tatsächlich: Betrachten Sie einmal die Einstellungen auf Ihrem Telefon. Bei mir waren es fast alle Apps, die standardmäßig mithören und jederzeit bereit sind, auf einen Befehl zu reagieren. Inwiefern die App auch unabhängig von einem Sprachbefehl mithört und der Anbieter sich dies zunutze macht, bleibt ungewiss. Faktisch besteht hier viel Spielraum, in einem noch nicht vollständig regulierten Markt Macht auszuüben, indem Sie als Smartphone-Nutzer schlicht belauscht werden. Aber Sie haben es, im wahrsten Sinne des Wortes, in der Hand. Beschäftigen Sie sich mit den Einstellungen und schalten Sie aus, was Sie nicht möchten. Mittelfristig wird es hoffentlich klare und einfache Regulierungen geben, die die ständige ungerechtfertigte Datenerfassung, ohne entsprechenden Nutzen oder explizite Zustimmung, einschränken. Schauen Sie genau hin, wie sich Parteien zu diesem Thema stellen, und entscheiden Sie über Ihren Wahlzettel mit, dass wir eine aufgeklärte und klare digitale Welt gestalten. Im besten Fall halten sich alle Anbieter an die rechtlichen Gegebenheiten. Entdecken Sie einen Verstoß? Machen Sie ihn publik, nutzen Sie Ihre Macht als Verbraucher und wechseln Sie.

Fazit: Das digitale Dilemma bedeutet, dass wir einerseits selbstbewusst im Umgang mit digitalen Geräten werden sollten, andererseits unsere Fähigkeiten in Sachen Cybersecurity stärken müssen.

Alles digital?

Wertschöpfung

Wir leben das Leben als Menschen. Gleichzeitig sollen Maschinen uns das Leben erleichtern. Das führte zum Zeitalter der Industrialisierung und der *Automatisierung*.

Die Automatisierung begleitet uns bereits seit der Antike. Die griechische Göttin *Automatia* stand für das »freiwaltende Glück und die ohne menschliches Zutun eintretenden Ereignisse«[78] und Aristoteles (384–322 v. Chr.) beschrieb die Abschaffung der Sklaverei, als er sagte:

> *Wenn jedes Werkzeug auf Geheiß, oder auch vorausahnend, das ihm zukommende Werk verrichten könnte, wie des Dädalus' Kunstwerke sich von selbst bewegten oder die Dreifüße des Hephästos aus eignem Antrieb an die heilige Arbeit gingen, wenn so die Weberschiffe von selbst webten, so bedürfte es weder für den Werkmeister der Gehilfen noch für die Herren der Sklaven.*[79]

Frühe Formen der Automatisierung sind etwa die Erfindung des englischen Schmieds Edmund Lee, der erstmals 1745 Windmühlen mit dem Wind automatisch in die richtige Richtung drehen ließ. Oder die erste Webmaschine aus dem Jahr 1787, die automatisiert Gewebe herstellte und in den Folgejahren Tausende von Webern in die Arbeitslosigkeit führte. Anfang des 18. Jahrhunderts kam es zu einer umfassenden Protestbewegung, die aus der Angst getrieben war, »brotlos zu werden«. Es drohte der Verlust eines bis dahin recht gesicherten Berufs und die Verschlechterung des sozialen Status. Die sogenannten Maschinenstürmer zerstörten Maschinen oder ganze Fabriken, um für den Erhalt herkömmlicher Handarbeit zu demonstrieren: »Wir haben Ruhe und Ordnung gehabt lange Jahre, und haben gearbeitet wie die Maschinen. Aber die Maschinen, die kein Brot essen und des Nachts nicht schlafen, haben noch mehr gearbeitet, und wir wurden überflüssig und brotlos.«[80] Den damaligen Protesten wird nachgesagt, dass sie – obwohl nur wenige Arbeiter beteiligt waren und auch nur wenige ihre Arbeit verloren – wesentlich dazu beitrugen, die Akzeptanz des technischen Fortschritts zu hemmen und damit der Industrialisierung ihren Schwung zu nehmen.

Der deutsche Philosoph Immanuel Kant (1724–1804) beschrieb den kategorischen Imperativ (interessanterweise auch mit *KI* abgekürzt), eine Art ethischer Grundregel:

Handle nur nach derjenigen Maxime, durch die du zugleich wollen kannst, dass sie ein allgemeines Gesetz werde.

Die Digitalisierung beschreibt »nur« die Umstellung auf Bits und Bytes, also von der mechanischen, physischen Ebene in die digitale Welt, in der das kleinste atomare Teilchen ein Bit, also eine kleine digitale Speichereinheit ist. Ist die Digitalisierung also »nur« eine weitere Welle wie die der Automatisierung vor 200 Jahren und kein Grund zur Sorge? Die Zukunft ist ungewiss, und unser Gehirn ist so programmiert, dass im Sinne einer Komplexitätsreduktion Negatives aus der Vergangenheit verblasst. In der Gegenwart dagegen räumt unser Gehirn stets den negativen Informationen den Vorrang ein.[81] Denn wer die Gefahr im Blick hat, hatte schon immer die besseren Überlebenschancen, so die Wissenschaftler.

Die erste Welle der Digitalisierung: Prozessoptimierung

Wir erleben eine digitale Revolution in mehreren Wellen. In der ersten Welle wird die Digitalisierung vor allem dazu genutzt, *die Effizienz zu verbessern* und mithilfe digitaler Lösungen *Prozesse zu optimieren*. Aufgaben, die routinemäßig in immer der gleichen Art und Weise abzuwickeln sind, können Maschinen sehr gut übernehmen. Sie tun dies schneller und günstiger, als der Mensch es könnte. Prozesse, die mit immer gleicher Logik auszuführen sind, werden als Erstes automatisiert, da Unternehmen hier Kostensenkungen bewirken können und, wenn man ehrlich ist, mit Maschinen bei solchen Aufgaben auch eine bessere Qualität erreichen können. Denn wir Menschen machen Fehler. Kaum sind wir ein wenig unkonzentriert, bearbeiten wir eine immer gleiche Aufgabe möglicherweise doch nicht identisch. Das ist menschlich. Und wir werden sehen, warum das gut so ist. Der Maschine passiert so etwas nicht, weshalb sie für wiederkehrende Aufgaben zunächst einmal gut geeignet ist.

Solche digitalisierbaren Prozesse umgeben uns in unserem (privaten wie beruflichen) täglichen Leben in sehr großer Zahl: wenn wir etwa ein Bankkonto eröffnen, einen Schadensfall bei der Versicherung anzeigen, uns nach einem Umzug bei der zuständigen Behörde in der neuen Stadt anmelden oder den papierlosen Urlaubsantrag im Büro stellen.

Der Vorstandschef der niederländischen ING-Bank beziffert, dass 90 % der Prozesse einer Bank automatisierbar seien und 50 % der Arbeitsplätze dadurch wegfallen werden.[82] Vergleichbare Zahlen nennt auch der Chef der Deutschen Bank.

Dennoch sind diese Aussagen nur Hypothesen, und wie unklar die Entwicklung ist, zeigt auch das folgende Beispiel: Zwei führende Nachrichtenmagazine titeln gleichzeitig zur Gefährdung von Jobs durch die Digitalisierung – selbstredend mit Robotern als Sinnbild für die Gefahr. Während für Spiegel Online »die Jobs von Frauen gefährdet«[83] sind, schreibt die FAZ »Computer kosten vor allem Männer die Stellen«[84]. In einem sind sich jedoch alle einig: Die Digitalisierung kostet Jobs.

Dass bei solchen Schlagzeilen die Angst um sich greift und die Menschen um den eigenen Job und die finanzielle Lebensgrundlage bangen, ist kein Wunder. Die Frage ist jedoch, ob Angst uns weiterhilft. Und ob wir passive Zuschauer oder aktive Gestalter sein werden.

Auch wenn die Umsetzung dieser Automatisierungsprozesse Zeit braucht und nicht von heute auf morgen geschieht, so ist absehbar, dass wir in Zukunft alle sinnvoll digitalisierbaren Prozesse digitalisiert sehen werden. Im Jahr 2050 wird der Alltag um ein Vielfaches mehr von digitalen Schnittstellen und Angeboten durchzogen sein. Dies wird die Realität unserer Kinder und Enkelkinder sein.

Dieses Buch will nicht im Detail auf die Prozessperspektive eingehen, dazu gibt es entsprechende Fachliteratur. Es wird jedoch leider auch nicht verhindern können, dass bis zu 50 Prozent der heutigen Jobs dafür prädestiniert sind, früher oder später von Maschinen übernommen zu werden. Wir widmen uns jedoch der Frage der »sinnvollen Digitalisierung« und zeigen Perspektiven, welchen Wert der Mensch addiert und wo die Zukunftspotenziale der Digitalisierung liegen. Wo kann also der Mensch, jeder Einzelne von uns, die Zukunft unserer Gesellschaft gestalten?

Was wird bleiben, was gehen?

In der ersten Welle der Digitalisierung werden Routineaufgaben ersetzt werden. Je mehr Routinetätigkeit, desto höher die Substitutionsmöglichkeit. Selbst komplizierte Aufgaben lassen sich in einzelne Schritte und logische Strukturen zerlegen und in ihrem Zusammenwirken beschreiben – ähnlich dem Uhrwerk. Komplexe Aufgaben dagegen lassen sich nicht ersetzen.

Das Institut für Arbeitsmarkt- und Berufsforschung, eine Forschungseinrichtung der Bundesagentur für Arbeit, hat die Folgen der Digitalisierung für die Arbeitswelt untersucht und die Substituierbarkeit von Berufen in Deutschland in ihrem Forschungsbericht dargestellt.[85] Dabei liegen die Fertigungsberufe mit 70 % Substitutionspotenzial am oberen Ende der Skala und die sozialen und kulturellen Dienstleistungsberufe mit 10 % am unteren Ende – beide mit steigender Tendenz (s. Abbildung).[86] Das Risiko, ersetzt zu werden, unterscheidet sich auch über das Anforderungsniveau: Fachkräfte und Helfer unterliegen in den meisten Branchen einem höheren Risiko. Doch es zeichnen sich strukturelle Unterschiede in den Branchen ab: Während Helfer in der Landwirtschaft über kurz oder lang wohl tatsächlich vom Ernteroboter ersetzt werden, wird am Bau auch langfristig der Helfer gebraucht.

Antje Neubauer, Marketingchefin der Deutschen Bahn, empfahl als digitalresistenten Job ironisch: »Werden Sie Prostituierte oder Bestatter!«[87]

Die zweite Welle der Digitalisierung

In der zweiten Welle der Digitalisierung entstehen ganz neue Produkte und Services, die ohne die neue Technologie gar nicht denkbar wären. Hier sind wir noch am Anfang der Entwicklung. Das »smarte Haus« mit seinen intelligenten Mess- und Steuermöglichkeiten, der Chip im Turnschuh, der Online-Arztbesuch (mit oder ohne biometrische Informationen aus der intelligenten Toilette), das Handy als digitale Geldbörse und die digitale Ferienhausbörse. Ein sehr erfolgreiches Beispiel einer sogenannten digitalen Plattform ist das 2008 gegründete Start-up Airbnb, das mit seiner Vermittlungsplattform von Wohnungen und Häusern an Urlaubsreisende weltweit enorm gewachsen ist. Zehn

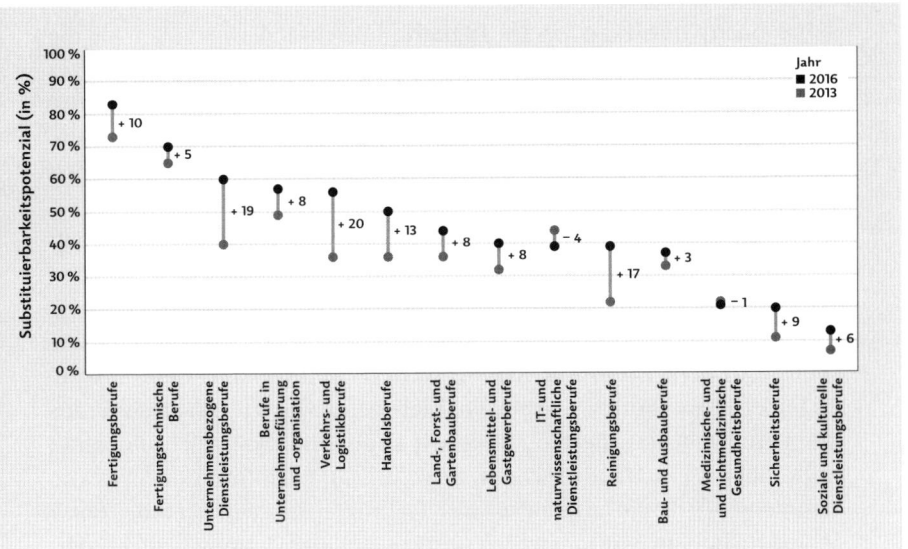

Substituierbarkeitspotenziale nach Berufssegmenten 2013 und 2016

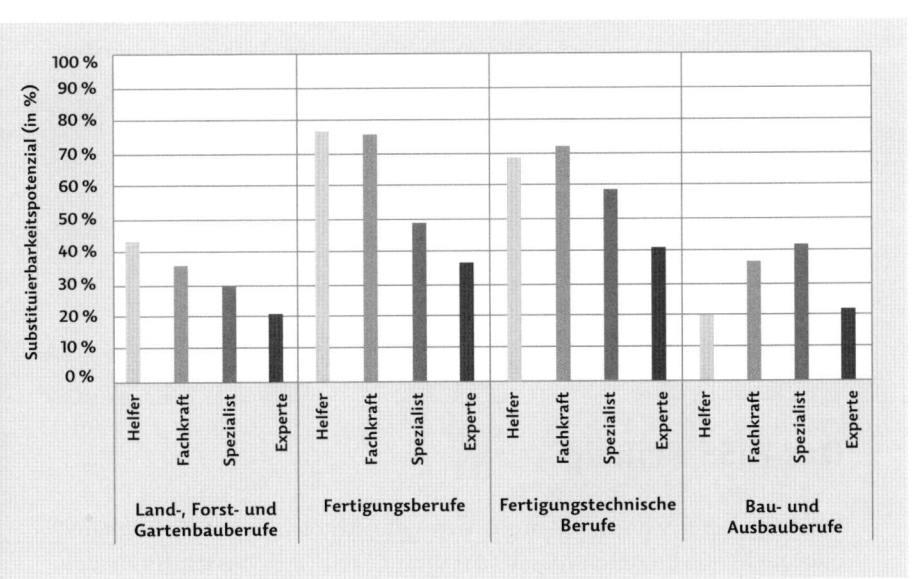

Substituierbarkeitspotenzial in den Produktionsberufen

Jahre nach Gründung ist das Digitalunternehmen wertvoller als die größten Hotelketten Hilton oder Marriot, obwohl es über kein einziges eigenes Zimmer verfügt. Es nutzt die digitalen Netzwerkmöglichkeiten und bringt Anbieter und Nachfrager von Raum »auf Zeit« zusammen. Es agiert als digitale Plattform, einem oder sogar *dem* Geschäftsmodell der Zukunft.

Der Kundennutzen ist entscheidend für den Erfolg einer solchen Innovation. Nur wenn wir einen relevanten Benefit sehen, werden wir das neue Produkt kaufen oder den Service nutzen.

Eine virtuelle Brille, die ich aufsetze, um meinen Bankberater virtuell zu treffen? Die werde ich nur nutzen, wenn ich das Gefühl habe, es bietet einen Vorteil – etwa weil ich dann von zu Hause oder aus der Ferne mit dem Berater sprechen kann. Aber kann ich das nicht auch über mein Handy? Wenn gewollt, mit Videofunktion? Warum dann eine VR-Brille? Macht solcher Technikeinsatz aufseiten der Bank womöglich mein Konto letztlich teurer? Vielleicht kann ich auch wählen, zwischen einer Art »Konto für Techies« mit allen technologischen Innovationen und dem »Social Konto« inklusive sozialer Interaktion mit meinem Kundenberater, der mir sogar per Messenger am Feierabend eine Frage beantwortet. Vielleicht haben beide Konten unterschiedliche Preise und ich habe mich bewusst für das teurere persönliche Modell entschieden, weil mir der direkte Kontakt wichtig ist? In beiden Fällen gilt: Das menschliche oder maschinelle Gegenüber muss Vertrauen gewinnen. Dies betrifft gerade den Finanzdienstleister. Kunden sind misstrauisch geworden, ob er in ihrem Sinne oder mehr für die eigene Provision berät. Fraglich ist, wie ein Roboterberater es halten wird. Die sogenannten Robo-Advisors werden bereits von ersten Banken eingesetzt und stellen eine der digitalen Innovationen in der Branche dar.

Das KISS-Prinzip

Ich habe bereits angesprochen, was eine Innovation – sei sie digital oder nicht – erfolgreich macht. An dieser Stelle möchte ich Ihnen zeigen, wie dies in eine Erfolgsformel gefasst werden kann, die sehr leicht zu merken und einfach umsetzbar ist.

Mit dem KISS-Prinzip »Keep it simple & stupid«, also »Halte es so einfach wie möglich«, aus der Software-Entwicklung wollte ich das Potenzial von Innovationen einschätzen können, und das so früh wie möglich im Entstehungsprozess eines neuen Produktes, einer App oder eines Services. Also machte ich mich mit dem KISS-Prinzip auf die Suche nach *den* Einflussfaktoren dafür, dass etwas erstmals ausprobiert wird. Denn nur wer etwas Neues ein erstes Mal austestet, kann erkennen, dass es ihm gefällt, und es erneut kaufen. So entstehen Märkte für neue Produkte.

Auch wenn Sie persönlich kein Produkt gestalten wollen, lesen Sie sich das Folgende trotzdem durch und behalten Sie es für Ihren nächsten Einkauf im Hinterkopf. Vielleicht schauen Sie danach etwas anders auf die Welt da draußen und verstehen Ihre eigene Auswahl noch besser.

Uns werden täglich zig neue Produkte und Dienste angeboten – digital oder analog. Vielleicht fragen Sie sich manches Mal auch:»Was soll der Quatsch?« Doch wie ist es, selbst auf dem Entscheiderstuhl zu sitzen und darüber nachzudenken: Was verfolgen wir, welchen Markt wollen wir adressieren? Sei es als Planspiel etwa in der Schule oder in der Realität des Unternehmensalltags: Die folgende Formel zeigt einfach auf, wann etwas Neues funktionieren kann und wann nicht. In Zeiten des digitalen Wandels und der technischen Möglichkeiten erscheint es besonders angebracht, innezuhalten und zu überlegen, ob es lohnt, in eine Entwicklung zu investieren.

Das folgende Kapitel wird all diejenigen besonders interessieren, die Verantwortung tragen für Innovationen, Produkte oder Dienstleistungen. Oder auch alle, die sich mit dem Gedanken beschäftigen, vielleicht einmal etwas Eigenes zu starten. Ein eigenes Unternehmen, sei es mit digitalen oder realen Produkten. Dabei definiere ich Innovation klassisch als Erfindung, die sich im Markt behauptet.

Welches sind die Erfolgsfaktoren von Innovationen?

Woran erkennt man in der frühen Ideenphase, ob eine Idee Potenzial hat oder nicht? Das ist die Gretchenfrage. Hat zum Beispiel die neue Lenkradvariante im Auto eine Chance oder sollte man auf Altbewährtes setzen? Welche Sitzvarianten haben Potenzial oder sollte man hier nicht groß Zeit investieren? Sollte man vielmehr den Fokus der Entwicklung auf die»Connectivity« – also die Anbindung digitaler Geräte ans Auto – legen? In der frühen Phase den richtigen Fokus zu finden macht einen großen Unterschied. Wer klar weiß, worauf er fokussieren kann, spart eine Menge Zeit und Kosten. Und investiert nicht in etwas, was am Ende wenig Bedeutung hat oder schlicht den Konsumenten nicht interessiert.

In diesem Buch will ich nicht ausführlich auf die Entstehung von Innovationen eingehen. Da ich es in der Praxis oft erlebe, möchte ich Ihnen aber eines mitgeben: Eine Innovation ist mehr als eine gute Idee. Um ein wirklich gutes Produkt zu schaffen, reicht es nicht, den Kunden zu fragen, was er möchte. Die wenigsten von uns könnten diese Frage beantworten. Schon Henry Ford sagte:

Hätte ich die Menschen gefragt, hätten sie schnellere Pferde verlangt.

Stattdessen gründete er Ford Automobile und revolutionierte die Massenfertigung von Automobilen.

Gleiches gilt, wenn wir mit einer hochinnovativen Idee konfrontiert werden. Wenn wir uns etwas gar nicht vorstellen können und eine Innovation weit entfernt vom Gewohnten ist, sind wir naturgemäß in unserem Urteil sehr verhalten. So wird neuen Produkten oder Services immer dann eine hohe Glaubwürdigkeit bestätigt, wenn sie bekannt sind. Und umgekehrt. Liegt keine eigene Erfahrung vor und kein Kontext, in dem man die neue Idee beurteilen könnte, leidet die Glaubwürdigkeit von allem Neuen.

In unserer Forschung beschäftigen wir uns etwa mit dem autonomen Fahren, dem autonomen Bus oder auch mit Flugtaxis. Allesamt keine aktuellen Angebote, sondern Services, die es in naher oder ferner Zukunft geben wird. Sprich, der Prozess, eine wirkliche Innovation in den Markt zu bringen, ist ein recht komplexer. Um diesen herunterzubrechen im Sinne von KISS – Keep it simple & stupid –, will ich Ihnen die folgende Formel anhand von Beispielen erläutern.

Die 4W-Formel

Mit meinem Team habe ich die Daten von über 8000 Innovationen analysiert, die wir in 20 Jahren in über 20 Ländern und zwölf Branchen – vom Duschgel über das Automobil bis zum Pharmaprodukt –

begleiten durften. Natürlich sind die Daten anonym, das heißt, weder Befragte noch Kunden waren in den Daten namentlich hinterlegt. Von Kundenprojekten darf ich Ihnen aufgrund der Vertraulichkeit natürlich nichts erzählen. Zum Glück machen wir einige öffentliche Forschungsprojekte, die als Beispiel dienen dürfen und viel mit Ihrer und meiner Lebensrealität zu tun haben, wie etwa der Mobilität. Aus über 30 Aspekten, die wir in solchen Befragungen testen, stachen insgesamt vier heraus, die beschreiben, wann ein Produkt ausgewählt wird. Daraus wurde die 4W-Formel. Sie lautet:

Die 4W-Formel

1. **Was** – relevanter Nutzen. Ein Produkt oder Service muss eine Eigenschaft haben, die einem wichtig ist.

2. **Wer** – Markenpassung. Das Produkt/der Service muss zu der Marke, also dem Anbieter passen.

3. **Wann** – Zeit. Jede Idee hat ihre Zeit, in der sie Erfolg haben kann.

4. **Warum** – Begeisterung im Kundenfeedback. Die ganz offene Abfrage, was gefällt und was nicht gefällt, bietet klare Hinweise auf den Erfolg.

Bereits zum wiederholten Male bei einer solchen Analyse zeigte sich der *relevante Nutzen* (das *Was*) für den Menschen als zentrales Element. Es mag Ihnen trivial vorkommen, Sie werden sagen: »Natürlich kaufe ich nur ein Produkt, das mir irgendwie nutzt!« Aber in der Praxis ist es gar nicht so leicht, den Nutzen zu definieren. Oder rational zu erklären, warum man ein bestimmtes Produkt kauft. Denn viele Käufe sind gar nicht rational. Denken Sie nur an Schokolade. Diese hat meist einen zutiefst emotionalen Nutzen, wie etwa Genuss oder auch Trost.

Ein Beispiel aus der Praxis. Wenn Sie sagen: »Na ja, ist doch klar, wenn ich ein Auto möchte, dann erwarte ich die Eigenschaft oder den Nutzen, dass es fährt«, haben Sie vollkommen recht. Stellen Sie sich die Zeit vor, als das erste Automobil auf den Markt kam: Carl Benz entwickelte im Jahr 1886 den »Benz Patent-Motorwagen Nummer 1«. Allein die Tatsache, dass jemand das erste Automobil geschaffen hatte, brachte noch keinen Erfolg. Dieser kam erst zwei Jahre später, nämlich als Bertha Benz mit ihren zwei Söhnen heimlich einen Ausflug über 100 km mit dem neuen Fahrzeug unternahm. Es war geeignet, auch längere Strecken zurückzulegen, und bot erstmalig diesen neuen Nutzen. Die erste Autofahrerin hatte mit ihrer Fahrt darauf aufmerksam gemacht und den Grundstein für den Erfolg der Erfindung gelegt.

Ein Produkt ist nur dann erfolgreich, wenn es zur Marke passt (das *Wer*). Stellen Sie sich vor, BMW würde ein Shampoo herausgeben. Würden Sie es kaufen? Vermutlich nicht.

Ebenso hat jede Innovation ihre Zeit (das *Wann*). Pferdekutschen würden heute kaum noch funktionieren, ebenso wie es zu früh ist für die Drohne als tägliches Transportmittel zur Arbeit. Dies zu entwickeln ist eine spannende Aufgabe. Im Institut für Futuristik schaffe ich den Raum für die besonders futuristischen Themen und die Gestaltung der Zukunft.[88]

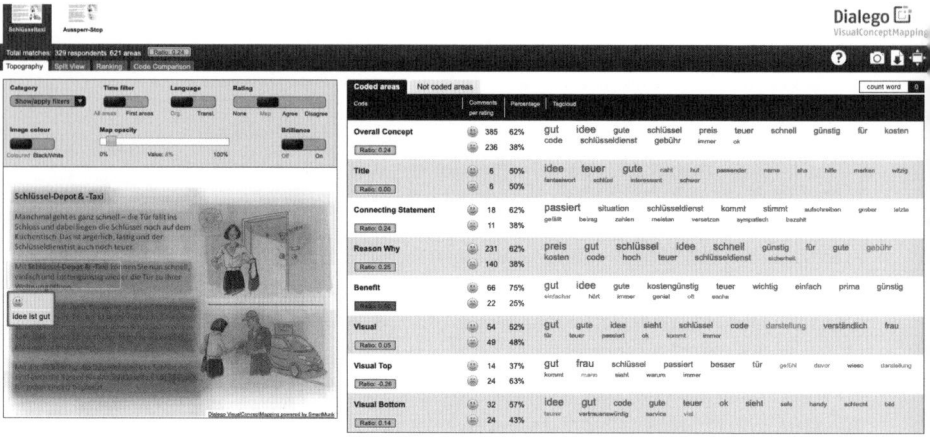

Beispiel für ein VisualConceptMapping

Der vierte Faktor ist die Begeisterung (das *Warum*): Mit einem Instrument namens VisualConceptMapping sammeln wir die Anhaltspunkte dafür in der sogenannten Ko-Kreation, einer gemeinsamen Gestaltung von Produkten. Konsumenten kommentieren und verbessern Produkte, die sie auf dem Bildschirm sehen. Das Verfahren setzen wir schon viele Jahre ein und haben zwischenzeitlich ein Patent darauf eingetragen.

Vom Nutzen einer Innovation

Denken Sie an die Beispiele zuvor: das Google Glass, das beliebig Verbindungen zwischen aufgenommenen Bildern und im Internet Gefundenem herstellt, im Gegensatz zum digitalen Helfer für sehbehinderte Menschen, der die Daten nur auf dem Chip verarbeitet. Oder: Aus einem größeren Forschungsprojekt zur Frage der Datensouveränität und -transparenz haben Sie in *Kapitel 2* bereits gelernt, wie unterschiedlich wir das Teilen von Daten sehen, je nach Empfänger.

Wir erstellen intuitiv eine Bilanz, ob der Nutzen für uns Menschen überwiegt. Wenn Sie einen kostenlosen Digitalservice nutzen, sind Ihre Daten heute das, was früher das Bargeld war. Geld hat allerdings einen klaren Wert, der einfach zu bemessen ist. Es kann Ihnen nicht schaden, indem es unberechenbar wird. Daten dagegen sind oftmals intransparent und damit außer Sicht.[89] Wenn Daten missbraucht werden, kann dies zu einem »negativen Nutzen« führen. Sie haben das Gefühl, Sie bzw. Ihre Daten werden »ausgenutzt« und gegen Sie verwendet. Im schlimmsten Fall führt es dazu, dass Sie einer Marke nicht vertrauen und der Anbieter Sie als Kunde doppelt verliert.

Die App-Wirtschaft

Wie viele Apps (neudeutsch für Anwendung) haben Sie auf Ihrem Smartphone? Den Großteil der Apps, die Sie heruntergeladen haben, nutzen Sie nicht? Da befinden Sie sich in guter Gesellschaft. Statistisch betrachtet haben die meisten von uns bis zu 20 Apps auf dem Handy.[90] Nicht wenige (15 %) haben sogar 30 oder mehr Apps installiert. Und das ist jeweils nur ein kleiner Ausschnitt von den derzeit über 2 Milliarden Anwendungen, die es alleine im App Store von Apple bzw. im Google Play Store herunterzuladen gibt.

Apps sind leicht programmiert. Man kann sie einfach mal entwickeln und schauen, ob daraus etwas wird. Das führt dazu, dass sich im App-Store quasi ein Schrotthaufen ansammelt. Und uns Nutzern wird aufgelastet, herauszufinden, was davon taugt und was nicht.

Nach der Erkenntnis, dass eine starke Marke zum Erfolg einer Innovation wesentlich beiträgt, ist sehr relevant, wie Marken ihre Apps entwickeln und ihren Nutzer vor Enttäuschungen bewahren. Sie können digital die positive Markenerfahrung weiter aufladen. Wenn Ihre

Bank oder Versicherung Ihnen bspw. Zeit spart, indem Überweisungen oder Abrechnungen per Handyfoto möglich sind, oder frühzeitig das mobile Bezahlen ermöglicht, ist dies ein klarer Nutzen für Sie.

Allerdings ist auch deutlich: Wir möchten nicht zig Apps von einem Anbieter auf unserem Handy, sondern alles möglichst integriert. Sie glauben gar nicht, wie viele betroffene Gesichter ich schon gesehen habe, wenn ich bei Banken oder Versicherungen sage: »Entwickeln Sie nicht die achte App!« Weil genau in dem Moment die (mindestens) achte App in Entwicklung ist, und zwar ohne zuvor die Frage geklärt zu haben, ob der Nutzen einer weiteren App groß genug ist, um heruntergeladen zu werden. Vielmehr könnte es ja sinnvoll sein, sie in das bestehende Angebot zu integrieren. Oder das App-Angebot so zu vereinfachen und zu reduzieren, dass wirklich nur die notwendigsten Funktionen, diese dafür aber umso leichter bedienbar zur Verfügung stehen.

Doch diese Frage stellt die App-Ökonomie oftmals nicht. Da es so einfach und günstig ist, wird munter Neues entwickelt. Es werden sogenannte A/B-Tests durchgeführt, von denen Sie, liebe Kundin, lieber Kunde, zunächst einmal gar nichts mitbekommen. Was heißt A/B-Test? Es werden die Varianten A und B entwickelt, bspw. indem das Menü einmal oben, einmal unten in der App platziert ist, und beide werden auf den Markt geworfen. Wir Nutzer erhalten zufällig entweder A oder B; die App, die dann bspw. mehr Umsatz bringt, wird dauerhaft implementiert. Wenn sich also ständig Funktionen ändern, kann es einfach daran liegen, dass damit experimentiert wird und Sie gerade unwissentlich Testperson sind.

Dass man Sie als Kunden verlieren könnte, wenn zu viel probiert wird, ist ein reales Szenario, mit dem bislang noch recht sorglos umgegangen wird. Manches Mal ist für uns Menschen das Beständige und die Reduktion von Funktionen die bessere Innovation, sofern eine Veränderung keinen wirklichen Nutzen mit sich bringt.

Nutzendimensionen

Wie die Schokolade haben auch viele weitere Produkte vor allem einen emotionalen Nutzen. Ich bin überzeugt, die emotionale Komponente eines Produktes wird oft massiv unterschätzt. Vielleicht auch, weil das Emotionale so schwer messbar ist. Da basteln wir im Land der

Erfinder tage-, wochen-, monatelang an einer Erfindung, um dann festzustellen, dass keiner darauf gewartet hat, geschweige denn sie kauft. Oder zumindest nicht so viele Menschen, dass es sich lohnt, weiter Zeit hineinzuinvestieren. Das Handelsblatt berichtet zur Eröffnung des Google-Büros in Berlin im Januar 2018, wie wichtig das Vertrauen der Menschen ist:

Wie andere große Tech-Plattformen hat Google erkannt, dass das fehlende Vertrauen der Konsumenten und Wohlwollen ihrer Regierungen ihr Wachstum mehr bedroht als Konkurrenten oder technologische Herausforderungen.[91]

Vertrauen und digitale Marken sind wesentliche Zukunftsthemen, insbesondere wenn das Geschäftsmodell auf Daten basiert. Jede Intransparenz bezüglich der gespeicherten Daten birgt ein Risiko, wenn wir nicht verstehen, was mit ihnen passiert. So lange der Einzelne keine Bedrohung für sich sieht, wird er den Service weiter nutzen. Die Frage ist, wann das Ganze kippt.

Marken bilden die Identität eines Unternehmens und seiner Produkte ab und stehen für etwas. Eine Marke hilft, sich vom Angebot des Wettbewerbs abzusetzen. In der Forschung und Entwicklung werden Marken oftmals wie Personen betrachtet. Welche Eigenschaften hat die Marke Ihrer Lieblingsnachrichtensendung? Sie könnte etwa klar, glaubwürdig, unaufgeregt, aber unterhaltsam und sympathisch sein. Die Nachrichtensprecher würden genau diese Attribute vermitteln, ebenso wie die Aufmachung der Schaubilder oder Videos.

Sie erinnern sich vielleicht gerne an den Versprecher, bei dem die Nachrichtensprecherin sich kaum halten konnte vor Lachen, gleichzeitig aber versuchte, ihre Nachrichten ordentlich zu Ende zu verlesen.[92] Sie konnten mitfühlen, wie schwer ihr das fiel, und lachten mit. Der Moment, vermutlich sogar die Nachricht, um die es ging, ist Ihnen gut in Erinnerung, weil er Ihnen unter die Haut ging. Die Sprecherin, ja vielleicht der ganze Sender, ist Ihnen sympathisch, Sie fühlen sich ihnen nah und schalten gerne wieder ein. Überlegen Sie einmal, welcher digitale Service Ihnen in dieser Form in Erinnerung geblieben ist. Sie merken schon: Die müssen sich ganz schön reinhängen, um uns als Kunden zu halten.

Übernimmt die Maschine?

Nachdem wir Faktoren für erfolgreiche Innovationen kennengelernt haben, möchte ich mich speziell den digitalen Innovationen widmen.

Das digitale Dilemma zeigt: Technologisch geht vieles, aber nicht jede technologische Entwicklung bringt einen relevanten Nutzen mit sich; es besteht das Risiko eines Flops. Betrachten wir etwa digitale Innovationen nach dem Pareto-Prinzip[93]: Angenommen, 80 % der digitalen Möglichkeiten wären bereits umgesetzt (was ich bezweifle) und »nur« weitere 20 % fehlten, dann kosten die fehlenden 20 % an Leistung 80 % der Zeit.

Biologie versus Statistik: KI und das menschliche Gehirn

Nicht nur der gesunde Menschenverstand, auch die Statistik würde sagen: Die Wahrscheinlichkeit, dass das menschliche Gehirn in Gänze nachgebaut wird, geht Richtung null. Denn auch aus biologischer Sicht sind wir weit davon entfernt, 80 % des menschlichen Gehirns künstlich nachbauen zu können.

Mit der Geburt verfügen wir bereits über alle Nervenzellen, nämlich etwa 86 Milliarden sogenannte Neuronen.[94] Im Gegensatz zum Tier, bei dem die Verbindungen bereits mit der Geburt angelegt sind, ist bei uns die Entwicklung des Gehirns damit jedoch noch nicht abgeschlossen. So kann ein Kälbchen gleich nach der Geburt aufstehen und – wenn auch wackelig – laufen, während das Menschenkind erst noch laufen lernen muss. Wir sammeln im frühen Kindesalter Erfahrungen damit, ahmen andere nach, fallen ein paarmal hin, bis es uns nach und nach immer sicherer gelingt. Durch die Erfahrungen, die wir machen, prägen wir unser Gehirn immer weiter aus. Und das gilt bis ins hohe Alter. Wenn der größte Supercomputer gerade mal 1 % des menschlichen Gehirns abbildet, stehen wir technologisch gerade erst am Anfang. Ganz abgesehen davon, dass der Maschine wohl nichts »unter die Haut gehen kann«. Ihr fehlen somit wesentliche Faktoren für die Entstehung neuer Verbindungen, die aus Erfahrungen, Eindrücken und Sinneswahrnehmungen resultieren.

Ich denke, wir werden diesen nachgebauten Menschen nie erleben, es wird immer ein Nachbau bleiben, selbst wenn wir menschenähnliche Roboter bauen. Ist das nicht eine gute Basis für ein gesundes Menschen-Selbstbewusstsein?

Beispiel: Das autonome Auto

Wir werden uns noch aus verschiedenen Perspektiven mit den digitalen Entwicklungen beschäftigen, u. a. der des Silicon Valley, das insofern als Vorreiter gilt. Eine dieser Entwicklungen ist das erste Elektroauto, das auch lange Strecken zurücklegt (von Tesla). An diesem sehr zukunftsgerichteten Fahrzeug lässt sich schön die Geschwindigkeit der digitalen Entwicklung aufzeigen, aber auch, warum die letzten 20 % der Entwicklung bis zum autonomen Fahren voraussichtlich noch sehr viel Zeit in Anspruch nehmen werden.

Typisch für digitale Entwicklungen ist, dass sie sich stets weiterentwickeln. Als ich mich damals für den Kauf eines Elektroautos entschied, war zwar schon die Rede vom autonomen Fahren, aber es war technologisch noch nicht vollständig umgesetzt. Während der Wartezeit erhielt ich einen Anruf, ob ich bereit wäre, noch ein paar Wochen länger auf mein neues Auto zu warten. Dann wären alle nötigen Sensoren bereits verbaut, sodass, sobald die Gesetzeslage es erlaube, auch die Autopilotfunktionen per WLAN hinzugeschaltet werden könnten. Ich sagte begeistert zu.

Auffällig ist, wie neu das Konzept Auto hier gedacht wird. So neu, dass ich auch heute immer wieder denke: »Das muss man sich erst mal trauen.« Das Auto drückt mehr eine Einstellung, ein »Etwas-verändern-Wollen«, aus als nur das Können. Nicht zuletzt die Freigabe der Patente für elementare Entwicklungen des Elektroautos drückte den Veränderungswillen aus.[95]

Letztlich sind auch die verbauten Sensoren und Chips kein Geheimnis. Der Informatikprofessor Amnon Shashua ist Gründer von Mobileye, deren Fahrassistenz-Technologie weltweit von führenden Automobilbauern eingesetzt wird. Im Jahr 2017 wurde es vom Chiphersteller Intel übernommen. Erinnern Sie sich an die intelligente Kamera für Blinde? Sie werden sich nicht wundern, dass die Macher dieses Gesundheitsprodukts die gleichen sind, die zuvor den Autochip entwickelt haben.

Was macht das zukunftsgerichtete Auto anders? Es wurde neu gedacht – eine Chance, schließlich musste es auch ganz neu entwickelt werden. Es hat einen großen Bildschirm als intuitive Schnittstelle zum Menschen – statt vieler Knöpfe, deren Funktion ich erst mühsam lernen muss. Ich empfinde diese Art, das Auto zu bedienen, als sehr menschenzugewandt, weil ich schnell verstehe, was ich wo machen kann. Autoheizung, Telefon, Musik auswählen: Ist alles an einem Ort. Es setzt um, was Nicholas Negroponte vor über 20 Jahren gefordert hat: Die Technik stellt sich auf den Menschen ein, nicht umgekehrt. Wann immer ich in ein »normales Auto« steige, bin ich zurück in der alten Welt und suche über Tasten oder Drehräder Funktionen. Ein Ziel im Navi einzugeben überfordert schnell. Vielfach treffe ich auf tolles Design, aber nicht auf die Funktion, die ich suche.

Im Auto der Zukunft nutze ich die Autopilotfunktion auf 90 % der Strecken, die ich fahre. Es hält die Spur, den Abstand zum Vordermann und die Geschwindigkeit; es überholt, wenn ich den Blinker setze, und erkennt Gefahren auch neben oder hinter meinem Wagen. Es lernt sichtlich, wenn ich eingreife, um etwa eine Verkehrsinsel zu umfahren. Dennoch ist spürbar, wie schwer es der Technologie fällt, Ausnahmesituationen zu erkennen, die wir als Mensch ganz selbstverständlich erfassen: ein Wagen, der halb auf dem Bürgersteig geparkt ist, der Regenschirm, der auf der Straße liegt, oder eine etwas zu kurvige Spurmarkierung, von der wir in Deutschland eine Menge haben. Genau diese fehlenden 20 % Optimierung des automatisierten Fahrens werden noch viele Jahre benötigen, bis das Fahrzeug wirklich autonom sein wird. Dass es regulär auf allen Straßen einsetzbar sein wird, bezweifle ich derzeit noch. Dennoch schätze ich die bisherigen Funktionen sehr und empfinde Autofahren mit dem teilautomatisierten Fahren als viel entspannter.

Das mag ein recht spezielles Beispiel sein, das meiner Technologiefreude gerecht wird. Doch versuchen Sie es einmal selbst: Überlegen Sie, was Sie bei Ihrem Lieblingsprodukt oder Service so schätzen. Ich bin sicher, Sie finden schnell den Nutzen, der Sie so sehr anspricht.

Ethik

In *Kapitel 1* hatte ich Ihnen die Antworten auf die Frage vorgestellt, was den Menschen ausmacht. Moral und Ethik waren zwei wesentliche Aspekte, um den Menschen von der Maschine zu unterscheiden. Wohl wissend, dass wir Menschen es sind, die die Algorithmen schreiben, wird offenkundig, dass wir darüber nachdenken müssen, welche Grundlagen hierfür gelten. Welche Ethik setzen wir an? Da dies ein zentraler Aspekt ist und ein ethischer Umgang mit dem Digitalen sich eignet, uns Ängste zu nehmen, will ich mich damit im Folgenden ausführlicher beschäftigen.

Die Ethik gilt als Teilbereich der Philosophie; aus dem Griechischen übersetzt bedeutet sie »Moral, das Sittliche« oder auch »Ethos: Charakter, gesittetes Wesen«. Ganze Bücher beschäftigen sich damit, wie etwa »3TH1CS. Die Ethik der digitalen Zeit«[96], und Universitäten beginnen, Informatiker auch in Ethik zu unterrichten.

Auf Augenhöhe

Betrachten wir zunächst die Kontrahenten: Mensch und Maschine. Ich denke, wir sollten uns dafür einsetzen, dass beide Seiten, also Nutzer bzw. »Datenquelle« (jeder von uns bei jeder Aktion im Netz) und »Datenverarbeiter«, sich auf Augenhöhe begegnen.

Der Duden definiert »auf Augenhöhe« als gleichberechtigt oder gleichwertig. Wir verhandeln oder diskutieren auf Augenhöhe. Im Umkehrschluss bedeutet dies, dass nicht ein Partner von oben herab agiert. Das ist in der digitalen Welt deutlich leichter gesagt als getan, sind doch bislang die Macher von digitalen Services oder Produkten deutlich überlegen, können sie doch den Code, die Algorithmen gestalten, während der Nutzer im passiven Anwenden verbleibt. Genau dies müssen wir ändern, um auf Augenhöhe zu gelangen.

Nehmen wir zum Beispiel das Aufzeichnen von Daten bei digitalen Services. Jeder Nutzer und »Datenspender« muss wissen, was von ihm aufgezeichnet wird, und zwar in einer einfachen und vor allem kurzen Form. Wir sollten jederzeit die Möglichkeit haben, dem zuzustimmen oder zu widersprechen, ohne große Einschränkungen – sofern möglich. Ebenso einfach müsste dieses Anliegen für Anbieter umzusetzen sein, natürlich verbindlich im Rahmen des geltenden Rechts.

Sie erinnern sich an den kurzen Ausflug zum aktuellen Daten-schutz-Rechtsrahmen in *Kapitel 2*? Selbstredend sollte der Staat, der die wichtige Verantwortung für die rechtlichen Rahmenbedingungen übernimmt, ebenfalls auf Augenhöhe agieren. Wenn viele Anbieter von digitalen Services – und insbesondere kleine, die sich keine große Rechtsabteilung leisten können – nicht verstehen, was ihre Pflicht im Rahmen der Gesetzgebung ist, läuft etwas grundsätzlich schief und eben nicht auf Augenhöhe. Es beginnt mit der juristischen Sprache, die sehr kompliziert sein kann. Wenn Menschen sich auf Augenhöhe unterhalten, dann werden sie versuchen, dies für ihr Gegenüber in einer Sprache zu tun, in der man sich gegenseitig versteht. Hier sehe ich den Staat in der Pflicht, denn vieles ist heute noch zu kompliziert.

Verstehen Sie mich nicht falsch. Ich will hier keineswegs ausdrü-cken, dass alle Macher des Digitalen böse seien und es auf die Ausnut-zung juristisch kniffliger Situationen anlegten. Ganz im Gegenteil; wir entwickeln selbst auch Technologien und ich kenne eine Menge Digi-talunternehmer. Sie wollen die neuen Technologien bestmöglich nut-zen und sicher mehrheitlich im Sinne des Menschen handeln – und im Rahmen der gesetzlichen Rahmenbedingungen. Nur müssen diese verständlich sein, von Mensch zu Mensch, gleichberechtigt gestaltet und kommuniziert. Sie merken schon, das Prinzip »auf Augenhöhe« gilt für alle Seiten: für diejenigen, die Digitales gestalten, für jene, die die Services nutzen, und als Drittes für diejenigen, die die Rahmen-bedingungen verantworten.

Das »saubere« Geschäft mit Daten

Wir sprechen über Ethik in der Digitalisierung. Und über die Frage, wer über welche Daten verfügen soll und wie er damit umgeht. Dabei ist das Potenzial, dass Daten in die falschen Hände gelangen, um ein Vielfaches höher als früher. Als eine Info »nur« auf Papier notiert war, konnte man dieses von A nach B transportieren und vervielfältigen, aber der Aufwand im Vergleich zum Weiterleiten und Verteilen digita-ler Informationen war deutlich höher. Es ist inzwischen bekannt, dass das größte Sicherheitsrisiko einer Firma von ihren Mitarbeitern aus-geht.[97] Informationen können unbewusst etwa per Klick auf eine so-genannte Phishing-E-Mail weitergegeben werden oder bewusst durch das Versenden per Mail oder unberechtigtes Speichern. Nicht selten kommt es vor, dass verärgerte Mitarbeiter ganze Kundenlisten oder andere Informationen von einem Arbeitgeber zum anderen mitnehmen, was nicht legal, aber selten nachweisbar ist. Der Verlust für das verlassene Unternehmen kann enorm sein.

Mit der Technisierung von Firmen wurde die Frage bedeutender, wie man sich gegen Angriffe von außen schützen kann. Umfassende, teure Investitionen wurden getätigt, um nicht angreifbar zu sein. Digitale sowie Hardware-technische Mauern wurden hochgezogen und Cybersecurity wird immer wichtiger. Parallel dazu ist es umso relevanter, auch den Menschen mitzunehmen und ein stärkeres Bewusstsein für den Umgang mit Daten und die entsprechende Ethik zu schaffen.

Nehmen wir das Beispiel eines Autoherstellers, der sich bspw. zur Aufgabe setzt, seine Kunden besser zu verstehen, und ein neues Angebot schaffen will, das zu den Bedürfnissen der Autofahrer passt. Nehmen wir weiter an, der Chef des Autokonzerns formuliert die Anforderung an seine Fachabteilung »Produktmanagement«: »Entwickelt bitte ein innovatives digitales Unterhaltungsangebot in unseren Fahrzeugen, basierend auf den neuen Hörgewohnheiten im digitalen Umfeld.« Schon eine Weile haben neue Streamingdienste für Musik die gute alte Kassette oder CD abgelöst. Das klassische Autoradio wurde ersetzt von neuer »Connectivity«, also der Verbindung eines mobilen Endgerätes, wie etwa dem Smartphone, an das Audiosystem des Autos oder auch der direkten Einbindung Ihrer Konten, das heißt, Sie loggen sich im Auto bei Ihrem Musikanbieter ein.

Das Produktmanagement spinnt den Gedanken weiter. Geteilte Mobilität hat bereits die Städte erobert und breitet sich immer mehr aus. Es läuft ein Wettrennen darum, wer den Markt bestimmt, in dem Menschen sich ein Auto teilen, statt ein eigenes zu besitzen.

Bald soll auch das autonome Fahrzeug auf den Markt kommen, das Sie vor der Haustür abholt und am Ziel absetzt. Wie könnte in diesem Fall das digitale Unterhaltungsangebot aussehen? Eine Idee der Produktmanager ist, dass alles automatisch im Hintergrund läuft. Sie stehen vor dem Auto, das Sie für einen Tag anmieten möchten. Dank Bluetooth in Ihrem Handy und entsprechender Sensoren im Fahrzeug erkennt das Auto Sie und liest automatisch die relevanten Informationen aus.[98] Gehen wir mal weiter: Das Auto checkt Ihren Kontostand und prüft damit als Erstes, ob Sie die Rechnung bezahlen können. Erhält es das »OK« vom System, schickt es Ihnen sogleich eine Frage auf den Screen: »Willst du mich jetzt buchen?« Sie klicken »Ja« und können einsteigen. Aus dem Kalender liest das Fahrzeug den nächsten Termin aus und startet das Navi mit dem entsprechenden Ziel. Es fragt noch, ob Sie Ihre zuletzt gespielten Lieder aus der Playlist hören möchten, startet und fährt los.

Gefällt Ihnen das Szenario? Aus Marktforschungsstudien mit Konsumenten wissen wir, dass ein »eigenmächtiges« Zugreifen auf persönliche Informationen, insbesondere Konto, aber auch Kalenderdaten oder andere Informationen zur Person, den meisten Menschen Angst einjagt und in den überwiegenden Fällen nicht akzeptiert wird. Aussagen wie »Das kann gegen mich verwendet werden« ist ein O-Ton, den wir hier häufig hören. Jemand erhält Zugang zu Daten, die er nicht haben sollte. Sicherlich sind die Bedürfnisse je nach Kontext unterschiedlich.

Gerade entwickelt sich in der Digitalwirtschaft aber ein riesiger Markt, der auf Daten basiert. Etliche neue Geschäftsmodelle entstanden aus der Nutzbarmachung von Erkenntnissen aus Daten. Viele sprechen von Daten als dem »neuen Öl«. Aber anders als beim Öl, dessen Gewinnung aus dem Boden zu der Frage führt, wie ethisch es ist, die Bodenschätze einer bestimmten Region zu nutzen, geht es beim Rohstoff »Daten« um jeden einzelnen Menschen. Und um die Ethik diesem Individuum gegenüber – und zwar weltweit gegenüber jedem, der digital aktiv wird.

Wie schaffen wir also Vertrauen? Wie können Menschen sicher sein, dass ihre Daten gut aufgehoben sind? Wenn ich lebensbedrohlich verletzt bin, werde ich sicher bereit sein, meine Vitalparameter oder auch mehr mit allen zu teilen, die mir helfen könnten. Aber wie sieht es im normalen Alltag aus? Mit all den Datenspuren, die wir kontinuierlich hinterlassen und möglicherweise gar nicht bewusst wahrnehmen?

Der Mensch hinter der Maschine

Holger Hermanns ist Professor für Informatik an der Universität des Saarlandes und beschäftigt sich mit dem Thema Ethik und Informatik. Er vertritt die Meinung:

Es steht hinter jeder Maschine und jedem Programm ein Mensch, der individuell handeln und entscheiden kann.

Es ist immer der Mensch, der einem Programm beibringt, was es tun soll. Und alle Produkte und Dienstleistungen, seien sie selbst digital oder »nur« digital gesteuert, werden am Ende immer von einem (oder vielen) Menschen verwendet. Selbst wenn wir ein Auto oder ein Flugzeug vor uns sehen, so ist neben dem ganzen Blech, dem Motor und der Innenausstattung schon heute ganz wesentlich ein Prozessor für die Steuerung und Kontrolle des Gefährts verantwortlich. Jedes Konto, für das wir vielleicht noch Auszüge auf Papier erhalten, wird dennoch selbstverständlich von Algorithmen und Datenbanken geführt. Und all diese Datenspuren betreffen den Menschen; die Algorithmen und Datenbanken fahren oder fliegen ihn zu seinem Ziel oder verwalten seine Finanzen.

Bleiben wir beim Automobil und nehmen wir das Beispiel der Softwaremanipulation bei Dieselfahrzeugen. Auch wenn weder Autofahrer noch Fußgänger den – lange Zeit unerkannt gebliebenen – höheren Schadstoffausstoß unmittelbar spüren, so dürfte doch die Luftqualität spürbar schlechter werden und irgendwann gesundheitliche Probleme verursachen, sofern das Problem nicht behoben wird. Gerade das Thema Schadstoff ist schwer zu erfassen, da Schadstoffe meist nicht unmittelbar sichtbar sind, sondern wir Expertenmeinungen glauben müssen. Vielleicht würden wir anders denken, wenn wir in China lebten, wo der Zusammenhang von Verkehrskollaps und Luftverschmutzung leicht nachzuvollziehen ist, weil im wahrsten Sinne des Wortes und deutlich sichtbar »dicke Luft« herrscht.

Oder nehmen wir das Beispiel einer Software, die mobiles Bezahlen ermöglicht. Algorithmen könnten selbstständig entscheiden, wem welche Gebühren berechnet werden, abhängig davon, wie das Zahlverhalten ist oder welcher Gehaltseingang verzeichnet wird. Oder: Schon heute bieten Geomarketing-Anbieter die Option, je nach Wohnlage einen optimierten Preis zu ermitteln.[99] Das heißt, wenn Sie in Ihrer App die Adresse hinterlegt haben und der Anbieter arbeitet mit einer solchen Geomarketing-Datenbank, erhalten Sie womöglich einen anderen Preis für ein Produkt, das Sie interessiert, als Ihre Tante, die im Dorf zehn Kilometer weiter wohnt. Ihre Daten werden kombiniert mit anderen Informationen aus der Umgebung und Sie erhalten – ohne dass Sie es bemerken – ein sehr spezifisches Angebot, das auch die Bonität Ihrer Nachbarschaft berücksichtigt.

Verantwortung für die Sicherheit

Wir können also davon ausgehen, dass jeglicher Code nicht nur *von,* sondern auch *für* den Menschen gemacht wird. Umso wichtiger ist eine Haltung *für,* nicht *gegen* die Gesellschaft. Und das unbedingte Wissen darum, dass die Verantwortung jedes Einzelnen groß ist. Die Gesellschaft für Informatik (GI) hat daher bereits ethische Leitlinien herausgegeben,[100] denen die Mitglieder verpflichtet sind. Inzwischen wird jedoch die Forderung laut, mehr als nur eine Orientierung zu geben, sondern stattdessen eine »Kopplung an das Arbeitsrecht und die Verankerung in der Berufskultur« vorzunehmen.[101]

Neben der Ethikfrage sehen wir uns auch damit konfrontiert, maschinelle Entscheidungen erklären zu können. Je »intelligenter« Maschinen werden und je mehr Entscheidungen automatisiert durch umfassende, komplizierte Algorithmen gefällt werden, desto wichtiger ist auch das rückwirkende Verstehen dieser automatisierten Entscheidungen. Sie wären durch eine Art Check oder Algorithmen-TÜV prüfbar.[102] Nur dann können Menschen diesen Entscheidungen vertrauen.

Der Informatik-Professor Hermanns zeigt mit dem Philosophie-Dozenten Kevin Baum einen Weg auf. Gemeinsam initiierten sie im Jahr 2016 an der Uni Saarland eine interdisziplinäre Vorlesungsreihe zum Thema »Ethik für Nerds«. Sie diskutieren die gesellschaftliche Verantwortung von Programmierern, den Einfluss von technischem Fortschritt auf die Gesellschaft und auch ganz konkrete Fragen, zum Beispiel, wie die Entwickler bei VW die Software zur Abgasmessung manipuliert haben. Als Absolvent beider Fachrichtungen (Informatik und Philosophie) ist Baum selbst die Brücke, die beide Fächer verbindet. Und der Erfolg gibt Hermanns und Baum recht. Was zunächst als Versuch startete, ist inzwischen eine regelmäßige Veranstaltung.

Von den Erfahrungen und Diskussionen mit den Studierenden geprägt, fordern die beiden inzwischen eine Art hippokratischen Eid für die Informatik. Keine schlechte Idee. Der hippokratische Eid ist das (erstmals im 1. Jahrhundert erwähnte) Gelöbnis eines Arztes und entstand, um eine ärztliche Ethik zu umschreiben. Auch wenn der Eid heute in der Form nicht mehr geschworen wird, so sind wesentliche Züge seit jeher eine wichtige und rechtsverbindliche Leitlinie, die alle Mediziner verinnerlicht haben: etwa, dass jeder Arzt alles unternimmt, dem Menschen nicht zu schaden, oder dass es eine ärztliche Schweigepflicht gibt.

Ähnliches würde uns in der Programmierung guttun. Ein verbindliches Selbstverständnis eines jeden, der Programmcodes gestalten kann. Und das ist – nach meiner Überzeugung – in Zukunft möglichst jeder, der sich dafür begeistern lässt. Ein Mindestmaß, die Logik zu verstehen, und die Bereitschaft, sich mit digitalen Technologien etwas mehr im Detail zu befassen, sollte jeder erlernen. Denn der Bedarf an Fachkräften ist groß, und die Notwendigkeit, zu verstehen, wie diese digitale Welt im Inneren funktioniert, ist enorm wichtig, nicht nur für die Gestalter, sondern auch für jeden Nutzer.

Ich sprach mit einer befreundeten Patentanwältin darüber. Sie erzählte, dass auch Anwälte mit ihrer Zulassung festen Richtlinien zustimmen. Sie werden von der Rechtsanwaltskammer auf ihren Beruf vereidigt, was einem wesentlichen Baustein dieser Berufskultur entspricht. Eine solche Kammer gibt es für viele Berufe.

Ich dachte weiter: Wie wäre es mit einem Eid als Selbstverpflichtung als einem ersten Schritt in die richtige Richtung? Die Gesellschaft für Informatik hat dies bereits ins Gespräch gebracht.[103] Eine solche Verpflichtung kennt keine Grenzen. Jeder Arzt oder Anwalt folgt im Inland wie im Ausland den gleichen Standesrichtlinien. Das wäre sehr passend für die Bits und Bytes, für die es keine Landesgrenzen gibt. Ein Eid umfasst Berufspflichten und ethische Prinzipien, wie beim Arzt etwa die Schweigepflicht oder die Pflicht zu helfen. Auch Heilpraktiker leisten bspw. einen Eid, auch wenn sie typischerweise weniger invasiv als etwa ein Arzt oder Chirurg handeln. Sie gehören zu den freien Berufen, so wie auch der Beruf des Programmierers. Heilpraktiker adressieren den Menschen, indem sie ihren Eid auf die Volksgesundheit ablegen. Da Programmierung auch immer vom Menschen für den Menschen oder für die Gesellschaft gemacht wird, finde ich eine Analogie zum Heilpraktiker ganz passend.

Also habe ich den Eid der Heilpraktiker umgestaltet. Ersetzt habe ich im folgenden »Eid des Programmierers«

o Heilkunde durch Programmierung,
o Heilpraktiker durch Programmierer,
o Volksgesundheit durch Gesellschaft,
o Patient durch Mensch und
o Gesundheit durch Wohlergehen.

Subjekt statt Objekt

Als ich in den Neunzigern programmieren lernte, war die sogenannte
prozedurale Programmierung Stand der Technik. Man beschrieb mehr
oder weniger im Fluss eine Prozedur, ähnlich wie wir bereits auf den
Ablauf des Kindergeburtstags geschaut haben. Sie wurde in den überwiegenden Fällen von der sogenannten objektorientierten Programmierung abgelöst, die einige Vorteile bietet, die ich Ihnen im Detail
erspare. Im Wesentlichen werden Objekte mit ihren Eigenschaften
und Methoden beschrieben. Nehmen wir das Geschenk vom Kinder-
geburtstag, das als Eigenschaften etwa eine bestimmte Form, Farbe
und vielleicht einen Namen hat. Methoden könnten zum Beispiel
Spielen oder Lesen sein. Im selben Programm wäre aber neben der
Flasche (drehen) auch meine Tochter ein Objekt, beschrieben durch
die Eigenschaften Geschlecht (Mädchen) und Methode (auspacken).

Fällt Ihnen etwas auf? Bei der Würde des Menschen kommt es darauf an, ihn als Subjekt wahrzunehmen, nicht als Objekt. Wir werden
uns in *Kapitel 4* noch damit beschäftigen, wie der Mensch ganz unabhängig von der Digitalität zum Objekt wird und damit etwas ganz

grundlegend schiefläuft in Sachen Würde. Das Subjekt mit all seinen Facetten, und vielleicht auch seiner charmanten Unberechenbarkeit, geht verloren oder wir begegnen dem Menschen nicht angemessen. Lassen Sie uns also in der digitalen Welt den Menschen vor allem als Subjekt betrachten und ihn *gedanklich* nicht so einfach in ein Objekt verwandeln, auch wenn es *technisch* nötig ist. Mir kommt es vielmehr darauf an, dass wir dem Menschen auch in Algorithmen mit Respekt begegnen. Diesem Ziel folgt das Manifest.

Programmierung ist etwas, was meist nicht von einem einzelnen Menschen, sondern im Team gemacht wird und in mehreren Entwicklungsstufen jeweils andere Personen einbindet, vor allem wenn es um größere Systeme geht. Typischerweise entsteht die Beschreibung dessen, was in Programmcode umzusetzen ist, nicht auf dem Tisch des Programmierers, sondern vielmehr bei denjenigen, die die Aufgabenstellung für den Programmierer definieren, bis hin zu den Entscheidern, die die Zielvorgabe machen. Am Coding-Prozess sind viele Köpfe und Hände beteiligt. Und alle Beteiligten bekommen die Daten »in die Finger«.

Betrachten wir die Konsequenzen, die sich aus meinem vorgeschlagenen Ethik-Eid ergeben, der ganz unabhängig davon gelten soll, ob Sie einen neuen Service zur Verwaltung von Finanzen, eine Kommunikations-App, die Steuerung eines Dieselfahrzeugs oder das autonome Auto der Zukunft entwickeln. Analog zu Ärzten oder anderen vereidigten Berufsgruppen wäre es denkbar, dass Zuwiderhandlungen gegen den Eid dafür sorgen, dass die Erlaubnis zur Ausübung des Berufs entzogen wird. Ein hartes, aber möglicherweise wirksames Mittel für eine ethisch starke Entwicklung? Ich denke, ja.

Wie wäre es, wenn alle Softwaresysteme, die von vereidigten Entwicklern erstellt wurden, für Verbraucher klar gekennzeichnet wären? Das könnte mehr als nur ein Siegel sein. Entsprechend qualifizierte Entwickler hätten sicher noch bessere Chancen am Arbeitsmarkt und wünschen vielleicht auch selbst, ihre Kompetenzen nur in ethisch vertretbare Projekte zu investieren. Auch wenn bis mindestens 2030 die Nachfrage nach qualifiziertem Personal im IT-Bereich deutlich größer sein wird als das Angebot an Fachkräften, so wäre es schon heute an der Zeit, Verantwortung zu übernehmen. Was auch international funktionieren kann. Und mit jedem neuen Entwickler oder auch Chef, den wir ausbilden und »vereidigen«, wächst das Vertrauen in entsprechend entwickelte digitale Tools. Vielleicht wäre es sogar ein treibender Faktor einer Wirtschaftsnation, die nach neuen Potenzialen in der Zukunft sucht. Deutschland wäre ein geeignetes Feld dazu, suchen wir doch händeringend nach einzigartigen Lösungen in dem komplexen Feld der Digitalisierung.

Digitale Ethik in der Bildung

Die Grundlagen der Ethik lassen sich bereits mit den ersten Gehversuchen im Digitalen anlegen. Wenn ich fordere, dass jedes Kind lernt, das Digitale zu gestalten, dann geht damit gleichermaßen einher, dass auch jedes Kind einzuschätzen lernt, welche Wirkung das Programmierte erzielen kann.

Das heißt, wir sollten Digitales entwickeln, um positiven Einfluss auf die Herausforderungen unserer Gesellschaft zu nehmen, und wir sollten bewusst mit der Wirkweise des Geschaffenen umgehen. Es reicht nicht, nur verstehen zu wollen, welche Funktion eine Software ausüben soll, sondern man muss auch wissen, wo sie zum Einsatz kommt.

Von dem bisherigen Medienverständnis, das sich eher auf den passiven Konsum (von digitalen Medien) bezieht, sollten wir zu humanen Richtlinien für das Gestalten des Digitalen übergehen. Dies ist eine deutliche Weiterentwicklung zum jetzigen Selbstverständnis von Bildung und notwendige Vorarbeit für eine ethische Grundlage. Aktives Gestalten bedeutet auch, dass wir uns Gedanken machen über »digitale Ethik«.

Damit wird deutlich, warum es in Zukunft nicht allein um die Hard Skills geht, also um die Beherrschung einer Programmiersprache, um Digitales zu schaffen. Vielmehr wird die Kombination mit Soft Skills besonders relevant. Dafür, dass wir unsere digitale Welt nicht nur mit Kraft gestalten, sondern sie auch in die richtige Richtung lenken. Wenn jedem bewusst ist, welche Verantwortung er trägt, könnte das *der* Erfolgsfaktor für die dem Menschen zugewandte Entwicklung des Digitalen werden.

4 Die Gestaltungsfelder des digitalen Wandels

Einleitung

Mir wäre es zu wenig, die Gestaltungsfelder des Digitalen allein in der Wirtschaft zu suchen und darauf zu reduzieren, was im direkten Sinne Wertschöpfung schafft. Vielmehr will ich die Perspektive des Menschen einnehmen, unser aller Alltag betrachten und darauf hinweisen, inwiefern uns Digitalisierung nutzt statt schadet. Ich möchte Verständnis dafür wecken, wozu Computer – oder einfach Maschinen – gut sind und wie sie unser Leben erleichtern können.

Vertrauen und digitale Marken

Ein Aspekt, den wir bereits berührt haben, ist das Thema Vertrauen und Marken in der Digitalität. Wenn wir verstehen und sicher wissen, wie unsere Daten verwendet werden, können wir Vertrauen aufbauen. Nur: Ist das immer so klar?

Vor einigen Jahren hatte ich ein lustiges Erlebnis dazu: Ich saß im Rahmen des Aachener Karlspreises gemeinsam mit drei weiteren Teilnehmern auf einem Podium zum Thema »Freiheit – macht die digitale Revolution die Gesellschaft kaputt?«. Wir stritten konstruktiv über das Thema und kamen auf den Aspekt der Datensammlung und -analyse, als einer der Podiumsteilnehmer sagte: »Amazon weiß ja, was ich gekauft habe, und schlägt mir passende weitere Produkte vor. Das finde ich zu persönlich.« Ich erklärte, dass Amazon sich weniger für ihn namentlich als Person interessiere als vielmehr einen allgemeinen Vorschlag mache, basierend auf den vorliegenden Daten anderer Käufer. Wenn andere ein oder mehrere Produkte identisch gekauft haben, erlaubt eine einfache und doch intelligente Verknüpfung der Einkäufe, auf weitere Interessen zu schließen und dem Käufer diese Optionen anzuzeigen. Daraufhin war mein Diskussionspartner etwas enttäuscht, dass Amazon sich nicht für ihn persönlich interessierte, sondern er anonymisiert auf seine Handlungen reduziert wurde.

Die Frage ist: Wie gewinnen wir in der digitalen Welt Vertrauen in Marken? Was ist bedeutend für unsere Entscheidung, ein digitales Produkt oder einen digitalen Service zu nutzen? Egal ob Frühstücksaufstrich, Körpercreme, Automobil oder Handy: Marken sind zur Orientierung sehr wichtig geworden. Wir vertrauen einigen besonders und kaufen sie, sowohl in der realen als auch in der digitalen Welt. Ich bin der Auffassung, dass Marken im digitalen Zeitalter noch bedeutender werden, als sie es schon sind. Wem vertraue ich? Und wem vertraue ich meine Daten an? Wem bleibe ich länger treu als nur wenige Tage, Wochen oder Monate, in denen ich etwa eine App ausprobiere und sie dann doch nicht in meinen Alltag integriere?

Digitale Produkte werden zunehmend zu Datensammlern. Oftmals wird der Wert eines digitalen Services und seine Bedeutung am Markt vor allem darin bemessen, wie viele Menschen ihn nutzen. Dabei sind in erster Linie aktive Nutzer relevant. Schauen Sie sich an, zu welchen Werten digitale Firmen den Besitzer wechseln. Plattformen bemisst man oftmals an der Anzahl ihrer Nutzer, wie etwa MyTaxi, eine deutsche Taxi-App, die international mit 10 Millionen Nutzern und 45 000 teilnehmenden Taxen an Daimler verkauft wurde.[104]

Wenn Sie eine App einmal heruntergeladen haben und dann nie wieder einsetzen, sind Sie im wahrsten Sinne des Wortes ein »toter Kunde« oder wem das zu gruselig klingt: Ihr Nutzerkonto ist tot. Es hat keinen Wert mehr, höchstens in Form von Vergangenheitsdaten. Umso wichtiger wird es in der digitalen Welt sein, Vertrauen aufzubauen und starke Marken zu schaffen, die Kunden nicht enttäuschen. Der digitale Service einer Marke, der ich Vertrauen entgegenbringe, hat beste Chancen, mich lange als Kunden zu halten. Nur muss sie ihre Vertrauenswürdigkeit stets unter Beweis stellen und zudem sorgsam mit meinen Daten umgehen. Auch darauf will ich vertrauen können.

Vertrauen ist gut, Kontrolle ist besser, sagt ein altes Sprichwort. Wie also wollen wir zukünftig selbst agieren statt zu reagieren?

Digitalkultur

Wir wollen uns an dieser Stelle etwas genauer mit Arbeit, Freizeit, Bildung, Gesundheit und Mobilität beschäftigen.

Was bedeutet Digitalkultur? Der Begriff »Kultur« stammt von dem lateinischen »colere« für »kultivieren, pflegen« und »cultura« (Bearbeitung, Anbau, Pflege, Bildung, Bebauung, Landwirtschaft) ab und drückt das »vom Menschen Gemachte« oder »selbstgestaltend Hervorgebrachte« aus, im Gegensatz zu dem, was von Natur aus vorhanden ist. Inzwischen gibt es viele verschiedene Kulturbegriffe,[105] denen die Digitalkultur wohl hinzuzufügen ist.

»Selbstgestaltend hervorbringen« ist ein wunderbarer Begriff dafür, wofür auch die Digitalisierung stehen sollte. Der Mensch erschafft das Digitale. Selbst wenn Maschinen sich zukünftig ein Stück weit selbst verbessern können, so schafft der Mensch den Ursprung dieses sich selbst verbessernden Systems.

Bei Reisen in ferne Länder genießen wir es, die Kultur zu erkunden. Ich möchte ein paar subjektive Eindrücke mit Ihnen teilen und hoffe, dass es Sie inspiriert, wie das digitale Zeitalter in anderen Ländern gelebt wird. Innovationskultur funktioniert jeweils eingebettet in die Kultur des eigenen Landes, aber gerade in anderen Ländern kann man wunderbare Inspiration finden. Ich will mich auf die jeweils drei bemerkenswertesten Fundstücke der jeweiligen Kultur beschränken, von denen ich glaube, dass sie großen Einfluss darauf haben, wie das Digitale dort gestaltet wird.

Silicon Valley

Groß denken – 10x, nicht 10 %: Im Silicon Valley lernte ich vor allem eines: groß zu denken. Ich war 2013 frisch in den neuen Beirat »Junge Digitale Wirtschaft« von Philipp Rösler berufen, mit dem es sogleich im Regierungsflieger nach San Francisco ging. Wir besichtigten u. a. Google und bekamen einen Einblick in die sogenannten Moonshot Labs. Dort werden die großen Innovationen erdacht und umgesetzt. Man arbeitete an selbstfahrenden Autos oder am weltweiten Internet namens Loon[106], das auch entfernteste Gebiete per Ballon mit einer Internetanbindung versorgen will.

Nur wer groß denkt, erreicht auch Großes, so die Denke. Während wir hierzulande oftmals versuchen, inkrementelle Verbesserungen zu erzielen, die vielleicht 10 % besser sind als eine bestehende Lösung, so wird bei den Google-Moonshots zehnmal so groß gedacht.

Versuchen Sie es doch mal mit ihrem nächsten Projekt, so groß oder so klein es auch sein mag. Es muss gar nicht digital sein. Vielleicht nutzen Ihnen digitale Kanäle dabei, etwa um das Projekt bekannt zu machen oder die Finanzierung per Crowdfunding zu organisieren. Nehmen wir bspw. ein ehrenamtliches Engagement, sagen wir, in einem Fußballverein. Überlegen Sie sich Antworten auf die Frage: »Was wäre, wenn ich Spenden in zehnmal so großer Höhe generieren wollte?« Was würden Sie tun? Ich bin überzeugt, diese Art der Fragestellung öffnet unseren Blick für manch neue Lösung. Und das wäre, gerade bei einem solch guten Zweck, doch großartig. Lassen Sie uns groß denken!

Auf diese Weise sind Projekte wie der 100-Dollar-Laptop[107] entstanden, um digitale Bildung auch in finanziell schwache Regionen zu bringen. Oder die 1-Dollar-Brille, erfunden und umgesetzt von Martin Aufmuth, der beschloss, die Welt zu verändern und Menschen in armen Ländern eine Sehhilfe zu geben, die sie sich sonst nicht leisten könnten.[108] Ein weiteres Beispiel stammt aus Indien: Der Augenarzt Govindappa Venkataswamy entwickelte ein OP-Verfahren, das Menschen in armen Ländern vor der Erblindung rettet. Sein Verfahren kostet ein Zehntel im Vergleich zum bisherigen internationalen Standard und wurde bereits etwa sieben Millionen Mal weltweit angewendet.[109]

2x »Ja, und«, 1x »Ja, aber«: Ein weiterer starker Tipp: Wann immer Ihnen eine neue Idee präsentiert wird, antworten Sie erst zweimal mit »Ja, und«, bevor Sie »Ja, aber« sagen. Wir tendieren dazu, schnell Gegenargumente zu finden, und ersticken dabei möglicherweise gute, nicht gleich auf der Hand liegende Ideen im Keim.

Bleiben wir beim Beispiel der Vereinskasse. Sie sitzen mit Freunden zusammen und präsentieren Ihre neue Idee. Sie wollen bei der nächsten Spendenaktion zehnmal so viele Spenden wie bisher einsammeln und beginnen, erste Ideen zu präsentieren. Man könnte ein Festival auf dem Sportplatz veranstalten. Ihr Gegenüber sagt »Ja, aber das ist doch ein Riesenaufwand, bekommen wir das überhaupt gestemmt?« und »Ja, aber erlaubt das denn die Gemeinde?« usw. Wie wäre es mit »Ja, und das würde das Gemeinschaftsgefühl sehr stärken« oder »Ja, und es wäre sicher ein tolles Erlebnis, das uns lange in Erinnerung bleibt« oder »Ja, und das könnte ein regelmäßiges Event werden bei uns hier in der Ecke, wo das nächste Festival in weiter Ferne liegt«. Tolle Idee, oder? Nach dem zweiten »Ja, und« haben Sie so viel Dynamik, dass das »Ja, aber« die Idee nicht gleich umwirft und Sie voller Kraft weiterdenken können.

Mindset: Überzeugend fand ich die Aussage des Gründers eines Inkubators, der nach dem Erfolgsrezept des Silicon Valley gefragt wurde. Seine Antwort: Es ist nicht die geografische Location, sondern vielmehr das Mindset, also die Denkweise: Einfach jeder glaubt daran, dass er es schaffen kann. Glauben Sie fest daran, dass Sie es schaffen können. Ihr Glaube versetzt Berge. Denken Sie an das o.g. Zitat von Henry Ford.

Seoul

Kreativwirtschaft und Innovation: Während zweier Delegationsreisen nach Seoul durfte ich das digitale Ökosystem der südkoreanischen Metropole erkunden. Aufgefallen ist mir gleich eine Verbindung, die wir hierzulande bislang selten ziehen: Kreativwirtschaft und Digitales. Das Seoul Center for Creative Economy and Innovation ist eines von 19 Innovationszentren in ganz Korea und bietet neben kostenlosen Arbeitsplätzen für junge Unternehmen umfassende Unterstützung für Gründer. Es handelt sich um eine von der Regierung finanzierte Maßnahme, die das Land unabhängiger von Exporten machen soll, auf denen rund 40 % des koreanischen Bruttosozialprodukts basieren. Auch in den Hochschulen ist das Thema Gründung bereits im Lehrplan verankert. Schon 2000 Ideen seien in dem Center entstanden, erfuhren wir.

Gezielt werden Gründungen in vier Strängen gefördert:

o Unterstützung von Start-ups
o Gründer, die bereits einen Misserfolg hatten
o Start-ups, die über drei Jahre auf dem Markt sind, werden unterstützt, in die nächste Wachstumsstufe zu gelangen
o Unternehmen, die Start-up-Ideen sammeln

Information kommt zum Gründer: Beeindruckt hat mich die Tatsache, dass in das Center zwei Büros integriert waren, in denen Gründer alle nötigen Informationen aus erster Hand einholen konnten. Zwei Regierungsmitarbeiter wurden dort stationiert, wo die Gründer sind, und

Zentrum für Kreativwirtschaft und Innovation in Seoul

warteten bei offener Tür darauf, helfen zu können. Ein vorbildliches Engagement, wie ich finde, ist es doch oftmals gerade die Bürokratie, die abschreckt, wenn man etwas starten will und nicht weiß, was es alles zu beachten gilt. Weiterhin ist die Information über Förderprogramme oder Steuererleichterungen Ziel dieser südkoreanischen Maßnahme.

Aus der Not geboren: Persönlich denke ich, dass eine Unternehmensgründung oder der Start von etwas Neuem idealerweise aus einer positiven Motivation heraus entsteht. Doch oft genug ist es genau andersherum: Neues wird aus der Not geboren, weil der eigene Job verloren geht oder ganze Branchen wegbrechen. So auch in Südkorea: Das Land ist massiv abhängig von wenigen großen sogenannten Chaebols, den ca. 30 südkoreanischen Unternehmensnetzwerken wie Hyundai,

Samsung oder LG.[110] Nicht zuletzt illegale Verflechtungen mit Regierungsmitgliedern führten 2017 zu einer großen Krise.[111] Die Abhängigkeit von einigen wenigen Großunternehmen oder Konglomeraten zeigt deutliche Auswirkungen auf die Gesamtwirtschaft, sodass die Regierung gezielt gegensteuerte und den Fokus nun auf kleinere, neue Gründungen setzt. Eine Initiative für mehr Unabhängigkeit sozusagen, die absolut begrüßenswert ist.

Tel Aviv

Israel hat keine Bodenschätze wie manch andere Länder. Somit liegt zu 95 % der Fokus auf den humanen Ressourcen, weil das Land schlicht nichts anderes hat. Mütter in Israel, so sagt man, wünschen sich nicht, dass ihr Sohn oder ihre Tochter Doktor wird, sondern Unternehmer/-in. Alle Kinder gehen zum Militär, Männer drei, Frauen zwei Jahre. Das Militär (und weitere Staatsdienste) stellt damit den größten Arbeitgeber. Jeder dritte Israeli ist beim Staat beschäftigt. Gleichzeitig ist das Land sehr klein, krisengeschüttelt und abgeschottet. Unternehmer treffen entsprechend im eigenen Land auf wenige Abnehmer für einen neuen Service oder ein neues Produkt. Dies fordert sie, groß und über die Grenzen des Landes hinaus zu denken.

Vom Frieden lernen: Besonders begeistert hat mich das »Shimon Peres Center for Peace and Innovation«[112], ein israelisches Innovationszentrum für den Wohlstand innerhalb der israelischen Nation und für den Frieden mit den Nachbarstaaten.

Die Idee ist, von dem herausfordernden Prozess zu lernen, den Frieden zu halten. Innovation ist, ebenso wie der Friedensprozess, von konstantem Versagen geprägt. Und von dem unbändigen Willen, dies nicht als Verhängnis zu akzeptieren, sondern stets danach zu streben, doch noch erfolgreich zu sein. Vom Frieden lernen bedeutet, ständig in Bewegung zu sein und seinen eigenen Beitrag dazu zu leisten.

Sei Problemlöser: Die lange gemeinsame Zeit beim Militär schweißt die Israelis zusammen. Ein Unternehmer sagte mir: »Wenn du drei Jahre lang gemeinsam in einem Zimmer gelebt, all die harten Übungen gemeinsam durchgestanden hast, dann ist das mehr als Freundschaft. Wir lernen, uns gegenseitig zu helfen. Und das hat auch nach der aktiven Zeit beim Militär Bestand.«

Disziplin ist die gemeinsame Basis. Gepaart mit gemeinsamen Erfahrungen prägt sich eine Haltung: Fang erst an, wenn du das Problem definiert und verstanden hast. Baue dann die bestmögliche Lösung. Da das Land klein ist, scheint die Haltung der angehenden Unternehmer zwangsläufig zu sein: Verstehe erst das Problem und deinen Markt. Gestalte erst dann ein Produkt.

Ein starker weiterer Effekt der Militärzeit: Man kennt sich und bildet ein starkes Netzwerk. Die Israelis helfen sich auch als Unternehmer gegenseitig.

Chuzpe: Chuzpe stammt aus dem Jüdischen und bedeutet Unverfrorenheit, Dreistigkeit oder Unverschämtheit.[113] Mütter schicken ihre Kinder in der Freizeit gerne raus in die Natur und lassen sie ihre eigenen Erfahrungen machen. Die formale Ausbildung endet typischerweise mit dem verpflichtenden Militär, das allen Israelis eine starke technologische Bildung und Praxis mitgibt. Sie sind dadurch früh erwachsen. Eines der größten Ziele der meisten ist es, zu den 1 % der militärischen Eliteeinheit zu gehören, die sich heute vor allem der Cybersecurity widmet.

Entsprechend starten viele Israelis nach dem Militär gleich ins Berufsleben, statt an die renommierten Universitäten des Landes zu gehen. Viele werden Unternehmer. So hat das Land bereits hervorragende Unternehmen hervorgebracht, wie etwa die vorgestellten Firmen Mobil Eye oder Orcam. Vielleicht gehört ein wenig Chuzpe dazu, um etwas Eigenes zu starten und nicht im Strom des Konventionellen mitzuschwimmen.

Kapstadt

Südafrika ist bislang keine Nation, die für ein digitales Ökosystem bekannt wäre. Im Gegenteil. Immerhin ist das Schwellenland auf dem afrikanischen Kontinent wirtschaftlich am weitesten entwickelt und als einziges afrikanisches Land Mitglied der G20-Wirtschaftsmächte. Allerdings machen heute die reichen Bodenschätze wie Chrom oder Platin nahezu die Hälfte der Exporterlöse aus, während das Ungleichgewicht zwischen Arm und Reich zu den größten weltweit gehört. Mit 50 % Jugendarbeitslosigkeit fehlt gerade der jungen Generation eine Perspektive. Hier ist es besonders spannend, zu ergründen, wo die Digitalisierung Potenziale für den Einzelnen schaffen könnte. Coding und Entrepreneurship könnten genau in diesem Land fruchtbaren Boden schaffen. Schließlich bietet beides eine wahre Perspektive für jeden Einzelnen.

Begeistert habe ich vor diesem Hintergrund Kapstadt und Umgebung erkundet. Projekte wie die Inkubatoren »Bandwith Barn« der Citi(Cape Innovation & Technology)-Initiative, u. a. in Kayelitsha, einem der größten Townships in Kapstadt,[114] sind ein wunderbares Beispiel, wie bewusst inklusive Innovation gelebt wird und Perspektiven für die sozial schwachen Bewohner der Townships geschaffen werden. Am zweiten Standort im angesagten Viertel Woodstock werden in großer Zahl »Data Scientists« ausgebildet, die eine der wichtigsten Kompetenzen im digitalen Zeitalter erlernen und damit beste Chancen am Arbeitsmarkt haben: große Datenmengen sinnvoll auszuwerten.

Hier war es am schwersten, Erkenntnisse mitzunehmen, die den Nährboden einer digitalen Perspektive darstellen könnten, schließlich ist das Lebensumfeld so grundlegend anders und auch kaum vergleichbar mit den anderen betrachteten Kulturen.

Hilf dir selbst: In Südafrika erwarten die Menschen nicht, dass jemand anderes ihr Problem löst. Sie sind es gewohnt, ja, darauf angewiesen, selbst nach Lösungen zu suchen und originäre Lösungen zu finden. In diesem Schwellenland gibt es vieles nicht, das für uns selbstverständlich ist. Was zunächst eine negative und traurige Perspektive ist, könnte eine Chance werden. Genau hier, »aus der Not«, ergeben sich Gestaltungsmöglichkeiten. Ähnlich wie wir es bei der Unabhängigkeit als Motivationstreiber in Südkorea gesehen haben.

Halte dich nicht an Regeln fest: Die Menschen halten weniger an Regeln fest, so lernte ich. »Schaut euch den Straßenverkehr an, da seht ihr es.« Es gibt eine Kultur, sich nicht eingeschränkt zu fühlen oder jemand anderes die Regeln setzen zu lassen – was einerseits zu Unruhe und kriminellen Risiken führt, kann andererseits die Chance darstellen, selbst und unabhängig etwas Neues in Bewegung zu setzen.

Fülle die Lücken: Das Inkubatoren-Programm fokussiert auf relevante Geschäftsfelder, wie Finanzdienstleistungen, Bildung, Daten, Reisen, aber auch Spiele, Biotechnologie oder »Township Business«. Und es gibt erste Erfolge: Das mehrfach ausgezeichnete Start-up Khaya Power[115] bringt Elektrizität in abgelegene und arme Gegenden. Early

Bird Educare[116] hilft Erziehern in der frühkindlichen Bildung beim Entwicklungsprozess der Kinder. Und die App SnapScan ermöglicht auch kleinen Shop-Inhabern das Bezahlen per Handy, dort, wo ein Vertrag mit einer Kreditkartenfirma möglicherweise nicht machbar ist. Gerade im Feld der Nachhaltigkeit liegen viele Potenziale. Ein Beispiel ist die Abalobi-App[117], die kleine Fischereien in Südafrika unterstützt, nachhaltig zu agieren.

Potenziale ergeben sich auch in Partnerschaften im Kleinen, wie bspw. in der Agenda-21-Partnerschaft der Städte Aachen und Kapstadt.[118] Dort, wo bereits einige Projekte zum Beispiel zur Rettung von Pinguinen oder der Anlage von Nachbarschafts- oder Schulgärten erfolgreich etabliert sind, könnte die Vermittlung von digitalen und Programmierfähigkeiten für die Kleinsten eine gute Ergänzung sein.

In Regionen, in denen es an Wesentlichem mangelt, wird das Digitale möglicherweise den größten positiven Effekt erzielen können. Eines der Global Goals sind nachhaltige Städte und Gemeinden mit sicheren und bezahlbaren Unterkünften. Als Pilotprojekte gibt es bereits 3D-gedruckte Häuser, und ich frage mich, wie lange es wohl dauert, bis wir Häuser im großen Stil 3D-drucken können. Erste Ansätze machen große Hoffnung.[119] Vielleicht ist dies eine zukünftige Verbesserung der Lebensbedingungen in Townships?

Arbeit

Wie werden wir arbeiten? Es wird viel dazu geschrieben, wie sich die Arbeitswelt verändern wird. Warum die Jobs der »Bildschirmrückseitenberater« wegfallen werden, haben wir weiter oben betrachtet *(Kapitel 2: Roboter statt Mensch)*.

Doch wichtiger als die Frage, wie diese Veränderungen aussehen werden, schätze ich das Thema Soft Skills für die Frage der Ethik, aber auch als grundlegenden Lösungsansatz für unsere Zukunft ein. Ich will damit nicht sagen, dass wir Faktenwissen getrost Wikipedia und Google überlassen können. Jedes Kind und jeder Erwachsene muss wesentliche Kulturtechniken beherrschen und sollte Gesamtzusammenhänge der Historie, Gesellschaft und Naturwissenschaften kennen. Ebenso ist das Erlernen von mindestens einer Fremdsprache eine wesentliche Grundkenntnis, um in der globalisierten Welt selbstbestimmt seinen

Weg zu gehen. Darüber hinaus halte ich das Erlernen einer Programmiersprache oder zumindest das Gestalten des Digitalen und Kreatives für elementar. Plus die Fähigkeit, das Lernen zu lernen, um stets auf Ballhöhe zu sein, und die Stärkung menschlicher Kompetenzen, wie Kreativität, soziales Miteinander oder Empathie.

Wichtige Kompetenzen in der Zukunft

Das Weltwirtschaftsforum zeigt auf, dass sich die Kompetenzen, die wir in Zukunft brauchen, ganz grundlegend ändern werden.[120] Dabei rangiert das Lösen komplexer Probleme, kritisches Denken und Kreativität auf den Plätzen eins bis drei. Kreativität schnellte innerhalb von fünf Jahren sogar von Platz 10 auf Platz 3. Drei zutiefst menschliche Fähigkeiten, die unmöglich von Maschinen darstellbar sind.

Top 10 Skills

in 2020	in 2015
1. Lösung komplexer Probleme	1. Lösung komplexer Probleme
2. Kritisches Denken	2. Abstimmung mit anderen
3. Kreativität	3. Mitarbeiterführung
4. Mitarbeiterführung	4. Kritisches Denken
5. Abstimmung mit anderen	5. Verhandlungsführung
6. Emotionale Intelligenz	6. Qualitätskontrolle
7. Urteilsvermögen und Entscheidungsfähigkeit	7. Serviceorientierung
8. Serviceorientierung	8. Urteilsvermögen und Entscheidungsfähigkeit
9. Verhandlungsführung	9. Aktives Zuhören
10. Kognitive Flexibilität	10. Kreativität

Veränderung der wichtigsten Kompetenzen

Auf die Schwierigkeiten der Komplexität bin ich in *Kapitel 1* eingegangen. Während Maschinen komplizierte Aufgaben lösen können, nämlich die Abfolge fest definierter Routinen und Regeln, können sie komplexe Zusammenhänge nicht beschreiben, geschweige denn lösen. Hier ist Komplexitätsreduktion durch Erfahrung und Intuition gefragt, die nur der Mensch mitbringt. Eine Automatisierung ist auch zukünftig nicht möglich.[121]

Kreativität

Betrachten wir den Faktor Kreativität etwas genauer. Ist dies doch eine der Kompetenzen, die die Maschine nicht beherrscht. Selbst wenn wir mit künstlicher Intelligenz Kunstwerke schaffen oder Musikstücke komponieren, steckt darin eine große Prise Mensch, der das Programm geschrieben hat.

Warum vergleichen wir Kunst, die aus dem Computer stammt, mit der vom Menschen? Weil wir uns ständig fragen, ob uns die Maschine ersetzt. Mal ganz ehrlich: Glauben Sie das? Aus Ihrem tiefsten Innern heraus? Oder steckt da mehr im Thema Kreativität?

Kürzlich besuchte ich eine Ausstellung namens »Pattern and Decoration« im Aachener Ludwig Forum, eine wunderbare Sammlung von Irene und Peter Ludwig.[122] Ich war sehr fasziniert von den Malereien, Kollagen und gar einige Meter großen Flächenmosaiken. Am meisten erstaunte mich der Hintergrund der Ausstellung: Die Patternand-Decoration-Kunst war in den Siebzigern eine richtige Bewegung. Es ging um die sichtbaren, dekorativen Muster, aber ebenso um einen politisch-globalen Anspruch. Die bunten Bilder entstanden als Aufschrei gegen den weltweit von den Werten westlicher Industriestaaten bestimmten Kunstbegriff und gegen die männliche Dominanz in der Kunstwelt. Die Kunstrichtung gilt damit als eine der letzten künstlerischen Bewegungen im zwanzigsten Jahrhundert. Wenn Sie den Hintergrund kennen und von der enthaltenen Sozialkritik wissen, gehen Sie anders durch die Ausstellung. Denken Sie nicht? Die Ausstellung drückte Lebensfreude aus, mit jedem einzelnen Bild. Als ich dort stand, konnte ich sie förmlich spüren, die Freude an der Farbe, Vielfalt und am Protest, die in den Kunstwerken steckt.

Eines der faszinierendsten Bilder war ein sehr großes Acrylgemälde mit einer riesigen Wiese voller Gänseblümchen. Aus der Ferne erkennt man vorne große Blümchen, die sich in den Bildhintergrund verlieren. Geht man näher heran, sieht man ganz viele kleine Punkte. Ganz so wie Pixel auf dem Bildschirm. Der Künstler spielte mit den bekannten Formen der Digitalisierung und nutzte diese als Stilmittel. Ähnlich wie einige Impressionisten 150 Jahre zuvor Punkte mosaikartig nebeneinandersetzten, erinnerte das Stilmittel heute an einen Computerbildschirm. Und doch zog mich dieses Bild mehr an, als jedes Foto oder jeder Bildschirm es gekonnt hätte. Es wäre etwas anderes, wenn der Computer das Bild »gezeichnet« hätte. Vielleicht würde ich den Künstler, der die künstlerischen Algorithmen angelegt hat, fragen, was er sich dabei gedacht hat. Aber allein die Tatsache, dass er nicht den Pinsel schwingen musste, lässt mich persönlich weniger Demut vor dem Kunstwerk haben.

Auf der Buchmesse 2018 traf ich einen Computer-Künstler namens AICAN[123] (AI CAN, übersetzt: künstliche Intelligenz kann). Wenn Sie sich die Bilder auf der Website anschauen, werden Sie diese vielleicht sogar schön finden. Mir geht es so. Ich finde sein Projekt faszinierend, aber letztlich packt es mich weniger. Es bleibt etwas anderes, ob das Kunstwerk dem Pinsel eines Menschen entspringt oder einer Maschine.

Es wird spannend sein, in den kommenden Jahren und Jahrzehnten darüber zu sprechen, was digitale Kunst ausmacht. Ich freue mich auf diesen Diskurs, nicht zuletzt deshalb will ich zukünftig mehr darüber erkunden. Insbesondere wie Menschen darauf zu- und mit Computerkunst umgehen. Denken noch mehr Menschen so wie ich? Dass Kunst vom Menschen kommt, dass man den Menschen darin erspüren will? Oder werden wir auch Algorithmenkunst als gleichwertig anerkennen? Vielleicht lassen wir uns darauf ein und es wird eine Erweiterung der bestehenden Diversität und Freiheit in der Kunst.

Aber widmen wir uns der Kreativität und dem Menschen bei der Arbeit.

Der Mensch bei der Arbeit

Vereinfacht sage ich in meinen Vorträgen oft, es werden alle Jobs bleiben, die von menschlichen Kompetenzen leben: von sozialer Interaktion wie etwa bei Lehrern, Kindergärtnern oder Pflegekräften. Von Empathie, wie sie Ärzte oder andere heilende und soziale Berufe zum

Ausdruck bringen müssen. Von Kreativität, ohne die kein Film, keine Fotografie, keine Architektur möglich ist. Sie merken schon, die Grenzen zwischen diesen Bereichen sind teils fließend. Soziale Interaktion braucht Empathie und diese wiederum manches Mal Kreativität. Wie Bildung helfen kann, schon den jungen Menschen im »Lernenlernen« zu schulen, und welche Rolle Soft Skills spielen, wie etwa Verantwortung zu übernehmen oder Herausforderungen anzugehen, werden wir im *Kapitel 4: Bildung* sehen. Auf dem Weg dorthin möchte ich Ihnen ein wenig mehr von mir erzählen, wie mich die digitale Revolution geprägt hat und fordert, mich immer wieder neu zu erfinden, um auf Ballhöhe zu bleiben. Meine Hoffnung ist, dass dies für Sie Inspiration sein kann für das eigene Arbeitsleben mit seinen Herausforderungen.

Selbstständigkeit im digitalen Zeitalter

Mein Mann sagt mir oftmals, dass ich Jahre vorausdenke. Mir ist das gar nicht so bewusst. Aber tatsächlich war es im Jahr 1999 eine Revolution, mit Algorithmen anzutreten, um Prozesse abzubilden. Es begann mit der Marktforschung, deren Methoden ich digitalisierte. Ich weiß, was Sie jetzt womöglich denken: Ach die, die immer mit ihren Fragen nerven. Ja, genau das wollte ich besser hinbekommen. Nicht nerven, sondern spannend und unterhaltsam sein. Und dabei wertvolle Entscheidungsgrundlagen für Unternehmen schaffen.

Es dauerte etwa 15 bis 20 Jahre, bis sich die Idee von damals so richtig durchsetzte. Wo einst der Internetnutzer schräg beäugt wurde, ist das Digitale heute Normalität und das Vertrauen gewachsen. »Alles hat seine Zeit«, und manchmal muss man einfach dranbleiben, um mit einer ursprünglichen Idee Erfolg zu haben. Unsere 4W-Formel (was / Nutzen, wer / Marke, wann / Zeit, warum / Begeisterung) kann ich aus eigener Erfahrung bestätigen.

Was nicht heißen soll, dass aus jeder Idee etwas wird. Einen Flop schnell zu erkennen, ist ebenso wichtig. Sie erinnern sich? Über 90 % aller digitalen Innovationen floppen. Wenn kein Potenzial mehr in einer Idee erkennbar ist und der Aufwand, ein Produkt zu erstellen, in keiner guten Relation zu den erwarteten (realistischen) Einnahmen steht, dann ist es auch an der Zeit, etwas ad acta zu legen. Dieses Scheitern und auch das Scheitern generell zu akzeptieren, sind enorm wichtige Fähigkeiten, die wir bereits früh und in der Bildung berücksichtigen können.

Beliebiges Datensammeln

Übrigens, wenn Sie beliebig irgendwo aufgefordert werden, Ihre Stimme abzugeben, dann ist das zwar technologisch möglich, aber nicht zwingend sinnvolle Marktforschung. Zum Beispiel an jedem Sitzplatz der deutschen Bahn. Per QR-Code (ein quadratisches Pixelbild) gelangen Sie mit dem Handy zum Zufriedenheitsfragebogen, den man Sie bittet auszufüllen. Meine Empfehlung: Lassen Sie es einfach. Wer so beliebig fragt, hat kein wirkliches Interesse an Ihrer persönlichen Stimme. Die Aussagekraft ist methodisch fragwürdig.

Sie ahnen vielleicht schon: Daten werden einerseits als »das neue Öl« gehandelt, andererseits nahezu beliebig gesammelt, wie im Beispiel zuvor. Denn das Drucken und Anbringen der Aufkleber und das Bereitstellen eines Online-Fragebogens kosten nicht viel. Aber der Umgang mit den gesammelten Daten kann teuer werden. Etwa wenn ein Mitarbeiter der Bahn auf Basis der Datensammlung eine wesentliche Entscheidung treffen will. Weder weiß er, wie viele Menschen die Einladung gesehen haben, noch, wer warum teilgenommen hat. Für eine Sammlung offener Stimmen, bspw. wenn die Klimaanlage oder das Wi-Fi auf einer Strecke nicht funktioniert, ist diese Methode durchaus geeignet, dann bildet sie eine Art Problemradar. Nicht aber, um den Querschnitt aller Bahnfahrer zu repräsentieren. (Erinnern Sie sich an das Biomarktbeispiel?) Hier werden wohl vor allem die Passagiere antworten, die besonders große Langweile haben, extrem verärgert oder besonders erfreut sind.

Wer viele Daten hat, gewinnt also nicht unbedingt Erkenntnisse. Im Gegenteil, eine solide Einschätzung der Datenqualität ist essentiell. Wer nur im eigenen Teich fischt, also etwa nur bestehende Kunden befragt, der weiß nicht, wie es draußen aussieht. Wenn Unternehmen etwa die sogenannte Customer Journey, also Ihre Reise als Kunde, betrachten, dann ist das ein Fischen im eigenen Teich. Stellen wir uns vor, Sie googeln nach einem neuen Fahrzeug und vereinbaren eine Probefahrt bei einem Händler Ihres Vertrauens. Überall dort, wo Sie dem Anbieter als Kunde in »die Fänge gehen«, hat er Daten. Allerdings nichts über die Potenziale, also etwa Ihren Nachbarn, der vielleicht nur die Werbung in der Tageszeitung liest und sich in der Ausstellung des Autohauses umsieht, ohne sich anzumelden. Auch er ist ein potenzieller Kunde, will aber anders adressiert werden. Sie sehen, die Betrachtung und Ansprache aller relevanten Zielgruppen ist eine Herausforderung in der Digitalität.

Auf Augenhöhe, im Interesse des Menschen zu handeln und seine Würde zu achten wird wichtiger, je beliebiger Daten über ihn vorliegen mögen. In Zeiten der Angst um den Job und die eigenen Daten werden in der Arbeitswelt grundlegende Spielregeln, zum Beispiel ein gemeinsames Verständnis über Grundregeln wie etwa den Eid, wichtiger denn je.

Nehmen wir den deutschen Autoclub ADAC als Beispiel. Mit 20 Millionen Mitgliedern ist er der größte Verkehrsclub Europas und einer der größten Interessenvertretungen. Nach einem Skandal um Manipulationen im Jahr 2014 steckte der Verein in einer Vertrauenskrise und organisierte sich neu. Doch fünf Jahre später scheint das Problem nicht behoben. So wird ein Mitarbeiter im Jahr 2019 zitiert:[124]

Der Mensch steht eben nicht im Mittelpunkt. Es wird ohne Rücksicht auf Verluste gehandelt.

Es reicht nicht, per Pressemitteilung Besserung zu geloben und eilig Strukturen zu verändern. Es bedarf der ernsthaften Absicht und Verhaltensänderung, insbesondere vonseiten der Führung. Passiert dies nicht, verspielt das Unternehmen nicht nur das Vertrauen gegenüber dem Kunden, sondern insbesondere auch bei den eigenen Mitarbeitern. Im Zweifel winkt für den enttäuschten Mitarbeiter über soziale Netzwerke bereits der nächste Job, wo er auf Arbeit »auf Augenhöhe« hofft.

Arbeitgeberperspektive

Wie sieht sie aus, die Arbeitgeberperspektive? Was bedeutet die Digitalität für alle, die Verantwortung für Menschen haben? Für diejenigen, die ein Unternehmen mit (vielen) Mitarbeitern führen, oder für den Einzelnen, der Verantwortung für eine Abteilung und ihre Mitarbeiter trägt? Vor keinem macht die Angst halt, dass der eigene Job sich wesentlich ändert oder wegfällt. Auch nicht vor demjenigen, der an der

Spitze eines Unternehmens oder einer Unternehmenseinheit steht. Es besteht die Unsicherheit, wie das Angebot des Unternehmens sich im digitalen Wandel halten wird und ob nicht ein »Angreifer von außen« zukünftig besser akzeptiert wird. Viele junge Unternehmen, Start-ups, machen sich auf den Weg, erfinden Angebote neu und können bei Kunden mit neuen Nutzenaspekten punkten. Oftmals dreht es sich um Geschwindigkeit und Kosten, wie etwa bei neuen Bankkonten, die auf dem Handy oder online geführt werden und eine Filialstruktur obsolet machen, oder um Autohersteller, die keine Niederlassungen mehr aufbauen. Beispiele gibt es bereits unzählige. Alteingesessene Unternehmen haben es schwerer, sich zu wandeln, weil ihre Systeme vergleichsweise groß und schwerfällig sind. Was bis gestern noch ein großer Vorteil sein konnte, im Sinn von Erfahrung und stabiler Basis, kann in der ungewissen Zukunft ein Nachteil sein, wenn Unternehmen sich nicht schnell genug verändern.

Die Unsicherheit führt dazu, dass wir auch als Mitarbeiter dem neurobiologischen Muster folgen: Rückzug antreten, in Schockstarre verfallen oder auf Angriff schalten. Sicher ist der Stil einer Führungskraft von ihrem Charakter abhängig, aber je höher sie in der Hierarchie sitzt, desto mehr muss sie damit rechnen, dass man auf sie schaut und erwartet, dass sie die Richtung vorgibt.

Wie Sie trotz Schockstarre agieren können und möglichst viele mitnehmen, werde ich in den folgenden Gestaltungsfeldern ausführen. Der Methodenkoffer zum Schluss soll Ihnen die Werkzeuge geben, im positiven Sinne auf Angriff zu schalten und die Herausforderungen der Digitalisierung anzunehmen.

Die-da-oben-Mentalität

Ich schreibe dieses Buch bewusst für alle, für den 20-jährigen Studenten ebenso wie für die 40-jährige Mutter und den 60-jährigen Manager. Es ist auch ein Plädoyer gegen die »Die-da-oben-Mentalität«, die nur raunt: Digitalisierung? Sollen die da oben mal machen!

Genau so funktioniert Digitalisierung oder Digitalität nicht. Sie ist stattdessen unser aller Lebensrealität. Wir lernen heute bereits anders, zu einigen Aspekten weiß der Schüler mehr als sein Lehrer. Als Mutter will ich für meine Kinder das Beste; dazu gehört, die besten Voraussetzungen für ihr späteres (Berufs-)Leben zu schaffen. Und als Manager stehe ich vor einer Menge Herausforderungen, nämlich neben dem bisherigen (schon stressigen) Job nun auch noch die digitale Transformation mit all ihren Veränderungen zu organisieren und mit zu tragen. Worauf kommt es also an?

Ich bin sicher, es geht alles durch einen ersten kleinen Schritt, einen Versuch und vor allem die Haltung, »es« probieren zu wollen. Genauso wie wir alle als kleines Kind irgendwann laufen gelernt haben. Was für eine Errungenschaft! Und wir haben dabei gelernt zu lernen.

Im Erwachsenenalter ticken wir anders, viel rationaler und zugleich mit mehr Ängsten besetzt. Wir denken und fühlen mit deutlich mehr Unsicherheiten. Was ist der richtige Weg? Ist das Digitale überhaupt etwas für mich? Geht mich das was an? Wir fürchten, etwas zu verlieren, und sei es nur den Status quo, selbst wenn er uns schon lange nicht mehr zufriedenstellt.

Wenn Sie in einer Angestelltenposition sind, sagen Sie vielleicht: »Sollen die da oben mal machen!« Doch »die da oben« könnten genau *Ihre* Hilfe gebrauchen. Ja, sie sind sogar darauf angewiesen, dass wir mit ihnen an einem Strang ziehen.

Meine Überzeugung rührt vor allem daher, dass ich in den vielen Jahren meiner Selbstständigkeit mit vielen Menschen »da oben« zu tun haben durfte, ob mit dem Vorstand eines Unternehmens mit mehreren Tausend Mitarbeitern, der Bundeskanzlerin unseres Landes, dem Polizei- oder Gerichtspräsidenten, Geschäftsführer von Medienunternehmen, Schuldirektor, Kanzler einer Uni oder Unternehmer. Alle sind »nur« Menschen. Zum Glück. Und kaum einer ist bereits in der Tiefe der Digitalisierung zu Hause.

Es gibt zwar schon erste Unternehmen, die eine KI als Vorstand nominieren,[125] doch dies dürfen wir getrost als technologische Entscheidungsunterstützung werten, aber nicht als komplexen Aufgabenbewältiger, den es jedoch an oberster Stelle eines Unternehmens benötigt. Ich bin sicher, das wird auch so bleiben, und denke, dass Sie am Ende des Buches davon ebenso überzeugt sein werden. Wenn nicht, lassen Sie uns reden! :-)

In der Automobilindustrie entstanden bereits vor der Digitalisierung Arbeitsmethoden, die auf ein schlankes Unternehmen und schlanke Entscheidungsprozesse abzielten. »Lean Management« nennen sich die Denkprinzipien dieser neuen Arbeitswelt, die den einzelnen Menschen in den Mittelpunkt stellen und ihm Verantwortung übertragen. Jeder Einzelne verbessert den Prozess. Ein guter Ansatz, gerade auch in Zeiten der Digitalität, wo junge Mitarbeiter möglicherweise die frischeren Ideen in gestandene Unternehmen einbringen. Wenn man sie lässt. Und sie mehr sind als nur ein Rädchen im Prozess. So lebt manches alte Paradigma mit der Digitalisierung neu auf.

Einzige Bedingung: Kundenzentrierung

Eine grundlegende Empfehlung will ich Ihnen mitgeben: Handeln Sie kundenzentriert. Die Kundenzentrierung ist der wichtige Schlüssel für Unternehmenserfolg in der Zukunft. Einen Ansatz zur Kundenzentrierung haben Sie bereits mit dem KISS-Prinzip und der 4W-Formel kennengelernt. Wer mit seinem (potenziellen) Kunden im Gespräch bleibt und ihn versteht, wird nachhaltig erfolgreicher sein.

Dabei darf es »mencheln«. Kreativität ist bei der Entwicklung von Zukunftsperspektiven gefragt. Wir gehen vermehrt dazu über, gemeinsam und spielerisch Neues zu erarbeiten. Design Thinking heißt eine Methode, in der aus Nutzersicht mit den eigenen Händen erste Lösungsansätze gestaltet werden. In Gruppen und mit vielen unterschiedlichen Materialien sind so schon etwa Innenausstattungen von Autos geknetet oder neue digitale Geschäftsmodelle auf Holz gebrannt worden.[126]

Vergessen Sie also das papierlose Büro, wenn es darum geht, kreativ zu werden. Wir haben bspw. sehr gute Erfahrung mit den Methoden des »Kreativitätspapstes« Edward de Bono gemacht, wie etwa dem lateralen Denken[127]. Auch Lego findet man inzwischen als Managementmethode in Unternehmen. Seien Sie also ruhig spielerisch!

Inspiriert durch das Spiel gingen wir kürzlich einen Schritt weiter und initiierten einen interaktiven Planungstisch, an dem in Zukunft spielerisch etwa auch Städte gemeinsam mit dem Bürger geplant werden können (vgl. dazu weiter unten Freizeit & Leben: Stadtplanung der Zukunft mit dem Bürger).

Das Wichtige und das Eilige

Lassen Sie mich Ihnen als unterstützenden Gedanken eine Erfahrung aus der schnellen Arbeitswelt des Digitalen mitgeben. Stets stellt sich die Frage: Was mache ich als Nächstes? Je mehr wir auf das digitale

Dilemma schauen, desto drängender lautet die Frage: Was mache ich als Mensch und was überlasse ich in Zukunft besser der Maschine? Der Tag hat 24 Stunden und zu viele To-dos. Im Büro und privat, wir kennen das alle. Das kann zermürben, wenn man seine Sache richtig und gut machen will und zwischendurch nicht weiß, wo vorne und wo hinten ist. Als Unternehmerin kenne ich diesen Zustand. Man gründet ein Unternehmen, hat am Anfang von ganz vielem keine Ahnung und muss sich in alles neu einarbeiten. Es kommen Mitarbeiter dazu, die Fragen und Bedürfnisse haben und für die man da sein will. Schließlich soll das Unternehmen wachsen. Auch um Partner, Familie und Freunde will man sich kümmern. Es gibt Phasen im Leben, in denen man sich fragt, wie es gelingen kann, die vielfältigen Verantwortlichkeiten zu bewerkstelligen. Wer Zeitmanagement klassisch gelernt hat, weiß, dass man priorisieren sollte. A für das Wichtigste, B und C. Wobei B schon Glück hat, wenn es erledigt wird, und C direkt in den Papierkorb gehört. Die To-do-Liste wird gerne länger, als einem lieb ist. Aber das passiert mir nur noch selten.

Was mich gerettet hat? Das Buch »Wenn du es eilig hast, gehe langsam« von Lothar Seiwert[128] war eine der zentralen Inspirationen. Es lehrte mich, dass ich zu den divergenten Menschen gehöre, die mit klassischem Zeitmanagement, das heißt sortierten Checklisten und chronologischem Abarbeiten, nicht viel anfangen können. Produktivität liegt für divergente Menschen gerade in der Vielfalt. Bei mir fängt der Spaß erst an, wenn ich viele verschiedene Themen auf dem Tisch und somit gedanklich Abwechslung habe. Dann entwickle ich eine enorme Produktivität. Wer dagegen konvergent ist, seinen Tag, die Woche, den Monat, das Leben gern plant, dem ist mit dem klassischen Modell gut geholfen.

Was mich aber am meisten beeindruckt hat, war die schlichte Einordnung von Prioritäten nach dem Eisenhower-Prinzip, das ich bis dahin nicht kannte. Seitdem ich dieses konsequent befolge, arbeite ich deutlich zielgerichteter und erfolgreicher.

Es geht ganz leicht. Nehmen Sie Ihre To-dos und überlegen Sie, wie *wichtig* und wie *eilig* etwas ist. Vermutlich gibt es einige Dinge, die sowohl wichtig als auch eilig sind. Dann viele, die wichtig, aber nicht eilig sind, und wieder einige, die eilig, aber nicht wichtig sind. Womöglich ist auch die Liste mit »weder wichtig noch eilig« gar nicht mal so kurz?

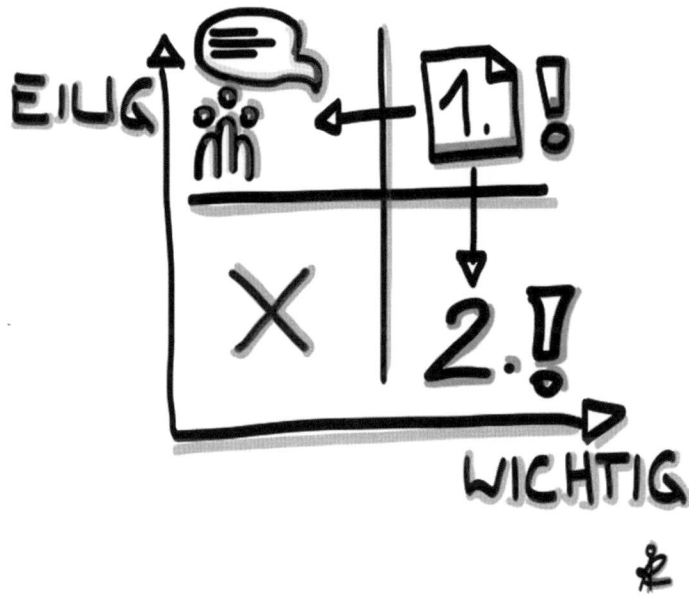

Prioritäten setzen nach dem Eisenhower-Prinzip

Es ist recht einfach zu entscheiden, was als Erstes getan werden muss. Nämlich das, was sowohl wichtig als auch eilig ist. Das sind vermutlich die Aufgaben, die Sie selbst in die Hand nehmen müssen. Angenommen, Sie haben alles erledigt, was wichtig und eilig zugleich ist. Jetzt liegt die Liste mit den verbleibenden Aufgaben vor Ihnen. Was gehen Sie als Nächstes an? Das Wichtige oder das Eilige? Gehen Sie in sich und denken Sie nach.

Die Übung habe ich in den vergangenen Jahren oft mit Freunden und Kollegen gemacht. In den allermeisten Fällen greifen die Menschen als Nächstes zum Eiligen. Das muss ja erledigt werden. Der Gedanke liegt nahe und auch ich bin dem (zu) lange erlegen. Sie sollten aber nicht zum Eiligen greifen, sondern dies delegieren und selbst das Wichtige angehen. Oftmals sind das die strategischen Themen, die sonst immer hintenanstehen. Erleben wir das nicht täglich in unserem beruflichen Alltag? Wenn wir aber selbst dem Bann des Eiligen entflohen sind, dann ist unser Sinn geschärft, etwas, das wir bei Geschäftspartnern oder Freunden bewusst wahrnehmen.

Ich vertrete gar die Meinung: Das Wichtige ist menschlich, das Eilige lässt sich maschinell erledigen. Und im Wichtigen liegt oftmals viel Kreatives, also wieder zutiefst Menschliches, nämlich etwa die Ziele des eigenen Lebens oder die Strategie eines Unternehmens.

Was ist nun mit dem Quadranten unten links? Weder wichtig noch eilig? Ab in den Papierkorb damit!

Es ist eine klare Spielregel, die auch im Team sehr gut funktioniert, wenn alle sie befolgen. Seitdem liegen auf meinem Schreibtisch dringende, wichtige Themen und strategische Aufgaben. Das ist wunderbar zu bewerkstelligen, sichert die nachhaltige Entwicklung, weil ich genug Zeit für strategische Fragen habe, und ermöglicht mir Zeitsouveränität.

Auch privat funktioniert das Prinzip wunderbar, sei es bei der Frage, ob man seine Steuererklärung selbst erledigt oder ob man sein Kind selbst in den Turnverein bringt. Hier ist »jeder Jeck anders«, wie wir im Rheinland sagen. Während ich liebend gerne den Steuerberater beauftrage, um die dringende Steuererklärung zu machen, steht der Fußweg zum Sport mit meiner Kleinsten im Quadranten »wichtig und eilig«. Uns ist beiden die gemeinsame Zeit wichtig, und es eilt, schließlich will die Kleinste pünktlich zu ihren Freunden und ich danach an den Schreibtisch oder auf die Yogamatte.[129]

Lernen Sie die neue Freiheit zu genießen. Ich werde so oft gefragt: »Wie machst du das alles? Familie, drei Kinder, drei Firmen, und du wirkst so glücklich.« Die beste Antwort ist wohl: »Ich gehe langsam, wenn ich es eilig habe.«

In diesem Sinne: Entscheiden Sie selbst, was auf Ihrer Liste wichtig und was eilig ist, sortieren Sie To-dos in die vier Quadranten und legen Sie los. Ich versichere Ihnen, Sie gewinnen eine Menge Zeit. Wie wir Freizeit in Zukunft verbringen werden, damit beschäftigen wir uns im Folgenden.

Freizeit & Leben

Was wird bleiben, was geht?

Eine der ersten Branchen, die von der Digitalisierung in doppelter Hinsicht angegriffen wurden, war der Buchhandel. Der E-Commerce mit seinen Online-Shops wie Amazon machte alle verfügbaren Bücher nun überall für jeden zu jeder Zeit online bestellbar. Inzwischen hat auch der stationäre Buchhandel nachgezogen, kleinere oder mittelgroße Buchhandelsketten bieten Online-Bestellung, Lieferung und Abholung von Büchern an.

Im nächsten Schritt griff der Buchhandel sein eigenes Geschäftsmodell an: Mit dem Launch der E-Book-Reader entwickelte er ein Produkt, das die Bücherregale im Buchhandel vermeintlich überflüssig machte.

Mein eigenes Erleben: Jahrelang fuhren wir mit dem Auto in den Familienurlaub. Sowohl für die Kinder als auch für uns Erwachsene war es ein schönes Ritual, uns vorher mit Urlaubslektüre einzudecken. So fuhren manches Jahr kiloweise Bücher mit nach Italien oder Frankreich. Dann entdeckten wir Mallorca für uns. Ich hatte zwischenzeitlich den E-Book-Reader eines Freundes in der Hand, und als wir die Familienreise mit dem Flugzeug planten, war der Entschluss schnell gefasst. Wir kauften zwei E-Book-Reader nebst ein paar digitalen Werken. Die Freiheit, im Urlaub am Pool sitzend auch spontan weitere Bücher auswählen zu können, war verlockend. Die Kinder genossen es ebenso. Seitdem steht Max & Moritz auf dem E-Book-Reader bei unserer Kleinsten hoch im Kurs.

Und doch, es ist ein Unterschied, ob wir ein schön gebundenes Buch aus Papier lesen, es in den Händen halten und fühlen. Denn wir Menschen (be)greifen ein Buch anders, wenn es gedruckt in unseren Händen liegt. Die Haptik und Optik eines gedruckten Buches liefert ein Leseerlebnis mit allen Sinnen. Ich fühle das Umblättern und höre das leise Rascheln der Seiten. Es lässt uns mehr eintauchen, das Geschriebene anders aufnehmen. Denn ein Buch lese ich nicht nur, ich fühle es und rieche es vielleicht sogar. So roch es zum Beispiel wunderbar nach Buch, als ich auf einer Konferenz in die hübsche holzvertäfelte Bibliothek im Schloss Bensberg trat.[130]

Das leisten die Bits und Bytes des digitalen oder Hörbuches nicht. Auf dem E-Book-Reader sind alle Bücher gleich: gleichbleibende

In der Bibliothek von Schloss Bensberg

Zeilen in schwarzer Schrift auf (zwecks Kontrast) möglichst hellem Hintergrund. Ich kann die Schrift an meine Vorlieben oder Sehstärke anpassen. Alles sieht identisch aus und ist über die stets selbe glatte, ja vielleicht sogar kühle Oberfläche des E-Book-Readers zu bedienen. Das Bücherregal an der Wand füllt sich be-greifbar, das digitale Regal befindet sich auf ein paar Quadratzentimetern. Das Wischen und Klicken auf dem E-Book berührt mich weniger.

Eine neue, digitale Option ist, ein Buch zu hören. Da ich viel unterwegs bin, habe ich mir angewöhnt, Bücher im Auto zu hören. Während dieser Fahrten empfinde ich das Hörbuch als sehr angenehm und kann auch gleich noch dem Podcast des Autors folgen. Die verschiedenen Ausführungen eines Buches – gedruckt, digital, vorgelesen – bedienen unterschiedliche Bedürfnisse und haben damit bereits seit einigen Jahren alle ihre Daseinsberechtigung in Koexistenz. Die reine Information, die Textzeilen und Bilder, kann ich sowohl digital als auch analog aufnehmen.

Das Geschäft für den Buchhandel und die Verlage verändert sich derweil grundlegend und in zunehmender Geschwindigkeit. Wurde früher ein Werk in großer Zahl erst gebunden, dann als Taschenbuch herausgebracht, werden heute gleich mit dem Erstdruck mehrere Kanäle bedient.

Long Tail

Im Buchmarkt wird der sogenannte »Long Tail«-Effekt[131] sehr deutlich und er ist in vielen Märkten sichtbar. Chris Anderson beschrieb dieses Prinzip erstmals im Oktober 2004 im namhaften Technologie-Magazin WIRED, 2007 dann veröffentlichte er ein ganzes Buch zu dem Thema.[132]

Das Prinzip leuchtet ein: Anderson beschreibt, warum insbesondere Digitalprodukte nicht das gleiche Absatzvolumen erreichen wie ihre analogen Vorgänger. Betrachten wir etwa den Streaming-Markt: Nach dem Aufkommen von Plattformen wie iTunes, wo Musik von einem physischen Medium (Schallplatte, Kassette, CD) aus der Vergangenheit ins digitale Zeitalter überführt wird, benötigt man nur noch Speicherplatz. Oder das Filmgeschäft: Während wir in unserer Jugend noch zur Videothek liefen, uns dort eine VHS-Kassette ausliehen, um den Film übers Wochenende zu schauen, sind Filme heute über Streaming-Dienste wie Netflix oder Amazon Prime sofort verfügbar.

Die Kosten sind damit verschwindend gering geworden. Früher musste ein Medium produziert und distribuiert werden. Sie brauchten Regalplatz im Markt oder in der Leihbibliothek, der nur begrenzt verfügbar ist, denn Raum kostet Geld. Wenn wir auf den Vertrieb schauen, dann geht es heute im Wesentlichen um Speicherplatz. Die Distribution geschieht weltweit über das Internet, die Speicherung von Medien in der Cloud. Die Kosten sind verschwindend gering im Vergleich zum klassischen Vorgehen in der Vergangenheit.

Als Ergebnis sind viel mehr Nischenmärkte möglich.

Stellen wir uns vor, Sie haben ein Faible für einen recht unbekannten Künstler. Dieser hätte die aufwendigen Produktionskosten der analogen Welt vermutlich nicht stemmen können, geschweige denn, dass er mit seinem Album flächendeckend in den Läden vertreten gewesen wäre – so wie bei unserem Beispiel zu den Printmedien. Im Internet ist das anders. Er kann eigenständig sein Album produzieren, online setzen und so weltweit Fans gewinnen. Hinzu kommt, dass die Kommunikation nicht mehr einseitig ist. Es gibt nicht mehr auf der einen Seite den Musiker, der seine Musik veröffentlicht, und auf der anderen Seite den Fan, der sie kauft und konsumiert. Über die sozialen Netzwerke können beide heute auch direkt miteinander interagieren. Mit dem Feedback gewinnt der Künstler schnell einen Eindruck davon, was besonders beliebt ist, und kann überlegen, ob er darauf eingehen möchte.

Als Konsequenz daraus haben neue Stücke allerdings eine weitaus größere Konkurrenz im Markt und erzielen kleinere Auflagen. In absoluten Zahlen ist es im vernetzten Entertainmentmarkt von heute deutlich schwieriger, solch hohe Auflagen zu erreichen, wie es seinerzeit bspw. die Beatles schafften. Die Band produzierte in der Zeit zwischen 1960 und 1970 Platten, die sich mehr als 600 Millionen Mal verkauften, und ist damit in den internationalen Billboard-Charts[133] nach wie vor auf Platz eins. Sie werden angesichts vieler neuer Künstler und vieler Nischen vermutlich auf lange Sicht in den Top Ten der bestverkauften Alben bleiben. Interessanterweise hat es zum Zeitpunkt, als ich dieses Buch schrieb (Anfang 2019), nur eine einzige Künstlerin aus der »Neuzeit« unter die Top 30 geschafft: Taylor Swift steht mit Hits aus den Jahren 2012 bis 2017 auf Platz acht der Albumcharts und ist damit eine der wenigen neuzeitlichen Künstler in der Jahrhunderthitliste.

Da Speicherplatz nahezu keine Kosten produziert, sind beliebig viele Nischenanbieter möglich. Selbst wenn heutige Selfmade-Künstler im digitalen Orbit Millionen Follower auf YouTube oder anderen Kanälen vorweisen können, stellt die Verteilung verkaufter Alben für die Gesamtheit der Künstler, dargestellt in einer Kurve, einen sehr langen Schwanz dar. Dies gilt für Musik ebenso wie für digitalen Film (denken Sie an die vielen Produktionen neuer, teils kleiner Anbieter) und für das Buch. Es entstehen zunehmend Nischenprodukte. Neben den verschiedenen Erscheinungsformen von Titeln aus namhaften Verlagen entstehen gerade im digitalen Umfeld immer mehr neue Produkte und damit ein immer längerer Long Tail an Titeln. Mit Print-on-Demand ist es heute jedem möglich, ein Buch zu veröffentlichen, denn es geht ganz ohne Verlag. Wem ein Buch gefällt, der bestellt es, und es wird dank digitaler Drucktechnologie ein Exemplar nur für ihn gedruckt. Bis dahin schlummern Millionen Bücher rein digital im virtuellen Buchhandel.

Mit dieser Diversifizierung des Marktes, mit immer mehr Anbietern und Titeln, verteilen sich die Umsätze entsprechend anders. So wundert es nicht, dass bei gleichbleibend großer Lesefreude der Menschen die Umsätze im klassischen Buchhandels- und Verlagswesen sinken, verteilen sich die Leser doch auf zunehmend viele Medien, die jenseits des traditionellen Buchhandels ihren Absatz finden. Was bedeutet dies für den Buchhandel der Zukunft?

Im Jahr 2050 wird der Buchhandel der beliebteste Ort für analogen Einkauf sein.
Hartmut Falter, Mayersche Buchhandlung

Je digitaler die Welt um den Menschen herum wird, desto mehr sehnen wir uns nach Menschlichem. Danach, mit allen fünf Sinnen erleben zu können. So wundert es nicht, dass Hartmut Falter, Geschäftsführer der Mayerschen Buchhandlung, die Perspektive für den analogen Einkauf positiv sieht. Indem der Einzelhändler sich in neuen Formaten ausprobiert und bspw. Buchautomaten aufstellt, weckt er die Lust aufs Buch auch außerhalb der Öffnungszeiten. Mit gemütlichen Wohlfühlecken in seinen Buchhandlungen lädt er die Kunden ein, in Ruhe zu schmökern und länger im Laden zu verweilen.

Ich lernte die Familie Falter im Jahr 1997 kennen, als das Internet die ersten Schritte in Richtung Kommerzialisierung ging. Damals schon waren die Falters daran interessiert, die neuesten Technologien auszuprobieren. Sie stellten als Erste die Bestsellerlisten online, die es bis dahin nur gedruckt gab. Sie boten erste Internetterminals in ihren Buchläden, um ihren Kunden, die zu Hause noch kein Internet hatten, den Zugang zu ermöglichen. Statt sich zu verschließen und angesichts des Angriffs auf ihr Marktsegment in Schockstarre zu verharren, griffen sie im positiven Sinne an. Unerschrocken und zukunftsorientiert bauten sie konsequent ihr Angebot aus, probierten viel und sind heute nach wie vor erfolgreich im Markt – inzwischen im Verbund mit Thalia. Und obwohl die Tendenz des Buchkaufs im stationären Handel weiter sinkt, setzen sie dem selbstbewusst eigene Ideen entgegen und laden Kunden ein, wieder öfter zu Gast zu sein, damit Einkaufen in Zukunft zunehmend ein Erlebnis ist.

Marke und Handel

Aus Markenperspektive ist dieser große Wandel interessant. Wir haben zuvor gesehen, dass die Passung zur Marke eine wesentliche Bedingung für Erfolg ist. Früher gab es den Tante-Emma-Laden und »Tante Emma« stand mit ihrem Namen für die Produktauswahl hinter dem Tresen. »Tante Emma« war eine Marke. Wie ist das heute? Wir kaufen bei großen Handelsketten ein, sei es lokal in der Nähe des eigenen Standorts oder virtuell in den Weiten des Internets. Und wir vertrauen auf Marken, einerseits bei der Handelskette, andererseits bei den Produkten. Inzwischen haben auch die Händler viele eigene Marken, produzieren sogar selbst und haben damit die gesamte Wertschöpfungskette im Griff. Starke Marken erkennt man auch daran, dass sie einen eindeutigen Kundennutzen definieren. Probieren Sie es einmal aus. Amazon sagt über die Eigenmarken etwa, dass sie immer einen klaren Kundenmehrwert hätten.

Die Welt ist im Wandel und bietet sowohl Käufern als auch Verkäufern durch die digitale Vernetzung und Integration neue Möglichkeiten.

Kunst und Kultur

Wo bleiben Kunst und Kultur in Zeiten der Digitalisierung? Wir hatten schon das Beispiel des digitalen Museumsdirektors. Ich meine, Kreatives muss in der Zukunft seinen Platz behalten, wenn nicht sogar mehr Raum einnehmen. Der zutiefst menschliche Faktor Kreativität, der in den relevanten Kompetenzen des Menschen immer weiter nach oben rückt, braucht dringend Nahrung. Die Kreativwirtschaft ist wesentlicher Treiber von Innovationen, die für die Wirtschaftsperspektive eines Landes unerlässlich sind. Erinnern Sie sich an die Erfolgsfaktoren in Seoul? Die Kreativindustrie steht hier für Innovationen im Vordergrund, nicht die Technologie, obschon man diese bestens beherrscht.

Kunst und Kultur lassen sich zunehmend digital organisieren, sprich: Prozesse werden digitalisiert, wie etwa eine Programmplanung, der Ticketverkauf oder die Personalplanung eines Theaters. Manche Produkte begleiten uns auch digital und damit überall, wie etwa die Musik oder der Film per App. Nichtsdestotrotz oder umso mehr ist es ein prägendes Erlebnis, den Lieblingskünstler live auf der Bühne zu erleben. Mit der Digitalisierung ist auch für Künstler das Schaffen von Erlebnissen zu einem noch wichtigeren Faktor geworden. War früher der Verkauf von Tonträgern wesentliche Einnahmequelle, so sind es heute die Events, die den Fan »ihren« Künstler erleben lassen, Begeisterung und Bindung stärken. Ein Konzert geht unter die Haut, bewegt emotional. So bewirkt der Long-Tail-Effekt, dass wir einzelne Songs statt ganzer CDs kaufen und unser Budget auf viele verschiedene Künstler verteilen. Zukünftig hören wir vielleicht nur noch Musik im Streaming.

Ein starker Zweig der Kreativwirtschaft ist die Spieleindustrie. Seit Anbeginn des Computerzeitalters werden Spiele für die immer neueste Technologiegeneration entwickelt. Anspruchsvolle Grafik und Simulationen in Spielen stimulieren seit jeher die Anforderungen an die Technik selbst. Gesellschaftlich gehören Computerspiele vor allem bei den Jüngeren selbstverständlich zum Alltag. 80 % der unter 29-Jährigen spielen zumindest gelegentlich, während es in der Generation 65+ gerade mal jeder Zehnte (11 %) tut.[134] So wie das Spiel in der Arbeitswelt verstärkt Einzug nehmen könnte, so ist es Inspiration für Innovationen. Ähnlich verhält es sich mit anderen Zweigen der schöpferischen und gestaltenden Zunft, unabhängig davon, ob sie erwerbswirtschaftlich orientiert sind oder nicht. Eins aber bleibt: Der Inhalt adressiert das zutiefst Menschliche der Zielgruppen und sollte ihnen dauerhaft auf Augenhöhe begegnen.

Shoppen in der Zukunft

Die Vernetzung bringt eine ganz neue Dimension, in der Händler weltweit potenzielle Käufer erreichen. Und umgekehrt: Wenn Sie heute ein sehr spezielles Produkt suchen, so finden Sie es im globalen Netz sicher.

Wenn wir bequem vom Sofa aus shoppen können, warum sollten wir dann noch in den Laden in der Innenstadt gehen? Die Frage beschäftigt uns in einem Forschungsprojekt namens SmartMarketSquare, also »schlauer Marktplatz«. Dabei geht es um den Einzelhändler in der Innenstadt, der bereits deutlich den Wettbewerb der gigantischen Auswahl im Netz spürt und bei dem entsprechend immer weniger Kunden in den Laden kommen. Wie kann man dem entgegenwirken? Wir haben mit mehreren Hundert Konsumenten deutschlandweit und etwa 30 Händlern vor Ort Interviews und Workshops durchgeführt. Im Folgenden ein kurzer Abriss der Erkenntnisse.

Während sich die Menschen eine lebendige Innenstadt mit vielen kleinen Geschäften wünschen, ist im Internet die große Auswahl zu guten Preisen und mit schneller Lieferung verlockend – so auch das Ergebnis unserer ersten Studien zum Thema.

Im weiteren Verlauf des Projekts widmeten wir uns der Aufgabe, Konzepte zu entwerfen, die mithilfe der Digitalisierung das Potenzial des stationären Einzelhandels in der Zukunft stützen. Ergebnis waren relevante Nutzendimensionen (erinnern Sie sich?) und daraus abgeleitet mögliche digitale Konzepte.

Was wünschen Sie sich für die Zukunft der Innenstädte?

Gründe für den bevorzugten Online-Händler

So liegt bei den Menschen auf den ersten Plätzen der Wunsch nach …

1. … regionalen Waren und Hintergrundinformationen dazu bspw. per App (Empfehlung)
2. … der Möglichkeit, Waren online zu reservieren und im Laden anzuprobieren (Service)
3. … generellen Informationen zum Produkt, also Transparenz, ebenfalls etwa per App (Service)
4. … einfachem Bezahlen direkt beim Verkäufer, ohne lange Schlangen an den Kassen (Service)

Unterschiede sehen wir in den Zielgruppen: Spielerische Ideen wie etwa eine virtuelle Schnitzeljagd durch die Stadt gefielen der jungen Zielgruppe. Ruhezonen ohne Netzempfang wiederum fanden die älteren Konsumenten attraktiv. Sie sehen, eine Zielgruppenbetrachtung ist wichtig, wenn wir dem Menschen zugewandte Veränderungen anstoßen wollen.

Drehen wir den Spieß um: Sie überlegen, selbst etwas zu verkaufen? Vielleicht selbst gezimmerte Vogelhäuschen? Oder eigene Kunstwerke auf Leinwand? Einen eigenen digitalen Verkaufsraum zu erstellen, braucht nicht mehr als Neugier und die Bereitschaft, sich – über Videos oder Hilfstexte – einzulesen. Oder Sie bieten Ihre Produkte über passende Plattformen an, davon gibt es etliche.[135] Von den Formalien, die Sie als Gewerbetreibender in Sachen Bürokratie zu erledigen haben, mag ich hier gar nicht reden. Aber das soll Sie nicht davon abhalten und hier verspricht die Regierung ja eine Vereinfachung.

Dieses große, weltweite Netz macht ganz neue Verkaufsmodelle möglich und revolutioniert alte Vertriebskanäle. Wie etwa das Crowdbutching oder das Crowdfarming, das ich begeistert seit geraumer Zeit nutze. Bauern können direkt ihre Waren anbieten. Neue Plattformen entstehen, etwa für Fleisch oder für verschiedene Agrarprodukte.[136] So ist unsere Familie inzwischen stolzer Pate eines Orangenbaums und eines Merino-Schafs in Spanien. Auf der Website erfahren wir mehr über die Farmer und haben das gute Gefühl, dass sie direkt von unserem Kauf profitieren. Hinzu kommt, dass – mit dem Gesicht hinter dem Bauernhof, der Persönlichkeit – auch Vertrauen in wichtige Versprechen wie »keine Herbizide« oder »kein Plastik« entsteht. Die Orangen sind köstlich und in Kürze erwarten wir die erste Decke unseres eigenen Patenschafs. Meine kleinste Tochter hat den Namen ausgesucht: Wolly H. Gadeib wird auf dem Label der Decke stehen, auf die wir uns schon sehr freuen.

Produkt- und Markenbindung

Stellen Sie sich vor, Sie wollen mit dem Joggen beginnen und suchen nach einem »intelligenten Turnschuh«. Der bietet ihnen einen virtuellen Trainer per App und ist viel günstiger als ein teurer Personal Trainer, den Sie zwar toll fänden, aber sich nicht leisten wollen.

So arbeiten Turnschuhhersteller schon an der Zukunft: Der Laufschuh hat einen eingebauten Chip, bspw. unter dem Fußbett. Der Chip misst Ihre Laufaktivitäten: wie viele Schritte Sie machen, wann, wo,

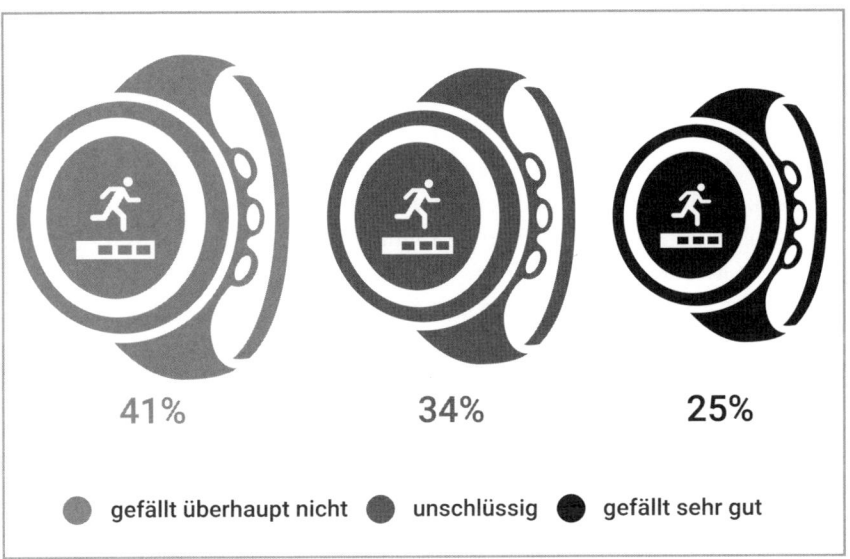

| 41% | 34% | 25% |

● gefällt überhaupt nicht ● unschlüssig ● gefällt sehr gut

Wie gut gefällt Ihnen der Fitnesstracker?

wie oft und mit welcher Intensität Sie trainieren. Er kann Ihren Gang lesen und wie Sie auftreten.

Bislang sind solche Fitnesstracker noch nicht allzu akzeptiert, aber denken wir uns einmal in die Zukunft. Wir haben dazu eine Umfrage gestartet.

Sie verbinden einfach Ihr Handy mit dem Chip im Laufschuh und von nun an motiviert Sie Ihr persönlicher virtueller Trainer, loszulaufen und den inneren Schweinehund zu überwinden, bei jedem Wetter. Dabei lernt er aus Ihrem bisherigen Laufverhalten und passt seine Motivationssprüche entsprechend an. Waren Sie bisher bei Regen nicht vor der Tür, so fordert Ihr virtueller Trainer Sie dazu auf. Mit Leichtigkeit kann die App Ihr bisheriges Laufverhalten und das Wetter in Ihrer Region miteinander verbinden und analysieren. Stellt sich heraus, dass schlechtes Wetter Sie bislang abgehalten hat, meldet sich Ihr digitaler Trainer mit Blick auf das vorhergesagte Regenwetter, dass es nun gilt, vor die Tür zu gehen – zumal das Wetter die kommenden Tage nicht besser werden soll. Passend zu Ihrem Kalender macht der virtuelle Trainer Vorschläge, wann das Training am besten passt. Er erinnert Sie morgens schon daran, die Sportsachen mit zur Arbeit zu nehmen, um die Mittagspause für ein Ründchen durch den nahegelegenen Park zu nutzen. Ausreden gelten nicht.

Wie fühlt sich das an? Vielleicht sagen Sie: »Klasse, so kann ich das schaffen mit dem Marathon nächstes Jahr.« Oder Sie fragen sich: »Will ich wirklich, dass eine App mich fernsteuert?« Es liegt an Ihnen, ob Sie den Turnschuh als Nutzenfaktor oder als Fernsteuerung auffassen.[137]

Stellen Sie sich vor, Sie nehmen seine Empfehlungen an und schaffen den Marathon. Ihre Schuhe sind irgendwann hinüber und Sie suchen den Sportartikelladen auf, um ein neues Paar zu erwerben. In der Zwischenzeit sind viele weitere Innovationen im Markt. Woran orientieren Sie sich? An der Empfehlung des Verkäufers? An der Marke?

Solange das Feld neu ist, folgen wir vermutlich gerne der Empfehlung. Nachdem Sie selbst erste Erfahrungen mit der neuen Technologie gemacht haben und zufrieden sind, wird die Marke immer relevanter. Beim nächsten Paar Schuhe denken Sie womöglich gar nicht lange nach. Oder Sie bleiben bei der Marke, weil Sie die gesammelten Daten nahtlos mit dem neuen Paar Laufschuhe der gleichen Marke verwenden können. Ihr virtueller Personal Trainer spornt Sie gleich morgen früh wieder an, mit den neuen Schuhen die nächste Trainingseinheit anzugehen. Es geht zunehmend darum, wem ich vertraue und welches Unternehmen ich so nah an mich und die Informationen über mein Verhalten (Daten!) heranlassen möchte. Werde ich nicht enttäuscht, bin ich vermutlich ein sehr treuer Kunde auf lange Zeit. Nicht zuletzt, weil die Datenreihen mich halten. Konsumenten können sich verschiedene Anbieter von Unterhaltungselektronik ebenso wie Sportartikelhersteller, aber auch Krankenkassen als Absender eines solchen Services vorstellen.[138]

Es sind sehr private Informationen, die wir zu teilen beginnen. Denn für den vollen Trainingserfolg im Beispiel will die App am liebsten Zugriff auf ganz persönliche Daten: wo ich mich befinde, was die nächsten Tage in meinem Kalender steht oder auch Gesundheitsinformationen wie Gewicht und Blutdruck. Was ist, wenn der erste Datenskandal bekannt wird? Wenn ein Unternehmen diese Daten weitergegeben hat, um sie mit einer anderen Quelle zu verknüpfen und damit noch intelligenter zu werden, ähnlich dem Facebook-Skandal? Wenn jemand einsehen kann, wann ich nicht zu Hause bin? Womöglich haben wir sogar »OK« angeklickt, ohne die vorgeschriebene kurze, klare Anweisung genau zu lesen. Dann hätte die Bindung wohl schnell ein Ende. Sie würden die App womöglich einfach löschen, beim nächsten Kauf

Welche Marken oder Institutionen passen am besten zum Fitnesstracker?

auch andere Anbieter erwägen. Übrigens: Nach der aktuellen Datenschutzverordnung können Sie Ihre Daten jederzeit löschen lassen. Eine Herausforderung für die Software, aber ein wichtiges Recht für den Nutzer. In Zukunft werden wir hoffentlich auch mehr Transparenz in den Daten sehen und so dem Menschen in der Digitalität gerecht werden.

Laufen wir also los – und durch die Stadt.

Gemeinwesen

Smart Cities

Eine Facette unseres zunehmend digitalisierten Lebens ist der öffentliche Raum. Seit einigen Jahren gibt es den Trend der »Smart City«, des vernetzten Stadtraums. Stadtobjekten wird mit Sensoren »Intelligenz« eingehaucht: Die Ampel gewährt dem Bus Vorfahrt, wenn er sich der Ampel nähert, die intelligente Mülltonne meldet, wann sie voll ist, oder die Werbefläche an der Bushaltestelle blendet passende Werbung ein, wenn wir vor ihr stehen. Auch hier muss der wesentliche Faktor der Mensch sein: Nur wenn die Menschen einen Vorteil erfahren, einen Nutzen in der neuen Technologie sehen, werden sie sie nutzen und unterstützen. Wenn ich meine Privatheit gefährdet sehe, kann es nicht funktionieren, und die neue Technologie trifft auf Ablehnung.

Die smarte Stadt ist inzwischen zu einem Wettbewerbsfaktor geworden. Angesichts der zunehmenden Landflucht buhlen Städte um »Zuwanderer«. Derzeit wohnt jeder zweite Weltbewohner in einer Stadt. Die Prognosen sehen im Jahr 2050 schon zwei von drei Bürgern als Stadtbewohner. Städte wollen mit den neuen Technologien attraktiv sein und die Lebensqualität verbessern, etwa indem Luftverschmutzung oder Stressfaktoren wie Staus und Lärm reduziert werden. All dies könnte durch den intelligenten, dem Menschen zugewandten Einsatz von Technologie möglich werden.

Nehmen wir zum Beispiel die nordspanische Stadt Santander. Sie ist eine der Vorreiterstädte in Sachen »Smartness«. Die EU förderte in Zeiten der spanischen Wirtschaftskrise mit über 100 Millionen Euro die Vernetzung der 170 000 Einwohner starken Stadt, die mit inzwischen 12 000 verbauten Sensoren ein ideales Testfeld neuer smarter Technologien ist.

Auf der Vorfahrtspur für Busse springt die Ampel auf Grün, sobald sich der Bus nähert. Der Rasensprenger geht nur an, wenn die Feuchtigkeitssensoren im öffentlichen Grün Trockenheit melden, und nachts dimmen die Straßenlaternen herunter, bis jemand auf den Bürgersteig tritt. Die intelligenten Mülleimer für Glas oder Papier werden erst geleert, wenn sie voll sind. Für den größten Block im städtischen Etat – die Müllentsorgung – sicher ein Nutzen: Es werden 25 % der bisherigen Kosten gespart. Aber für die Bürger?

Die Bürgermeisterin Igual sagte: »Die Bürger haben es nicht verstanden.«[139] Ich würde sagen: Die Bürger wurden nicht erreicht, es gab keinen wahrnehmbaren Nutzen für sie. Tatsächlich sehen wir hier die erste Welle der Digitalisierung: Den Nutzen hatten Stadt und Dienstleister, die ihre Prozesse mit den digitalen Möglichkeiten optimieren und die Kosten senken konnten. Die Bürger sehen vielleicht die Antennen auf den Ampeln, wissen aber nicht, was sie davon haben.

Die Verantwortlichen der Stadt erklärten 2018 (acht Jahre nach dem Start des SmartCity-Projekts), nun den Menschen in den Mittelpunkt stellen zu wollen. Meine Erfahrung ist: Macht man dies gleich zu Beginn einer Entwicklung, ist der Gesamtprozess bis zur Umsetzung um ein Vielfaches schneller und günstiger. Ideen oder Optionen, die gar nicht akzeptiert werden, können so schon in der Planungsphase ausgeschlossen werden. Ich wünschte, das würden wir bei den smarten Städten der Zukunft erleben.

Datenhausen

Problematisch für jedwede Akzeptanz in der digitalen Welt ist, wenn die Balance zwischen dem Nutzen für den Bürger und der eingeschränkten Privatheit nicht stimmt, etwa durch Videoaufzeichnungen oder andere Datensammlungen.

Die Süddeutsche Zeitung titelte »Smart City – Willkommen in Datenhausen«.[140] Die Vorteile liegen auf der Hand: Sensoren helfen, den Verkehrsfluss zu steuern und – durch fließenden Verkehr statt Stop-and-go – die CO_2-Werte in der Stadt zu verbessern. Auch der Autofahrer hat einen direkten Vorteil: Der Spritverbrauch sinkt. Die Kosten für die verbaute Technologie amortisieren sich nach bereits einem Jahr durch Einsparungen im Personal- und Energieeinsatz, so die Experten.

Größter Hinderungsgrund: das Thema Datenschutz. Was ist mit all den Informationen, die über Kameras und Sensoren aufgezeichnet werden? Denken Sie an die Verhältnismäßigkeit, die auch der Datenschutzbeauftragte in Gefahr sieht. Die Frage ist, ob die Stadt das Vertrauen der Bürger bezüglich der gesammelten Daten genießt. Meine Überzeugung ist, dass maximale Transparenz darüber nötig ist, zu welchem Zweck Daten gespeichert und verarbeitet werden, sodass wir nicht das Gefühl haben, wir würden in George Orwells Roman »1984« leben und einem »Big Brother is watching you« (der große Bruder sieht alles) unterliegen.

Stadtplanung der Zukunft mit dem Bürger

Ich stelle mir vor, dass wir auch bei der Planung von Städten in der Zukunft wirklich den Menschen in den Mittelpunkt stellen. Statt Szenarien auf dem Reißbrett nur mit Experten zu entwickeln, werden von Anfang an die Bürger einbezogen. So können Verantwortliche der Stadt oder Kommune schneller handeln und Geld sparen, indem sie sich konsequent an den Bedürfnissen orientieren und Optionen ohne nachhaltigen Nutzen frühzeitig verwerfen. Erste Ansätze gibt es bereits, zum Beispiel das sogenannte Urban Design Thinking von Prof. Elke Pahl-Weber der TU Berlin.[141] Oder die City-Science-Lösung des MIT,[142] die auch an der HafenCity Universität in Hamburg[143] zum Einsatz kam, als mit den Bürgern passende Unterkünfte für Flüchtlinge gesucht wurden.[144] Eine Entwicklung, die ich anstoßen durfte, ist der interaktive Planungstisch mit einer Kombination aus künstlicher Intelligenz, 3D-Spielfiguren (Fahrrad, Auto, Bus etc.) und lebendigen Landkarten als Spielfeld, den Bürger wie Experten spielerisch in die Planung einbeziehen und der Entscheidungsprozesse deutlich beschleunigt.[145]

Bildung

Je schneller sich die Digitalisierung bewegt, desto drängender wird, dass wir die gesamte Gesellschaft mitnehmen müssen, die digitale Zukunft zu gestalten. Denn wenn sich die Menschen abgehängt fühlen, resignieren sie.

Wie können wir also einen positiven Ausblick auf die Digitalisierung gewinnen und einen Ruck durch die Gesellschaft gehen lassen, dass jeder, aber wirklich jeder sie mitgestalten will? Meine Vorstellung ist, dass vom 10-jährigen Kind über seine 40-jährige Mutter bis hin zu seinem 70-jährigen Opa alle das Gefühl erlangen, dass sie selbst etwas beitragen können. Dass sie sich positiv in die Lage versetzt fühlen, das digitale Schicksal selbst in die Hand zu nehmen. Wie kann das gelingen?

Den Menschen stark machen

Wenn wir über die Veränderungen durch die Digitalisierung sprechen, reden wir über weitaus mehr als bspw. Programmiersprachen, die uns in die Lage versetzen, einer Maschine in ihrer Sprache zu erklären, was sie tun soll. Wir reden darüber, wie der Mensch zum Gestalter dieser Zukunft wird und wie er die nötigen Kompetenzen dafür erwirbt.

Es gilt, insbesondere künftige Generationen in die Lage zu versetzen, die digitale Welt grundlegend zu verstehen und maßgeblich mitzugestalten. Uns muss bewusst werden, warum das so wichtig ist, um die Digitalität mit Optimismus anzugehen. Wenn wir lernen und wissen, wie uns die Digitalisierung nutzen kann, wie sie dem Menschen dient, statt ihm zur Gefahr zu werden, erhalten wir die notwendige Unterstützung dazu.

Die Kunst besteht darin, dass wir den Menschen stark machen und ihn in seiner Unterschiedlichkeit als Individuum stärken und fördern. Er sollte stets Subjekt und nicht Objekt sein und die Möglichkeit haben, seine Würde zu bewahren.

Für die Integration wie für die Digitalisierung gilt:

Den Menschen stark machen

Als Schlüsselqualifikation für morgen wird von den nächsten Generationen etwas verlangt, was »Arbeitgeber« schon heute händeringend suchen und was den Menschen in unserer technisierten, hektischen und leistungsorientierten Gesellschaft offenbar zunehmend abhanden zu kommen droht: psychosoziale Kompetenz, also die Fähigkeit, gemeinsam mit anderen Menschen nach tragfähigen Lösungen für die Bewältigung gegenwärtiger und zukünftiger Herausforderungen zu suchen. (...) Es handelt sich hierbei nämlich um eine Form von Wissen, die auf eigener Erfahrung beruht. Um sie zu erwerben, brauchen junge Menschen Vorbilder, also Menschen, die diese Fähigkeit besitzen und sie mit Kindern und Jugendlichen vorleben.

Und sie brauchen eigene Erfahrungen, die ihnen zeigen, dass schwierige Lösungen nur gemeinsam mit anderen gefunden und umgesetzt werden können.[146]

Früh starten – warum Grundschule?

Betrachten wir die kommenden Generationen näher. Kinder sollten sehr früh lernen, das Digitale aktiv zu gestalten. Das »passive Daddeln« erproben sie heute von Kindesbeinen an. Schon Einjährige sind in der Lage, auf einem Tablet ihr Lieblingsspiel zu starten oder ein Video abzuspielen. Das allerdings ist nur der passive Konsum. Deshalb reicht es nicht, einen Medienwechsel vorzunehmen (in der Schule etwa vom Lehrbuch auf ein Tablet) und ansonsten nichts zu verändern. Für die beste Ausbildung unserer jungen Generationen brauchen wir in Schulen dringend eine digitale Infrastruktur, also Computer oder Tablet und Wi-Fi als Basis. Darüber hinaus müssen wir ihnen die Grundlagen der Informatik vermitteln, Datenstrukturen und Algorithmen, sowie die Möglichkeit geben, damit erste eigene Erfahrungen zu sammeln.

Anfang der 2000er-Jahre gab es das Projekt JeKi (»Jedem Kind ein Instrument«) als kulturelles Bildungsprogramm in Grund- und Förderschulen (heute JeKits).[147] Ziel war das gemeinsame Musizieren zur Erlangung musikalischer und sozialer Kompetenzen. In Nordrhein-Westfalen wird es vom Land gefördert und die Schulung wird von außerschulischen Bildungspartnern, wie Musikschulen oder Tanzinstitutionen, übernommen. Im Programm wird das ästhetische Erleben und Handeln als soziale Praxis geübt.

In dieser Form könnte ein schulischer Weg zu mehr Digitalkompetenz aussehen, wobei das Thema so wichtig ist, dass es wohl nicht allein von außerschulischen Partnern zu stemmen wäre. Aber lassen wir das zunächst einmal außen vor und bleiben optimistisch, dass wir hier in Kürze eine Lösung haben. Die Politik steht hier dringend in der Pflicht.[148]

Wie bei JeKits gehören soziale Kompetenzen auch zu den digitalen Fähigkeiten. Digitale Bildung muss als Kulturtechnik verstanden werden, die in das Zentrum unserer Bildung gehört. Doch wie bekommen wir sie dahin? Wie schaffen wir es, dass nicht gleich Ablehnung aufbrandet, kaum dass man mit dieser Forderung kommt? Und wo starten wir?

Lesen, schreiben und rechnen sind die drei Kulturtechniken unserer Gesellschaft, die dauerhaft eine wichtige Basis bilden. Für die Zukunft könnten soziale und informatische[149] Kompetenzen zwei wichtige weitere Säulen darstellen.

Sowohl die soziale als auch die informatische Bildung müssen wir bereits in der Grundschule etablieren. Davon bin ich überzeugt. Warum ist der frühe Start in der Grundschule so wichtig? Weil Gender Stereotyping bereits im Alter von fünf bis sieben Jahren erfolgt. In dem Alter prägt sich in der Wahrnehmung der Kinder schon das Rollenbild ein: Der Vater wird Kampfpilot und die Mutter Krankenschwester.[150] Rollenbilder sind stärker denn je. Wir müssen daran arbeiten, Vorbilder zu schaffen, und den Kindern die Gelegenheit geben, sich selbst in der Digitalisierung auszuprobieren und eigene Erfahrungen zu sammeln. Nur wenn wir früh ansetzen, haben wir eine Chance, auch die Mädchen zu erreichen und so das Potenzial, die Anzahl an Fachkräften in der IT zu verdoppeln. Bislang sind nur 17 % der Arbeitskräfte in der IT Frauen[151] – ein deutliches Ungleichgewicht.

Das Risiko von rein männlichen Entwicklungsteams ist, dass mangels Diversität die Innovationskraft leidet. Algorithmen können einseitig gedacht sein: Stellen Sie sich vor, die künstliche Intelligenz einer Dating-Plattform wird nur von Männern angelernt. Sie hat keine Vorstellung davon, was einer Frau wichtig ist bei der Suche nach dem passenden Partner. Die Entwicklung von Apps oder anderen digitalen Anwendungen kann von oftmals weiblichen Stärken wie Kreativität, Einfühlungsvermögen oder Empathie profitieren.

Ein Beispiel: Als Apple die Gesundheits-App (Apple Health) herausbrachte, fehlte dort komplett der weibliche Zyklus der Frau. Vermutlich vergaßen die Männer der Programmierabteilung diese »Besonderheit« der Frau einfach. Nach einem Shitstorm fügten sie ihn hinzu, unter dem charmanten Namen »Reproduktionsmedizin«. Damit sollte wohl die besondere »Fähigkeit« (Feature) der Frau dargestellt werden, dass sie sowohl Kinder austragen als auch Verhütung »organisieren« kann. Ich behaupte, dass keine Frau die Funktion so nennen würde, denn sie klingt nüchtern und medizinisch – mehr nach Objekt als nach Subjekt.

Auch Universitäten arbeiten an Lösungen, Frauen entgegen der starken Stereotype für die Digitalisierung zu begeistern. Ein schönes Beispiel ist das Harvard Mudd College in den USA, wo u. a. Kurse umbenannt wurden: von »Programmieren mit Java« in »Kreatives Lösen von Problemen«.[152] Sie konnten signifikant mehr Frauen für das Thema begeistern. An der Universität Berkeley wurde ein Kurs »Die Schönheit und Freude der Informatik« angeboten[153] und erreichte dadurch mehr Frauen.

Nur mit der Umbenennung von Kursen werden wir unser Ziel nicht erreichen, aber es ist ein Anfang. Ein verpflichtendes Angebot an Informatiklehre muss vor dem Hintergrund der frühen Stereotypbildung bereits in der Grundschule angelegt werden. Wie wirksam dies ist, zeigen erste Versuche dazu.

Beispiel: Schon Grundschüler lernen, wie sensibel Daten sind

Ludger Humbert ist Experte für Lehren und Lernen in der Informatik an der Uni Wuppertal und Betreuer der Bachelor-Arbeit »Wahlen und Wahlcomputer aus informatischer Perspektive in der Primarstufe«[154]. Die Studentin führte in einer vierten Klasse einer Grundschule ein Projekt durch, in dem Kinder einen Wahlcomputer selbst programmierten, etwa für die Wahl des Klassensprechers oder des nächsten Ausflugsziels. Zum Einsatz kam der Mini-Computer Calliope, mit dem wir uns später noch etwas ausführlicher beschäftigen werden.

Interessantes Fazit der Arbeit: Die Kinder erlangen über die Beschäftigung und Strukturierung der Programmieraufgabe »Wahlen« ein »Grundverständnis für Informatiksysteme und insbesondere für deren Sicherheit«. Nicht nur, dass sie die Programmieraufgabe lösten. Die Schüler, allesamt neun oder zehn Jahre alt, kamen zu einer interessanten Diskussion: Sie fanden, dass man sich mit dem Schutz der Daten befassen müsse. Denn schließlich würde nun Lisa einsehen können, wen Max gewählt hat, und umgekehrt. Dabei sollten die Wahlen doch geheim sein! Ist es nicht spannend, dass die Kinder anlässlich einer praktischen Aufgabe über die wirklich relevanten Themen stolpern? Sie beginnen, wichtige Themen wie bspw. den Datenschutz von Grund auf zu hinterfragen, zu verstehen und Lösungen dafür zu entwickeln.

Es macht Mut, in der dritten Klasse bereits mit dem altersgerechten Programmieren zu beginnen und darüber eine solide Basis und Kenntnis zur Gestaltung der digitalen Welt der Zukunft zu schaffen. Lassen Sie uns zunächst noch in das Thema »Schule allgemein« eintauchen, bevor wir konkret zur Programmierung zurückkommen werden.

Erfahrungen mit Kindergarten, Schule, Altenheim

Meine Erlebnisse mit meinen Kindern zeigen leider das Gegenteil der Vision, dass Schüler in einem System der Potenzialentfaltung gefördert werden, indem sie eigene Erfahrungen machen dürfen. Stattdessen stieß ich auf eine hindernde Defizitorientierung und den Fokus auf Hard Skills statt Soft Skills. Ich empfand das »System Schule« oftmals als stumpfes Eintrichtern von Stoff in die jungen Köpfe, obschon doch neueste hirnwissenschaftliche Erkenntnisse klar sagen, dass das menschliche Gehirn nicht zum Auswendiglernen, sondern zum Lösen von Problemen gemacht ist. Warum nur lässt man Kinder in der Schule so selten wirklich Probleme lösen?

Prof. Dr. John Erpenbeck, Biophysiker, Wissenschaftsphilosoph und Professor für Kompetenzmanagement und -entwicklung, nennt es »Bulimielernen«. Erst wird in sich reingefuttert und dann ausgespuckt. Dieses Wissen hat wenig nachhaltige Wirkung, was dramatisch ist und ganz wesentlich dem widerspricht, was Schule sein will: die Vorbereitung aufs Leben. Je schneller sich die Welt draußen dreht, desto mehr brauchen Kinder (und Erwachsene) die Fähigkeit, den Sinn des Lernens zu erkennen und sich Dinge anzueignen. Denn das benötigen sie heute ein Leben lang.

Mir fiel auf: Auch der Lehrer ist Objekt im System. Ihm wird bis ins Detail vorgeschrieben, was er zu unterrichten und zu dokumentieren hat. Schon im Kindergarten und spätestens dann wieder im Pflegeheim hat man das Gefühl, die Akte (ob digital oder noch auf Papier) habe einen größeren Stellenwert als der Mensch, um den es geht. Die Leidenschaft der Menschen für den Beruf geht im schlimmsten Fall über Papierbergen und Vorschriften verloren, die wir zukünftig einfach mehr der Maschine überlassen sollten, sodass wir Zeit gewinnen, um der gewählten Verantwortung nachzugehen und uns um den Menschen zu kümmern.

Wir brauchen dazu eine Stärkung des Individuums, den Fokus auf die Potenziale statt auf die Defizite und vor allem die Betonung auf die Soft Skills, also die soziale Kompetenz, Verantwortung, Kreativität, emotionale Intelligenz oder Werte, statt auf Hard Skills wie Fach- oder Methodenwissen. In der Liste der wichtigen Kompetenzen des Weltwirtschaftsforums haben wir gesehen, wie stark die Verschiebung ist: Die Soft Skills werden die Hard Skills der Zukunft sein.[155]

Es macht im Maschinenzeitalter schlicht keinen Sinn, Kinder so zu dressieren, dass sie alle das Gleiche können. Darin sind Maschinen gut. Wir sollten dagegen das Individuelle des Menschen hervorbringen, seine Potenziale und seine Besonderheiten. Denn gerade in der Diversität entsteht Neues und davon brauchen wir mehr, besonders für Innovationsprozesse. Wenn sich dann noch einige begeistern lassen, selbst in die Gestaltung der digitalen Welt einzusteigen und programmieren zu lernen, dann ist es umso besser.

Warum ist Bildung so zentral?

Mein Ältester besuchte eine klassische Grundschule in dem Dorf, in das wir zu seiner Einschulung gerade gezogen waren. Wir dachten nicht lange drüber nach, als wir ihn anmeldeten, und ich wurde auch noch nicht hellhörig, als ich mich dort so gar nicht willkommen fühlte. Einmal dort, spürten wir, dass die Schule nicht zu uns und unseren Ideen fürs Leben passte. Es wurde mit Methoden unterrichtet, die vor einigen Jahrzehnten üblich waren. Wir fanden sie nicht zeitgemäß; Gehorsam stand bspw. über simpler Disziplin. Kinder, die im Stehen arbeiten wollten, wurden zum Sitzen gezwungen. Lösungsvorschläge für Probleme wurden von der Schulleitung zwar zur Kenntnis genommen, aber auch gleich ad acta gelegt. Es war kein Miteinander, sondern ein »Von-oben-herab«. Es fehlte die Augenhöhe und der Fokus auf die Potenzialentfaltung, wie ich heute weiß.

Glück im Stundenplan

Beim zweiten Kind suchten wir bewusst eine fortschrittlichere Schule – und landeten an einer mutigen, vorwärtsgewandten Einrichtung. Zum Beispiel integrierte das Lehrerkollegium etwas in den Stundenplan, von dem sie überzeugt waren, dass es die kleinen Menschen bestmöglich auf ihr Leben vorbereiten würde: Glück als Schulstunde.

Die Schulbehörde erlaubte kein Schulfach Glück, war es doch nicht im Lehrplan vorgesehen (das System Schule ist ein Tanker, kein Schnellboot). Aber die Direktorin traute sich, die zusätzliche Unterrichtsstunde durchzusetzen. Die Herausforderung war, sowohl die Gelder als auch die Besetzung zu realisieren. Es war nicht leicht, aber gelang Jahr für Jahr wieder. Nach einer Anschubfinanzierung aus einem Erprobungstopf von öffentlicher Stelle sprachen sich die begeisterten Eltern für eine Fortführung aus und halfen in Eigeninitiative mit dem Förderverein der Schule bei der Mittelbeschaffung.

Ich lernte das Fach »Glück« am Tag der offenen Tür der Schule kennen und war erstaunt, was ich dort erleben durfte: die Überzeugung, dass die sozialen Kompetenzen wie Resilienz – also etwas aushalten können – oder Selbstwirksamkeit wichtige Schlüsselfähigkeiten der Zukunft sind. Und die Kinder lieben das Fach.

Schon die Kleinsten erleben, wie sie in ihrer Persönlichkeit gestärkt werden. Ein Beispiel aus einer Unterrichtsstunde: Die Grundschüler sitzen im Stuhlkreis. Sie sollen sagen, was sie besonders mögen, und die anderen sollen überlegen, ob es ihnen genauso geht. Das erste Mädchen steht auf und sagt: »Ich mag Hunde.« Einige Kinder stehen auf, um zu signalisieren, dass auch sie Hunde mögen. Als Nächstes springt ein Junge auf: »Ich klettere gerne.« Sechs weitere Kids tun es ihm gleich. Dann stellt sich ein Junge hin und sagt: »Ich esse gerne Brötchen mit Salami und Nutella drauf.« Wo man vielleicht ein »Iiiih« oder »Das ist ja eklig« erwartet hätte, steht ein Kind auf, ein zweites halb, und sagt: »Das habe ich noch nie probiert, fände ich aber interessant.« Die Kinder hatten schon im Alter von sieben Jahren Toleranz gelernt. Dass es nämlich nicht in Ordnung ist, jemanden auszugrenzen oder lächerlich zu machen, weil er anders is(s)t.

Ein weiteres Beispiel: Einmal wurde die Aufgabe gestellt, einen Blumentopf anzumalen. Meine Tochter stellte ihn auf den Kopf und beharrte darauf, dass sie den Topf genau so anmalen möchte. Die Lehrerin bestärkte sie darin. Im Nachhinein erzählte sie, dass dieser Moment etwas ganz Wichtiges gezeigt habe, nämlich dass sie ihr eigenes Ding macht, auch wenn »die Norm« vielleicht etwas anderes sagt. Eine Eigenschaft, die manche Mädchen oder Frauen teilweise erst viel später lernen. Es ist ein schönes Beispiel, wie man sein Kind auch in den kleinen Dingen bestärken kann, die eigene Meinung zu vertreten.

Im Glücksunterricht werden auch Krisen gemeistert, es wird etwa über Sorgen gesprochen und über Wege, aus ihnen herauszukommen. Resilienz also, die lehrt, dass man es schaffen und gestärkt daraus hervorgehen kann. Für eine Erstklässlerin kann das etwas sein wie »Meine Freundin hat ›blöde Kuh‹ zu mir gesagt«. Was wir als Erwachsene vielleicht belächeln, ist im Grundschulalter eine kleine Krise. Und wenn wir es schaffen, diese zu bewältigen, wachsen wir daran und sind bereit für die nächste Herausforderung.

Ich bin inzwischen ein großer Fan von »Glück« im Stundenplan. Ein engagiertes Team hat das Förderprojekt als Schulstunde etabliert und bildet inzwischen weitere Lehrkräfte aus, sodass viel mehr Schulen diese wunderbare Ergänzung in das Schulsystem bringen können. Wenn Sie neugierig geworden sind, schauen Sie sich den gemeinnützigen Verein Malaika[156] an, der dies auf die Beine gestellt hat.

Wie findet man eine zukunftsgerichtete Schule?

Jetzt fragen Sie sich: Wie sieht eine zukunftsgerichtete Schule aus? Auch bei der Auswahl der passenden Schule ist der gesunde Menschenverstand gefragt, und manchmal ist die Entscheidung vielleicht weniger bequem.

> *Man kann das Leben nur rückwärts verstehen,*
> *aber leben muss man es vorwärts.*
> Søren Kierkegaard, 1813–1855

Heute weiß ich: Man spürt, ob man an einem Ort willkommen ist und ob ein System zu einem passt. Das kann natürlich subjektiv sehr unterschiedlich sein. Wie gut, schließlich sind wir alle Menschen. Auch eine Schule hat eine Seele in Form einer engagierten Direktorin und eines engagierten Kollegiums und sie ist spürbar. An unserer zweiten Grundschule zeigte sie sich in Dingen wie einer Lehmhütte oder in mit farbigen Mosaiken gerahmten Beeten auf dem Hof, die gemeinsam mit den Kindern gebaut wurden. Es ist »ihre Schule«, die sie mitgestaltet haben. Schon die Vorgängergenerationen hatten ihren persönlichen »Fingerabdruck« hinterlassen.

Diesen Fingerabdruck und den Fokus auf den Menschen als Subjekt statt Objekt suchten wir entsprechend auch bei der weiterführenden Schule und wurden fündig bei einer Bewegung, die ich sehr begrüßenswert finde: »Schule im Aufbruch«[157] ist eine Initiative mit dem Ziel, Kinder vor allem in der Persönlichkeitsentwicklung zu fördern. So sind sie bestens gewappnet für die Welt im Wandel. An der neuen Schule gibt es Verantwortung und Herausforderung als Schulfach. Das möchte ich Ihnen etwas ausführlicher vorstellen.

Verantwortung als Schulfach

Auf der weiterführenden Schule meiner Mittleren steht in Klasse sieben das Fach Verantwortung auf dem Stundenplan. Ich war darauf gefasst, hatte ich Jahre zuvor neugierig das Buch der Schülerinnen Alma, Jamila und Lara-Luna »Wie wir Schule machen«[158] gelesen. Die Schülerinnen berichten von ihren Erfahrungen an der Evangelischen Schule Berlin Zentrum (ESBZ), die als erste mit der mutigen Direktorin Margret Rasfeld voranging. Auf sie sowie Stephan Breidenbach und Gerald Hüther geht die Initiative »Schule im Aufbruch« zurück.

In seiner Konsequenz hat mich das Fach Verantwortung mitsamt den Lehrern, die dahinterstehen, dann in der Praxis positiv überrascht. Die Kinder bereiteten in der Schule einige Wochen lang ihr Projekt vor und lernten, worum es ging. So hieß das Projekt an unserer Schule: »Werkstatt Helfen«. Sie helfen anderen zu helfen und übernehmen Verantwortung. Und zwar ganz ohne Eigennutz, sondern einfach nur, um Gutes zu tun.

Die Kinder sollten sich zunächst überlegen, wo sie helfen können und wollen, und im Anschluss selbst eine entsprechende Stelle suchen, bei der sie drei Monate lang jede Woche zwei Schulstunden lang helfen. Meine Tochter berichtete zu Hause von dieser Aufgabe und schwankte zwischen »Helfen im Tierheim« und »Eine Tanzstunde für die Erst- und Zweitklässler ihrer ehemaligen Grundschule geben«. Gleich wollte ich zur Tat schreiten und die Nummer vom Tierheim raussuchen oder eine Mail an die Direktorin der Grundschule schicken mit der Frage, ob meine Tochter ihr Angebot in die Tat umsetzen könne. Bis mir bewusst wurde: Genau das war ja nicht gefragt. Nicht *ich* sollte mich darum kümmern, sondern meine Tochter. Mein spontaner Instinkt war falsch, nicht ich hatte die Verantwortung für dieses Projekt, sondern sie.

Gesagt, (nichts) getan. In weiteren Vorbereitungsstunden stellte sie fest, dass die Tanzstunde ihr eigentliches Herzensprojekt wäre. Sie schrieb eine nette Mail an die Direktorin, um nachzufragen, ob das möglich sei.

Teil des Projekts ist es auch, eine Niederlage wegzustecken, wenn ein gesetztes Ziel nicht erreicht wird. Auch diese Situationen werden in der Schule aufgefangen und gemeinsam wird an Lösungen gearbeitet. Dies ist eine der wichtigsten Kompetenzen, die die Kinder erwerben: Resilienz. »Aufstehen, Krönchen richten, weitermachen« ist angesagt, wenn etwas einmal nicht klappt. Eine Niederlage nicht persönlich zu nehmen, sondern zu reflektieren, daraus zu lernen und – vielleicht mit neu justiertem Ziel – einen erneuten Versuch zu starten.

So war es dann auch bei meiner Tochter. An den ausgewählten Nachmittagen waren die Räume schon belegt und sie konnte ihr Wunschprojekt nicht realisieren. Aber sie war dankbar und zufrieden mit sich selbst, weil sie es versucht hatte und sehr positives Feedback von der Schule bekam mit einem herzlichen Dankesschreiben für das sehr schöne Angebot an die Schüler. Sie ist bis heute der Schule sehr verbunden und geht gerne an freien Schultagen mit ihrer kleinen Schwester mit und hilft. Ein Stück weit ist es der Wärme und Zugewandtheit der Schule den Kindern gegenüber zu verdanken, dass sie eine solche Nähe spüren. Meine Tochter ist bei Weitem nicht das einzige Kind, das sich auch viele Jahre später noch bei Festen gerne unter die Grundschüler mischt und den Kontakt zu den Lehrern hält.

Sie musste also kurz vor dem Start für ihr Projekt »Werkstatt Helfen« umdisponieren und half in unserer Stiftung Dialego Foundation for Children[159] (jaja, Mama hat sich dann doch noch eingemischt ;-)). Sie beschäftigte sich drei Monate lang damit, wie eine Stiftung funktioniert und wie man im größeren Maßstab helfen kann. Dabei wurde sie auch praktisch aktiv und schrieb Briefe an unsere Patenkinder Diego in Nicaragua und Seema in Indien. Sie lernte in diesem Schulhalbjahr etwas sehr Wichtiges: nämlich dass es beiden Seiten guttut, zu helfen. Dem, der die Hilfe empfängt und womöglich sehr nötig hat, aber auch dem, der Hilfe spendet. Mit dieser – zutiefst menschlichen – Fähigkeit bringt sie etwas mit, das die Welt zu einem besseren Ort machen kann.

Herausforderung als Schulfach

Nach der Verantwortung auf dem Stundenplan geht es in Klasse neun mit Herausforderung weiter. Haben wir nicht alle täglich Herausforderungen zu bestehen? Meine ganz persönliche Herausforderung liegt täglich darin, die Bedürfnisse meiner Familie mit drei Kindern sowie der Unternehmen unter einen Hut zu bekommen und – die größte Herausforderung – mich selbst dabei nicht zu vergessen. Wenn Sie bis hierhin gelesen haben, gehören Sie auf jeden Fall auch zu den Menschen, die es wissen wollen, und vermutlich fallen Ihnen auch spontan etliche Herausforderungen ein, denen Sie sich stellen wollen und die noch vor Ihnen liegen.

Aber Herausforderung als Schulfach? Wie geht das? Die Schülerinnen Alma, Jamila und Lara-Luna erzählen in ihrem Buch davon, wie sie erwachsenen Managern aus einem Großkonzern noch einiges beibringen können, obwohl die Schülerinnen gerade mal um die 15 Jahre alt sind. Ich sprach mit der Projektleiterin bei der Deutschen Bahn, Ricarda Droop. Die damalige Leiterin für Unternehmenskulturwandel im Ressort Technik, heute Gründerin der wandelzeit.group, berichtete von ihren Erfahrungen im Projekt:

Eine besondere Herausforderung entsteht für Führungskräfte im Unternehmenskulturwandel, wenn sie auf Schüler treffen und daraus ein Austausch auf Augenhöhe mit viel Respekt, Freude & Inspiration entsteht, bei dem beide Seiten gleichermaßen berührt und bewegt sind. Neugier und Offenheit nehmen den Raum ein und lassen unbegrenzte Möglichkeiten entstehen.

Konkret: Wie sieht Herausforderung in der Schule aus? Die 4. Aachener Gesamtschule (eine der Schulen im Aufbruch) beschreibt es so:

120 Schüler/-innen – 17 Tage weg von zu Hause – 150 € pro Schüler/-in – sich bewähren – sich erproben – Grenzen testen – Grenzen verschieben

Im Projekt »Herausforderung« gehen die Schüler in kleinen Gruppen von etwa fünf Schülern für drei Schulwochen auf Reisen. Begleitet werden sie nicht von einem Lehrer, sondern lediglich von einem Studenten, der für Notfälle da ist. Die Herausforderung richtet sich zuallererst an die Schüler selbst. Sie sollen herausfinden, welcher Herausforderung sie sich persönlich, aber auch in der Gruppe stellen wollen. Dabei dürfen die Schüler mit allen Verkehrsmitteln reisen, zu Fuß, mit Rad, Bus, Bahn oder Kanu. Hauptsache, sie kommen mit ihrem Budget von 150 Euro pro Person für drei Wochen aus. Es liegt auf der Hand, dass sie sich um Unterstützung bemühen, also bspw. in einem Seniorenheim helfen müssen, um dort eine Nacht in einem Gruppenraum übernachten zu dürfen.

Der Kreativität der Kinder sind keine Grenzen gesetzt. Nur der Rahmen ist klar umrissen – übrigens ein Grundkonzept, das sich durch das gesamte System dieser Schule zieht. Der äußere Rahmen ist fixiert, innerhalb dessen dürfen und sollen die Kinder sich frei bewegen und finden. Das führt so weit, dass die Kids sogar ohne Gong rechtzeitig zum Unterricht erscheinen oder selbst entscheiden, wann sie bereit sind, einen Leistungsnachweis zu erbringen. Eine Arbeit wird deshalb nicht mehr zu einem Stichtag von der ganzen Klasse geschrieben.

Zurück zur Herausforderung: Das wichtigste Ziel des Projekts ist es, dass die Kinder durch eigenes Erleben feststellen, wozu sie in der Lage sind. Sie erfahren Selbstwirksamkeit, indem sie die Herausforderung aus eigener Kraft bewerkstelligen. Wer Selbstwirksamkeit erlebt hat, glaubt auch bei zukünftigen Aufgaben, dass er es schaffen kann. Wenn wir gleich zu Beginn nicht entschieden und uns unseres Erfolgs sicher sind, dann scheint die Bewältigung der Aufgabe unmöglich, und die Wahrscheinlichkeit ist groß, dass wir scheitern. Denken Sie an die sich selbst erfüllende Prophezeiung: Allein daran zu glauben, dass etwas funktionieren kann, macht mutiger und bestärkt, sich auf das Abenteuer einzulassen.

So auch bei der Herausforderung der Schüler, die für jeden anders aussehen kann. Der eine ist nicht gern allein, die Zweite hat Angst, weit weg von zu Hause zu sein, und die Dritte fragt sich, ob sie es schafft, mehrere Hundert Kilometer mit dem Rad zurückzulegen. All diese Erfahrungen dürfen die Schüler machen. Und sie werden ein halbes Jahr lang darauf vorbereitet. Ziel ist es, Potenziale zu entfalten und herauszufinden, worin man richtig gut ist. Aber auch zu erkennen, worin die anderen gut sind. Als Team die Herausforderung gemeinsam zu meistern ist eine Fähigkeit, die jeder von uns nahezu täglich brauchen kann. Sei es im Familienleben, Freundeskreis oder im Arbeitsalltag.

Eine schöne Szene aus Pippi Langstrumpf zur Selbstwirksamkeit und den Glauben daran, dass man Herausforderungen meistern kann: Pippi, Tommi und Annika starten eine fröhliche Einkaufstour. Pippi sagt: »Vor allen Dingen möchte ich mir ein Klavier kaufen.« Tommi daraufhin: »Ja, aber Pippi, du kannst doch gar nicht Klavier spielen!« Pippi: »Wie soll ich das wissen, wenn ich es noch nie versucht hab? Ich hab niemals ein Klavier gehabt, auf dem ich es probieren konnte. Und das sag ich dir, Thomas, Klavier spielen ohne Klavier, dazu braucht man eine ungeheure Übung, bis man es kann.«[160]

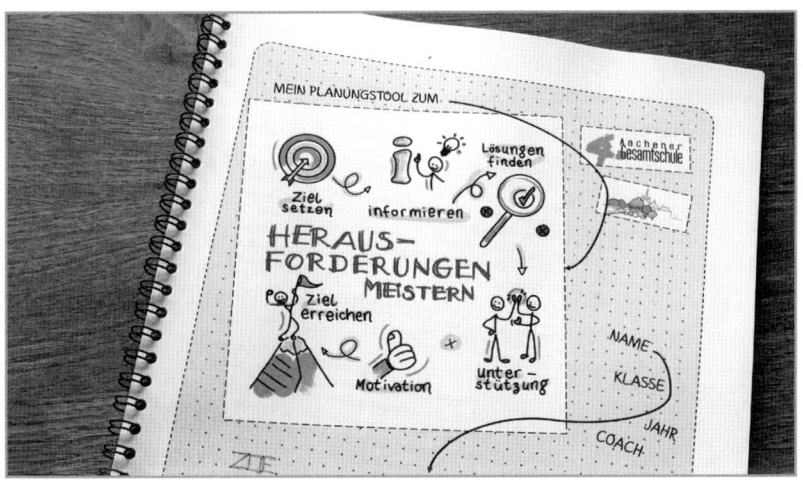

Vorbereitung des Schulprojekts »Herausforderung«

In der Vorbereitungsphase planen die Schüler gemeinsam mit ihren Lehrern die Herausforderung. Es gibt Informationsveranstaltungen und ein eigens angefertigtes Arbeitsbuch für jeden Schüler.

Sie beginnen mit einer ersten Vision, was sie gerne machen möchten, und lernen sich erst einmal selbst kennen. Dazu gehört für jeden Schüler, zu notieren, »Was mir guttut«, »Was mich weiterbringt«, Stärken und Schwächen. Aber auch die Eltern sind gefragt und antworten aus ihrer Sicht: »Das kannst du gut« oder »Daran kannst du arbeiten« und »Ich wünsche dir für die Herausforderung, dass ...«.

Die Projektskizze für die Herausforderung eines jeden Schülers verlangt auch die konkrete Benennung, was den Einzelnen fordert und welches Potenzial der Schüler selbst sieht. Aus beidem soll die persönliche Herausforderung abgeleitet werden. Erst im nächsten Schritt finden sich die Gruppen und bilden ein Team, das die Zielsetzung der Herausforderung vereinbart und Absprachen notiert. Zudem gilt es, Rollen zu verteilen: Pro Gruppe gibt es einen Finanz-, einen Kommunikations- und einen Dokumentationschef.

Für ein Auswahlgespräch legen alle Schüler ein Motivationsschreiben vor, in dem sie ausführlich begründen, warum sie ihr Projekt gewählt haben und warum genau dieses Projekt eine Herausforderung darstellt. Das heißt, die Schüler müssen sich intensiv mit sich selbst auseinandersetzen und reflektieren, worin genau die persönliche Herausforderung liegt. Sodann suchen die Schüler ihren Coach und sprechen ihn selbstständig an.

Zur Vorbereitung gehören Zertifikate, die bestens auf die Reise vorbereiten, nämlich ein Erste-Hilfe-Kurs, ein Kurs in Selbstverteidigung, eine Rollenschulung, ein Fahrradcheck oder auch ein Elternvertrag und das Schwimmabzeichen.

Gerade die eigene Erfahrung schult die Kinder in etwas, was kein Lehrer ihnen im Klassenraum in einer Schulstunde beibringen könnte: das Vertrauen, dass sie es selbst schaffen können, und die Erfahrung, gemeinsam eine wahre Herausforderung gemeistert zu haben. Diese Kompetenz stufe ich als eine unverzichtbare Schlüsselqualifikation ein, um die wichtigste Herausforderung auch im späteren Arbeitsleben erfüllen zu können: komplexe Probleme lösen.

Als Unternehmerin hatte ich schon einige Herausforderungen zu meistern. Ob man will oder nicht, Täler gibt es im Unternehmertum immer. Sei es, dass der erwartete Auftrag doch nicht kommt, ein Mitarbeiter krank wird und das Projekt trotzdem pünktlich und in exzellenter Qualität abzuwickeln ist oder ein Kunde unzufrieden ist. Jedes einzelne Mal, und vor allem beim ersten Mal, wusste ich nicht, wie ich die Misere überstehen sollte. Aber hat man es geschafft, dann wächst man daran und weiß beim nächsten Mal: Auch das wirst du wieder schaffen. Tatsächlich glaube ich nach 20 Jahren Unternehmertum daran, dass mich so schnell nichts umhauen kann. Dabei weiß ich sicher heute nicht, welche Überraschung mich möglicherweise morgen erwartet.

Veränderte Lebensrealität der Kinder

Werfen wir noch einmal einen Blick auf die tägliche Herausforderung der Eltern in Zeiten der Digitalität: Kinder sind fasziniert von ihren Smartphones und legen diese kaum noch aus der Hand. Wie sieht es bei Ihnen selbst aus? Erinnern Sie sich an meine Empfehlung, den Tag mit etwas zu beginnen, was in erster Linie Ihnen selbst guttut? Haben Sie dies schon umgesetzt und agieren Sie bereits, statt nur zu reagieren?

Man könnte meinen, das Internet bringt uns näher und entfernt uns doch zugleich.

Es entfernt uns, weil die Digitalisierung in einer Geschwindigkeit voranschreitet, dass die Eltern glauben, ihre Kinder nicht mehr zu verstehen. Dies war schon immer der Fall, aber ist heute noch verstärkt, weil die Lebensrealitäten plötzlich so unterschiedlich sind. Was im Internet stattfindet, ist den Kindern sehr nah, aber den Eltern fern. Nicht immer bekommen Eltern mit, was genau die Kinder tun. Und hier sollten wir ansetzen. Hinsehen, schauen, was die Kinder machen, versuchen zu verstehen. In beide Richtungen: Kind zu Eltern, Eltern zu Kind.

Ich kann schon verstehen, wenn der Ruf laut wird, einfach die Handys wegzupacken und zu verbieten. Es ist der natürliche Instinkt von uns Menschen im Fall der Überforderung: Rückzug. Die wenigsten Eltern schalten auf »Angriff« und sagen »Das schaff ich schon mit den neuen digitalen Medien«. Mir ist das Thema wohlvertraut. Mit drei Kindern habe ich viele Diskussionen hinter mir, wie lange sie täglich ins Digitale abtauchen dürfen.

Meine Lebensrealität als Kind spielte sich ganz selbstverständlich im Kindergarten, in der Schule und bei Verabredungen mit meinen Freunden ab. Meine Erinnerungen geben keine Momente her, wo ich mit Freunden vorm Fernseher gesessen hätte. Wenn ich Freunde nicht sehen konnte, klemmte ich am Telefon. Im Zweifel stundenlang im Radius seiner Kabelschnur. Nur eine Generation später sieht die Welt vollkommen anders aus. Und die Elterngeneration (ich inklusive) fragt sich, wie sie mit dieser Veränderung umgehen soll, die irgendwie plötzlich um die Ecke kam und auf die sie so gar nicht vorbereitet war. Unsere Lebensrealität damals – die Zeit, die wir vor dem Fernseher verbrachten – steht in keinem Verhältnis zur jetzigen digitalen Always-on-(stets online)-Lebenswelt der Kinder und Teenager.

Lösungsansatz: Programmieren als Fremdsprache

Als ich begann, mich mit der Frage der digitalen Bildung zu beschäftigen, war mein Sohn gerade in der sechsten Klasse und kam mit seinem Stundenplan nach Hause. Ich war höchst erfreut zu lesen, dass Informatik im Stundenplan stand, und fragte von nun an munter nach, was er in diesem Fach durchnahm. Leider folgte schnell die Ernüchterung: Die Inhalte glichen dem, was ich vor 30 Jahren in der Schule gelernt hatte. Ein bisschen Textverarbeitung und Tabellen, aber kein bisschen

Programmcode, geschweige denn ein größeres Programmierprojekt, bei dem die Kids in die Gestaltung der digitalen Zukunft eingestiegen wären.

Ich machte mich ans Thema und fand schnell Mitstreiter. Ein großes Glück war, als Beiratsmitglied die Möglichkeit zu haben, das Thema direkt mit dem Wirtschaftsminister zu besprechen, den es auf jeden Fall etwas angeht. Denn ohne passende Fachkräfte ist die Digitalisierung nicht zu gestalten. Ich stellte unsere Forderung dem damaligen Wirtschaftsminister Sigmar Gabriel vor: Programmieren muss so wichtig werden wie eine Fremdsprache. Wir durften mit der Beiratsinitiative unseren Lösungsvorschlag umsetzen und so entstand der handtellergroße Mini-Computer Calliope[161], der heute bereits in ersten Schulen eingesetzt wird.

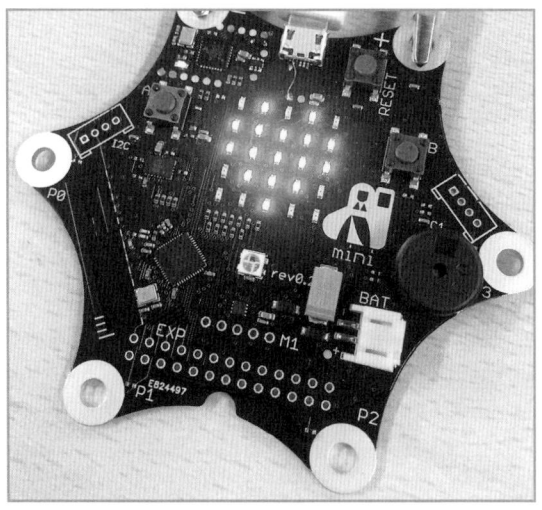

Der Mini-Computer Calliope

Warum Programmieren als Fremdsprache? Mit Sprachen verständigen wir uns heute ganz selbstverständlich international. Auch wenn ich nicht denke, dass zwingend jeder programmieren muss, so sollte jeder Grundkenntnisse darin haben, das Digitale selbst zu gestalten. Digitales wirklich zu durchdringen und ein gutes Grundverständnis dessen, was hinter der Handyhülle, Autotür oder dem Pflegeroboter passiert, ist eine wichtige Grundlage zum Beispiel dafür, zu entscheiden, ob und wie wir digitale Konzepte überhaupt umsetzen sollten.

Calliope-Projekt

Der kleine Computer zum Anfassen und Bespielen wird den neuesten neurowissenschaftlichen Befunden gerecht: Die Schüler lernen kindgerecht, sich fürs Digitale zu begeistern. Auf dieser offenen Platine kann man alles entdecken, was in jedem Digitalgerät gut versteckt seine Arbeit tut: Leitungen, Batterie, Sensoren oder einzeln ansteuerbare Leuchtdioden.

In einem Pilotprojekt arbeitete ich im Sommer 2016 mit Drittklässlern in einer Grundschule am Rande von Aachen mit dem Prototypen des Calliope. Es war beachtlich, mit welcher Unvoreingenommenheit und Freude die Kinder, Mädchen wie Jungen, der Technologie begegneten. Am Ende des Kurses hatten die Kinder kleine Anwendungen selbstständig auf den Mini-Computer programmiert und präsentierten diese zum Abschluss quicklebendig und stolz. Das war kurz vor den Sommerferien. Nach den Sommerferien sprach mich die Mutter von Emily, 9 Jahre, an. Emily hatte im Urlaub in Italien eine LED-Anzeige einer Pizzeria mit einer dampfenden Pizza gesehen und gerufen: »Mama, das kann ich auch programmieren!«

Ich bin überzeugt: Wenn Emily das verstanden und den Mut gewonnen hat, es zu probieren, dann hat sie das nötige Rüstzeug, um bspw. das autonome Auto der Zukunft zu programmieren.

Zwischenzeitlich versucht das engagierte Calliope-Team, unsere Forderung umzusetzen: Alle Kinder ab der dritten Klasse sollten mit dem Calliope programmieren lernen. Der Föderalismus in Deutschland ist herausfordernd, aber erste Bundesländer haben Pilotprojekte gestartet, bilden Lehrer weiter und statten jeden Drittklässler mit einem Minicomputer aus. Ich selbst versuche, weitere Piloten anzustoßen und die Möglichkeiten bekannt zu machen. Eines der Projekte war bspw. der Girls Day[162], an dem wir mit 100 Mädchen in der Digital Church in Aachen programmiert haben. Dies ist ein wichtiger erster Schritt, die kommenden Generationen bestmöglich für die Gestaltung des Digitalen vorzubereiten. Denn wir brauchen noch viel mehr Emilys, die Lust dazu haben.

Gesundheit

Pflege

Wie sehr wir eine Diskussion über das Miteinander von Mensch und Maschine brauchen, zeigen Branchen, in denen schon heute absehbar ist, dass die Kapazitäten des Menschen an Grenzen stoßen: so etwa in der Gesundheit und Pflege. Es ist ein soziodemografischer Fakt, dass die alternde Gesellschaft immer mehr Nachfrage nach Pflegeleistungen mit sich bringt. Gleichzeitig haben wir bereits heute zu wenig Pflegepersonal und einen Fachkräftemangel in dieser zutiefst menschlichen Disziplin.

In der öffentlichen Diskussion werden gerne Pflegeroboter als Lösung diskutiert und Bilder gezeigt mit Maschinen, die menschenähnliche Gesichter haben und über die Gänge der Altenheime rollen. Unsere spontane Assoziation: Der Mensch wird abgeschafft. Dabei steht doch der ältere Mensch im Mittelpunkt, also früher oder später möglicherweise jeder Einzelne von uns. Mit Pflege meinen wir menschliche Interaktion, soziale Zuwendung und Kümmern. Deswegen ist es weniger der Roboter, den wir uns für die Älteren – und uns selbst im Alter – wünschen.

Aus eigener Erfahrung: Mein Vater war einige Monate in einer Pflegeeinrichtung. Die Menschen dort haben ihn liebevoll betreut und gepflegt. Man spürte regelrecht, dass sie den Job gewählt hatten, weil sie sich um alte Menschen kümmern wollen. Erlebt habe ich viele Pfleger allerdings auch beim umfassenden Dokumentieren inmitten dicker Akten, beim Pillenzählen und bei unzähligen Telefonaten mit dem Arzt.

Wie wäre es, wenn einige der administrativen Aufgaben künftig von Maschinen übernommen werden könnten und der Mensch wieder mehr Zeit für den Menschen hätte? Und wenn in Zeiten der Langeweile das eine oder andere spielerische digitale Element in den Alltag der alten Menschen Einzug finden würde? Wenn sie ein wenig mehr herausgefordert werden würden? Gerade im Alter sind Herausforderungen wichtig, denn auch dann noch bildet sich das Gehirn weiter aus:[163] Neuroplastizität ist immer dann zu beobachten, wenn der Mensch etwas erlebt, was ihm unter die Haut geht. Dies gelingt weniger durch Fernsehen oder Sudoku-Lösen als vielmehr durch Erlebnisse, die den Menschen emotional berühren.

Paro – die Pflegerobbe – und ich

Auf einer Konferenz traf ich Paro, eine mit unzähligen Sensoren durchsetzte flauschige Roboter-Robbe in den Ausmaßen einer echten Babyrobbe. Die Entwicklung aus Japan, wohl eine der technologiefreudigsten Nationen, soll Menschen mit Demenz erreichen und wird als Therapierobbe eingesetzt. Sie reagiert auf Berührung, Sprache und Licht. Die Menschen entwickeln eine Beziehung zu dem »Tier«. Positive psychologische Effekte wurden dabei bereits nachgewiesen. Ich habe mich gleich in das flauschige Computerwesen verliebt und glaube, dass eine solche spielerische Herangehensweise tatsächlich eine gute Unterstützung sein kann, wenn sie auch die Zuwendung des Pflegers oder der Pflegerin nicht ersetzt. Es wird auf das richtige Maß zwischen Computer und Mensch ankommen. Wir werden als Gesellschaft erst noch Erfahrungen sammeln müssen, um die richtige Harmonie zwischen maschineller Unterstützung und menschlicher Zuwendung zu finden.

Ebenso denkbar sind digitale Helfer, die automatisch dokumentieren, wie viel getrunken wurde und ob die Haut genug Feuchtigkeit hat. Selbstverständlich immer unter Berücksichtigung der Datensicherheit, über die wir schon nachgedacht haben. So könnten Pfleger vielleicht wichtige Zeit gewinnen und mit menschlicher Zuwendung Erlebnisse schaffen, indem sie etwa eine Runde mit den alten Menschen spielen. Übrigens, Emily bringt heute schon die Fähigkeit mit, diese digitalen Helfer zu programmieren.

Viel wichtiger noch als die Fähigkeit, digitale Geräte zu steuern, ist die ethische Frage, die sich im Gesundheitsfeld stellt. Wenn wir etwa im Altenheim wohnen und möglicherweise selbst nicht mehr in der Lage sind, Entscheidungen zu treffen, können wir hoffen, dass die Einrichtung in unserem Sinne handelt. Sei es, dass sie Roboter einsetzt, um uns ein Getränk zu bringen oder uns womöglich zu pflegen, oder dass sie uns dort eine »elektronische Fußfessel« in Form eines kleinen Chips am Arm oder womöglich unter der Haut anlegen lässt, die einen Alarm auslöst, wenn wir das Haus verlassen.

Die ethische Diskussion ist wichtig und sollte verstärkt geführt werden. Wieder gilt: Nicht alles, was technisch machbar ist, ist auch gut für den Menschen. Beeindruckt hat mich die Entscheidung der Theologen eines christlichen Altenheims: Trotz vorhandener Technologie ließen sie kein Weglauf-Warnsystem einbauen, das Alarm schlägt, wenn ein Heimbewohner das Haus verlässt. Wichtiger ist, dass der Mensch seine Freiheit hat und nicht eingesperrt wird, selbst wenn dieser sich dann in Gefahr begibt. Das gleiche Heim, bzw. der christliche Träger einer ganzen Reihe von Heimen, entschied ebenso, dass der Tod zum Leben dazugehört. Verstorbene Menschen werden dort durch die Eingangstür auf ihre letzte Reise geschickt und nicht durch die Hintertür, wie es anderswo praktiziert wird. Das nenne ich eine klare Haltung, dem Menschen und der Maschine gegenüber.

Gesundheit – der Mensch wird zum Fall

Betrachten wir das Gesundheitswesen, eine Disziplin, bei der es um den Menschen geht. Er soll gesund bleiben oder gesund werden.

Prävention, also die Vorbeugung von Krankheiten, ist die beste Maßnahme zur Gesunderhaltung des Menschen; ein Gedanke, der sich zunehmend durchsetzt. Allerdings hat sich in der westlichen Welt ein starkes System entwickelt, das fast einer Maschinerie gleicht, die Krankheit verwaltet. Statt das Ergebnis – den gesunden Menschen – im Blick zu haben, werden Symptome und Krankheiten behandelt. Schon deutlich bevor die Digitalisierung Einzug hielt, war also der Fokus bereits mehr auf den Prozess des Gesundheitssystems (bspw. den Betriebsablauf im Krankenhaus) und das Beheben eines isolierten Symptoms beim Patienten als auf den Menschen als Ganzes gerichtet und die Weichen waren entsprechend gestellt. Wir müssten mit oder ohne Digitalisierung zurück zur Frage: Wie gelangt der Mensch als ganzheitliches Subjekt wieder in den Mittelpunkt?

Seit etwa dem Jahr 2000 hielt das sogenannte Fallmanagement in Deutschland Einzug ins Gesundheitswesen. Aus den USA kommend, ist seitdem, anlässlich juristischer Auseinandersetzungen, vom Case (engl. Fall) die Rede, wenn Sie sich etwa im Krankenhaus aufnehmen lassen. Ärzte, Schwestern und Patienten sind Beteiligte der »Fall-Behandlung«. Dabei hat jeder Einzelne im Gesundheitssystem, sei es Pfleger, Arzt oder Physiotherapeut, seinen Job gewählt, weil er am und für den Menschen arbeiten will. Jeder möchte einen wirklich guten Job machen, aber der fest definierte Prozess, festgesetzte Zeiten und Quoten sowie die umfassende Dokumentation machen es fast unmöglich, richtig gut für den Menschen da zu sein. Ich habe zig Beispiele erlebt in den letzten Jahren, bei mir selbst, in der Familie und bei Freunden, und empfand das System manchmal als nahezu menschenunwürdig. Wohlgemerkt, nicht die Menschen, die sich einsetzen, sondern die »Maschinerie«, der die Patienten ausgesetzt sind.

Noch bevor die Digitalisierung Effizienzsteigerungen versprechen konnte, zielte der heutige Krankenhausalltag auf die Wirtschaftlichkeit ab. Die Aufgabe des Fallmanagers als ausführendes Organ unseres heutigen »Gesundheits«systems ist es, die Kosten bei gleichbleibend guter Qualität zu senken und die Verweildauer der Patienten zu verkürzen.

Ganz anders dagegen funktioniert Prävention. Berühmt dafür ist die chinesische Medizin. Die Sage erzählt, dass Ärzte im alten China nur bezahlt wurden, solange der Patient gesund war. Auch wenn diese Überlieferung nicht bestätigt ist, so ist die Vorstellung, dass man den Menschen als Ganzes betrachtet und so seine Gesundheit zu erhalten versucht, hochattraktiv.

Vielleicht kann die Digitalisierung dabei helfen, einerseits den Menschen ganzheitlich zu betrachten, andererseits ihn dabei zu unterstützen, präventiv zu leben? Denn die allermeisten Krankheiten lassen sich durch das eigene Verhalten verhindern oder zumindest positiv beeinflussen. Fitnesstracker motivieren bspw. ihren Träger zu mehr Bewegung, nachweislich eine der besten Vorsorgemaßnahmen für die Gesundheit. Ein regelmäßiges Yoga-Training mit dem Yoga-Trainer auf YouTube kann helfen, einen weiteren Krankheitsfaktor zu reduzieren: Stress. Soziale Kontakte dagegen lassen sich wohl kaum digital ersetzen, aber möglicherweise ein kleines Stück weit ergänzen, wie etwa durch soziale Medien oder Videotelefonate. Wohlgemerkt, die Menge ist hier entscheidend, denn den persönlichen Kontakt werden sie nie vollständig ersetzen.

Dagegen finde ich es befremdlich, zutiefst menschliche Tätigkeiten, die Empathie oder soziale Interaktion erfordern, auf den Roboter zu übertragen. Der Pflegeroboter kann vielleicht genauer Medikamente zählen und gerne auch verteilen – sofern die KI eindeutig den richtigen Patienten erkennt –, dagegen wird der digitale Kollege nicht in der Lage sein, voller Empathie eine schwere Diagnose zu übermitteln oder dem Patienten Mut zuzusprechen. Dass Empathie bspw. deutliche Auswirkungen auf den Behandlungserfolg zeigt, lernte ich in einem Vortrag der Psycho-Onkologin Dr. Andrea Petermann-Meyer. Die Expertin im Uni-Klinikum Aachen berichtete von einer Studie, in der Krebspatienten nachweislich bessere Behandlungserfolge zeigten, wenn der Arzt beim Überbringen der schweren Diagnose Mitgefühl zeigte.

Um ein bestmögliches Gesundheitssystem auch in der Digitalität zu schaffen, muss hier also der Mensch ins Zentrum, sowohl der Patient oder Pflegebedürftige als auch der Arzt, der Pfleger und alle an der Behandlung Beteiligten. Wir sollten den verantwortlichen Ärzten, Pflegern und Therapeuten wieder die Zeit und Verantwortung geben, sich selbstbestimmter um den Menschen kümmern zu können, und zwar von Mensch zu Mensch. Dazu gehört Ruhe und keine Behandlung im Minutentakt, das Gespräch und das Miteinander-in-Kontakt-Kommen.

Gleichzeitig sollten wir den digitalen Technologien die Dinge anvertrauen, die sie besonders gut können: Routinen automatisieren, bei denen kein Mensch gebraucht wird, automatisch gesicherte Erkenntnisse aus Daten ziehen und Diagnosen unterstützen etwa, um diese Zeitvorteile den behandelnden und pflegenden Menschen zu schenken. Entscheidungsunterstützungssysteme gibt es schon seit den 80er-

Jahren, zunehmend gewinnen sie auch in der Medizin an Bedeutung. Wenn der Arzt durch künstliche Intelligenz objektive Hinweise zur Analyse von Blutwerten oder Röntgenbildern erhält, ist das ein möglicher Weg zu besseren Therapien – sofern der Mensch (Patient und Arzt) im Mittelpunkt steht.

Zu diesem Schritt gehört auch Mut, und mitunter werden wir zehnmal so groß denken müssen, um effektive Lösungen zu erzielen. Denkbar wäre, dass Kostenvorteile erzielt werden, wie etwa bei der 1-Dollar-Brille oder den Augenoperationen, die nur noch ein Zehntel vom Üblichen kosten. Und dies sollte dem Patienten zugutekommen. Ich war sehr erstaunt, als ich vor einiger Zeit auf der Rechnung des Orthopäden einen Aufschlag für die digitale Ablage meiner Röntgenbilder zahlen sollte. Meine Erwartung war, dass es digital günstiger wird. Experten sagen, das Teuerste im Gesundheitssystem ist die Medizintechnik. Wenn dem so ist, dann sollten wir beginnen zu überlegen, wie wir zehnmal so gut werden und genau diese Kosten reduzieren. Letztlich sollte die Neuerung dem Patienten dienen, in Form von noch besseren wie etwa sanfteren Behandlungen, aber auch von reduzierten Kosten.

Wenn wir den Menschen in den Mittelpunkt stellen, heißt dies auch, der Vermittlung sozialer Kompetenzen einen größeren Stellenwert einzuräumen. Auf Detailwissen, das der Computer übernehmen kann, könnten Medizinstudenten vielleicht verzichten. Nicht aber auf die Fähigkeit, mit dem Menschen umzugehen, sich in seine individuelle Situation hineinzuversetzen und die bestmögliche Therapie zu wählen. Im besten Fall ist die soziale Kompetenz in Zukunft ein stärkeres Auswahlkriterium für alle menschenzugewandten Jobs als der Einser-Schulabschluss mit reinem Faktenwissen.

Medizin 4.0

Wie kann das Digitale uns Menschen in der Medizin nutzen?

Interessant ist in diesem Feld die Forschung von Universitätsprofessor Harald Schmidt, den ich seit einigen Jahren kenne und schätze. Er ist Professor und Leiter des Departments für Pharmakologie und Personalisierte Medizin an der Fakultät für Gesundheit, Medizin & Naturwissenschaften an der Universität Maastricht und forscht zu »Medizin 4.0«. Von ihm lernte ich, dass bislang bspw. Medikamente, die neu auf dem Markt kommen, im Test meistens an freiwilligen jungen Männern getestet werden (da ist er wieder, der Biomarkteffekt). Dass aber bspw. ein Medikament im männlichen Körper ganz anders wirken kann als in einem weiblichen, leuchtete meinem gesunden Menschenverstand gleich ein. Damit wurde mir schlagartig bewusst, dass seine Aussage, die Medizinforschung stünde erst ganz am Anfang, den Nagel auf den Kopf trifft.

Diese Sicht auf die Gesundheit fasziniert mich: eine ganzheitliche Betrachtung des Menschen, die wir treffend Gesundheits- und nicht Krankheitsmedizin nennen.

Wie geht Medizin 4.0?

Wie kann die Vernetzung der bisherigen Erkenntnisse aus der Forschung helfen, eine bessere Medizin für mehr Gesundheit zu schaffen? Möglicherweise offenbart erst die Objektivität der Bits und Bytes neue Zusammenhänge.

Wie kann ich Krankheiten vorbeugen? Welche Krankheiten hängen zusammen? Und kann es sein, dass Medizin, die heute gegen Demenz verordnet wird, morgen etwa auch gegen Tinnitus hilft? Das wäre eine Sensation. Denn statt Milliarden in die Erforschung neuer Medikamente zu investieren, würde man »lediglich« eine neue Zuordnung benötigen und könnte möglicherweise noch besser und vielleicht ganzheitlicher heilen. Falls vergleichsweise schnell und mit deutlich weniger Kosten neue Hilfe bei Krankheiten gefunden würde, wäre das eine solche »Zehnmal-Herangehensweise« und hätte massive Auswirkungen sowohl auf das Wohl der Gesellschaft als auch auf die Kosten, die im Gesundheitswesen heute ungebremst scheinen. Was wäre also, wenn die technologischen Möglichkeiten der Datenanalyse uns eine ganz neue Dimension aufzeigen würden?

Die These ist: Medizin, Diagnostik und Arzneimittelentwicklung befinden sich weltweit in einer massiven Innovationskrise. Denn in der Vergangenheit wurden Krankheiten zu sehr an Organen festgemacht und entsprechend leben wir heute in einer Medizinwelt der Spezialisierung. Mit Herzproblemen gehen wir zum Kardiologen, dem Herzspezialisten. Ohrenschmerzen führen uns zum Hals-Nasen-Ohren-Arzt und Magenprobleme zum Gastroenterologen. Wenn wir den Menschen als ganzheitliches System denken, dann passt die aktuelle Einteilung des Gesundheitssystems aber nicht so recht, oder?

Das Team an der Uni Maastricht geht also der Frage nach, welche Krankheiten in Zusammenhang stehen. Der Ansatz: Es gibt unglaublich viel wissenschaftliche Forschung zu Krankheiten und therapeutischen Ansätzen. Kritisch dabei ist, dass weniger als die Hälfte der Forschung reproduzierbar ist. Die Frage ist also, welche Zusammenhänge wirklich stark sind und als gesichert gelten können. Das OMIM-Projekt[164] in den USA sammelt basierend auf der mendelschen Vererbungslehre kontinuierlich Forschungsergebnisse zum menschlichen Genom und zu Erkrankungen und stellt diesen Fundus Medizinern und Forschern zur Verfügung. Derzeit sind ca. 25 000 Studien eingetragen, die Untersuchungen mit etwa 50 Millionen Patienten weltweit repräsentieren.

Diese wissenschaftlichen Artikel zur Gesundheit bzw. Krankheit der Menschen wurden mit den neuesten digitalen Möglichkeiten der Big-Data- und Text-Datenanalyse durchforstet und das sogenannte Human Disease Network (Netzwerk menschlicher Krankheiten) er-

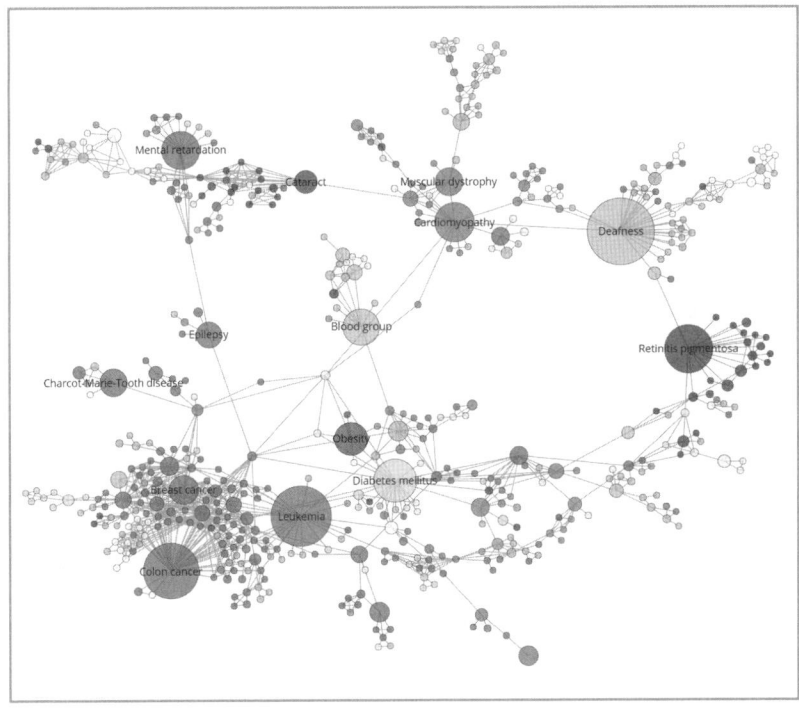

Netzwerk menschlicher Krankheiten, dargestellt als Plotly-Plot

stellt.[165] »Knoten sind Krankheiten. Zwei Krankheiten sind miteinander verbunden, wenn sie eine genetische Komponente haben.«[166] Ein typisches Beispiel digitaler Möglichkeiten, denn unser Gehirn kann die Zusammenhänge aus Tausenden von Texten nicht herstellen. Hierbei sind die Maschinen sehr hilfreich.

Mit ihrer Hilfe lassen sich Zusammenhänge im ganzen Patienten erkennen, Krankheiten neu nach ihren Ursachen definieren sowie Arzneimittel viel präziser einsetzen,

erklärt Prof. Harald Schmidt[167], wie er den Innovationsstau aufzubrechen versucht. Und tatsächlich zeigt diese ganz neue Betrachtung von Krankheiten neue Zusammenhänge, wie Sie in der abgebildeten Netzwerk-Grafik erkennen können. Viele Krankheiten zeigen Zusammenhänge und bilden ein ganzheitliches Bild des Menschen ab.

Die Forschung des Maastrichter Teams hat ein klares Ziel: Die Betrachtung könnte Potenziale für bereits anerkannte Präparate aufzeigen, für die Erfahrungen vorliegen, und so teure, umfassende wissenschaftliche Forschung für neue Präparate obsolet machen. Sollte uns dies gelingen, würde die Digitalisierung einen wirklich revolutionären Schritt für den Menschen bedeuten. Behandlungen mit bestehenden Ressourcen würden effektiver. Und noch viel wichtiger: Wir lernen mehr über ganzheitliche Ansätze für mehr präventive Medizin, also die Vermeidung und Vorbeugung von Krankheiten.

Ihr Nutzen

Vielleicht fragen Sie sich: »Was habe ich davon?« Die Vernetzung bietet bereits unmittelbar für den Einzelnen die Möglichkeit einer besseren Therapie, insbesondere bei seltenen Krankheiten. Seit vielen Jahren gibt es zum Beispiel im amerikanischen Markt die Plattform »Patients like me«[168].

Und wenn Sie Lust haben, regelmäßig praktische Tipps für einen gesunden Alltag zu erhalten, dann empfehle ich Ihnen Prof. Harald Schmidts Podcast »Gesünder mit praktischer Medizin«.[169] Er teilt regelmäßig Erkenntnisse aus der Medizin, die jeder von uns verstehen und umsetzen kann.

Wie funktioniert eigentlich Textmining?

Bevor wir fortfahren, möchte ich noch einmal die Textanalyse aufgreifen und erläutern, weil dies eine Revolution der Analysemöglichkeiten durch die Digitalisierung darstellt. Automatische Textanalyseverfahren, das sogenannte Textmining, untersuchen Texte und finden Strukturen sowie Zusammenhänge. Sie gehören auch zu den Verfahren der künstlichen Intelligenz, die mich schon viele Jahre beschäftigt.

Stellen wir uns vor, wir schürfen nach Erkenntnissen in Texten, so wie die Goldgräber in Zeiten des Goldrauschs nach Werten in Form von kleinen Goldnuggets gesucht haben. Vergleichbar sucht die Maschine heute für uns in großen Mengen Text. Dies entspricht übrigens auch dem Prinzip von Google. Die dargestellten Suchergebnisse entstehen durch das Durchsuchen der Texte auf den für Google erreichbaren Webseiten. Die Treffer, die Google ganz oben anzeigt, sind wahrscheinlich besonders relevant für Sie.

Bleiben wir beim Goldgräber: So wie er eine Menge Kiesel ins Sieb gibt und rüttelt, kann man sich das Vorgehen auch beim maschinellen Textmining vorstellen. Texte werden vorbereitet, bevor die eigentliche Analyse beginnen kann. In dieser Vorverarbeitung siebt man Uninteressantes zunächst aus. Stellen Sie sich einen längeren Text vor und fragen Sie sich, welche Elemente Sie brauchen, um ihn zu verstehen. Erstaunlich viel fällt dabei weg.

Nehmen wir ein Zitat des Dalai Lama:

Falls du glaubst, dass du zu klein bist, um etwas zu bewirken, dann versuche mal zu schlafen, wenn eine Mücke im Raum ist.

Sie verstehen den Sinn auch, wenn der Text vom Textmining-Algorithmus reduziert wurde auf:

Falls glaubst, klein, bewirken, versuche schlafen, Mücke Raum.

Vergleichbar werden Texte mit digitalen Methoden des Textminings reduziert, um sie für die Maschine verarbeitbar zu machen. Zusammenhänge, Vernetzungen und Strukturen lassen sich so schnell auffinden, ähnlich wie beim Netzwerk der Krankheiten.

Durch das Raster fallen bspw. Füllworte oder nicht zentrale Satzelemente, wie »dass« oder »mal«. Je größer man das Raster des Siebs wählt, desto mehr Text fällt weg und desto größer wird natürlich auch die Gefahr, dass der Sinnzusammenhang verloren geht. Typischerweise definiert der Mensch hierzu sogenannte Stopp-Worte, die bei der weiteren Betrachtung einfach weggelassen werden. Das System merkt sich aber, was dort stand. Auch hier kommt gesunder Menschenverstand zum Einsatz. Denn so, wie wir das System trainieren, analysiert es später. Es ist also nicht die Maschine allein, die ein Ergebnis liefert, sondern bei jeder Datenanalyse spielt der Einfluss des Menschen eine wesentliche Rolle, auch wenn dieser im Ergebnis nicht unmittelbar ersichtlich ist.

In einem weiteren Schritt werden Worte etwa auch auf ihren Wortstamm reduziert, damit Texte vergleichbarer werden. Unser Beispiel oben hieße dann etwa

Falls glaub, klein, bewirk, versuch schlaf, Mück Raum.

Ich vermute, das verstehen Sie immer noch. So arbeitet der Computer, der sich durch Unmengen von Texten arbeitet. Und während wir bei großen Textmengen spätestens ab Seite zwei oder drei Schwierigkeiten haben, uns zu merken, was auf Seite eins stand, kann der Computer beliebig viele Texte verarbeiten. Eben auch Zehntausende von Seiten.

Sie erkennen schon an dem einen Satz, dass es aber mehr braucht als ein technisches Zerlegen, um den Sinnzusammenhang zu verstehen. Sie haben sicher den übergeordneten Sinn wahrgenommen, nämlich dass die Mücke Stellvertreter für etwas ganz Kleines, Nerviges ist. Vielleicht haben Sie es sogar auf sich selbst und eine Situation übertragen, in der Sie gerade jemand piesackt. Die Maschine tut beides selbstredend nicht. Sie zerlegt, versteht aber nicht, geschweige denn, dass sie es persönlich nimmt.

In einem weiteren Schritt kann der Algorithmus vergleichen und Beziehungen herstellen. Würde man ihn losschicken, um Verbindungen zu anderen Zitaten großer Denker herzustellen, käme er bspw. mit einer Verbindung über »glauben« zu Seneca.

*Jeder will lieber glauben als nachdenken, und so wird nie
über das Leben nachgedacht.*

Sie merken sofort: Die Bedeutung von »glauben« ist in beiden Beispielen unterschiedlich. Der Rechner würde sie dagegen gleich behandeln. Und Sie haben ein schönes Beispiel dafür, wo der Mensch ins Spiel kommt und den Sinn ergänzt.

Sie könnten sich im Netzwerk großer Denker bewegen und schauen, welche Zusammenhänge möglicherweise im Kontext Ihres Denkens neue Perspektiven eröffnen. Vielleicht könnte es auch als Zitatquelle dienen oder neue Zusammenhänge aufdecken, wie im Medizinbeispiel oben.

So kann man sich vorstellen, dass der Computer sich von Text zu Text hangelt und Zusammenhänge sucht, die sich nicht auf den Sinn, sondern lediglich auf identische Worte beziehen. In der semantischen Textanalyse, einer häufig eingesetzten Form, würde man auch den Satzaufbau betrachten, Verben von Substantiven getrennt darstellen und vernetzen. Den Worten würde eine Bezeichnung zugeordnet, wie im Medizinbeispiel Krankheiten und Genome. Die Maschinen versuchen nicht wirklich zu verstehen, was gemeint ist, aber Strukturen aufzudecken, mit denen der Mensch arbeiten kann.

Zum Verständnis: Denken Sie an das Beispiel der künstlichen Intelligenz, die das Bild von einem Koala erkennen soll. Bei Texten ist es etwas einfacher. Sobald ein System die vielen verschiedenen (auch falschen) Schreibweisen eines Wortes kennengelernt hat und seinen »Sinn« vom Menschen beigebracht bekam, versteht es auch den Inhalt über eine Art Lexikon im Hintergrund. Aber natürlich nur im Sinne einer Maschine. Die Maschine verarbeitet den Text entsprechend der menschlichen, lexikalischen Vorgabe.

Ähnlich arbeiten die inzwischen recht beliebten »Bots« (kurz für Ro»bot«er), die eine automatische Antwort auf Ihre Frage generieren, so wie in dem Beispiel, bei dem ein Google-Sprachassistent einen Friseurtermin vereinbarte. Wenn Sie etwa beim Kundenservice Ihres Mobilfunkproviders auf einen solchen Bot treffen und ihm eine Frage stellen (tippen), dann sucht er in all dem Gelernten im Hintergrund nach einer passenden (vordefinierten) Antwort. Sie fragen »Welche Tarife gibt es?«, und der Bot schickt eine Übersicht der verfügbaren Angebote. Die Tatsache, wie gut die Datenbank gepflegt ist und das Lernen dieses Algorithmus begleitet wird, bestimmt, wie erhellend seine Antwort ausfällt. Manch ein Bot ist schon irritiert, wenn Sie nach dem Wetter fragen, ein anderer geht hiermit noch souverän um und antwortet vielleicht mit: »Heute sonnig, um die 20° Celsius. Können wir zum Thema zurückkommen: Haben Sie noch Fragen zu unseren Tarifen?« In jedem Fall ist es wünschenswert, dass Sie den Bot erkennen können, also wissen, dass es sich nicht um einen Menschen handelt. Selbst wenn er nicht als solcher markiert ist, unterscheiden Sie heute vermutlich in 99 % der Fälle anhand der maschinell wirkenden Antworten den Bot von einem Menschen. Mit dem Fortschreiten der Technologie könnte sich das ändern und der Bot liefert menschenähnlichere Antwortqualitäten. Ein Grund mehr, sie künftig zu kennzeichnen – schließlich agieren sie nicht auf »menschlicher« Augenhöhe.

Sprachassistenten funktionieren vergleichbar, nur dass sie das gesprochene Wort aufnehmen, dieses im Hintergrund in Text umwandeln und darauf wiederum mit Sprachausgabe reagieren. Spracherkennung funktioniert inzwischen nicht schlecht. Man kann allerdings auch erkennen, wo viel Zeit und Geld in die Entwicklung dieser Technologie gesteckt wird, denn die ist nach wie vor nötig. Die großen Anbieter im Markt haben einen entsprechend großen Vorsprung. In der vernetzten Welt gibt es inzwischen viel Programmcode, der in sogenannten Bibliotheken zur Verfügung gestellt wird, sodass gerade auch kleine Firmen die Möglichkeit haben, durch geschickte Vernetzung und Ergänzung ein eigenes starkes Angebot zu schaffen. So arbeiten auch wir in unserer täglichen Arbeit als digitale Gestalter.

Dazu ein letztes Beispiel aus unserem Alltag. Textinhalte lassen sich automatisiert aufbereiten, indem man ihnen eine Systematik beibringt. Kurz hatte ich die sogenannte Ontologie erwähnt. So arbeiten wir bspw., um vielfältige Kundenaussagen übersichtlich darzustellen, etwa was und wie viel zu funktionalen oder emotionalen Aspekten gesagt wurde. Betrachten wir als Beispiel aus dieser Perspektive die Frage, was die Menschen zur Digitalisierung denken.

Das Bild zeigt ein Ergebnis der Textanalyse[170], die mit Einsatz künstlicher Intelligenz automatisch Texte verdichtet und Zusammenhänge in großen Datenmengen offenbart. Ergebnis der Textanalysen sind »Landkarten«, die Inhalte und ihre Struktur aufdecken. Eine Darstellungsform dieser Landkarten sind TreeMaps. In diesen werden die Antworten als visuelles Mapping gezeigt. Je größer ein Farbfeld, desto stärker ist diese Kategorie in den Antworten vertreten.[171]

Wir sehen vor allem Funktionen (grün rsp. oben links, 28 % der Aussagen) und Handlungen (rot rsp. unten links, 26 %). Mit deutlichem Abstand folgen konkret benannte Emotionen (rosa rsp. 2. Spalte

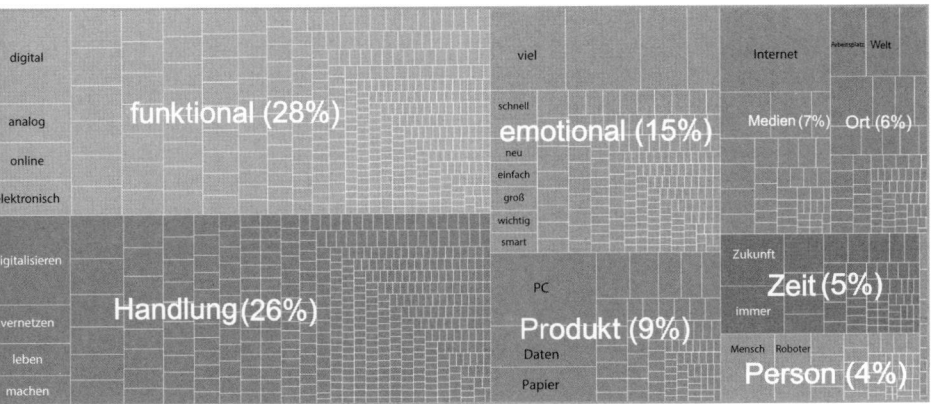

Was denken Sie über die Digitalisierung?

oben, 15 %). Die funktionalen Assoziationen sind digital, analog, online oder auch elektronisch.

In den Handlungen geht es um das vernetzte Leben in Zeiten der Digitalisierung. Vor allem die Arbeit ist davon betroffen. Die Digitalisierung vereinfacht vieles und bringt Erleichterung, macht uns aber auch in höherem Maße verfügbar, argumentieren die Teilnehmer. Bei den Emotionen erkennen wir eine Überforderung: Alles wird zu viel und zu schnell.

Medizin – technisch ist vieles möglich

Zurück zur Medizin: Technologisch ist heute schon viel möglich und wir sehen eine dynamische Entwicklung zukünftiger Möglichkeiten. Die Frage ist: Welche Optionen sind ethisch vertretbar und wo begegnen sich Patient und Arzt, Pflegebedürftiger und Pfleger mithilfe von digitalen Technologien auf Augenhöhe?

Wir haben auf der anderen Seite große Bedarfe. Nicht nur die alternde Gesellschaft weltweit und der Mangel an Pflegepersonal, sondern auch die Unterversorgung mit Ärzten auf dem Land sind Themen der Zukunft. Wir werden über Lösungen diskutieren, wo Mensch-zu-Mensch und Mensch-zu-Maschine harmonieren. Wo die Videosprechstunde etwa für Menschen auf dem Land ohne Arzt in der Nähe eine gute Lösung sein kann. Dennoch brauchen wir die Balance und müssen mit Blick auf das große Ganze berücksichtigen, dass Technologien die Mensch-zu-Mensch-Beziehung nicht vollständig ersetzen können.

Apps

Zu guter Letzt können die vielen Gesundheits-Apps uns unterstützen, solange wir uns ausreichend emanzipieren und nicht fernsteuern lassen. Ich gebe zu, das müssen wir Menschen erst noch lernen.

So können die eigene Wahrnehmung und Gesundheits-Apps ineinandergreifen. Nehmen wir das Beispiel einer Schlaf-App. Ausreichend Schlaf ist, ebenso wie Bewegung und gesunde Ernährung, ein wichtiges Element eines gesunden Lebens. Meine Schritte und meinen täglichen Kalorienverbrauch verfolge ich bereits mit meiner Smartwatch. Nun wollte ich meinen Schlaf besser kennenlernen und behielt meine smarte Uhr einige Wochen auch nachts an. Obwohl ich ein Fan digitaler Technologien bin, ist mir nicht ganz wohl dabei, die Technik ständig nah an meinem Körper zu haben. Vor allem nachts. Aber mich interessierte die Schlafanalyse, also machte ich den Versuch und lernte eine Menge über meinen Schlaf. Ich schätzte etwa die Einschlafphase viel länger ein, als sie tatsächlich war. Außerdem war es spannend zu sehen, wie viel Tiefschlaf, Leichtschlaf oder REM-Schlaf ich nachts bekam. Die intelligente Analyse der App lernte täglich hinzu und erklärte mir nach wenigen Wochen, dass ich eine Lerche, also ein Frühaufsteher, bin und wann meine beste Schlafenszeit ist. Ich befolge seitdem den Rat und bin tatsächlich ausgeschlafener. Die Smartwatch und App brauche ich dafür nicht mehr.

Sie hat mir geholfen, mehr über meinen Schlaf herauszufinden, aber ich muss selbst ein gutes Gefühl dafür entwickeln, statt mich komplett auf die Maschine zu verlassen. Es liegt an uns selbst, wie wir mit der digitalen Technologie umgehen.

Mobilität

Mobilität gehört zu den Bereichen, die sich ganz rapide verändern werden. Die »Computerisierung« der Elektronik im Fahrzeug schreitet in unglaublich hoher Geschwindigkeit voran. Die Vernetzung von Fahrzeugen untereinander oder (per App) mit Menschen ist einer der Beschleunigungsfaktoren dieser Entwicklung.

Das heutige Automobil gleicht kaum noch Carl Benz' Erfindung des Patent-Motorwagens Nummer 1 aus dem Jahr 1886. Damals erzeugte die neue Möglichkeit, sich mit motorisierten Pferdestärken fortzubewegen, die Begehrlichkeit, ein eigenes Automobil zu besitzen und sich frei von A nach B bewegen zu können.

Digitalität – autonomes Fahren

Interessant ist die Frage, wie wir Mobilität und Digitalität in der Zukunft leben wollen. Mit Blick auf die Zukunft wird das autonome Fahren viel diskutiert. Seit einigen Jahren sind erste Fahrzeuge auf den Straßen, die teilautomatisiert fahren. Etliche Sensoren sind in diesen Autos verbaut, die mit entsprechender Software gesteuert Autopilotfunktionen bieten. Der Deutsche Bundestag verabschiedete im März 2017 sogar einen Gesetzesentwurf, der die Verwendung des hoch- oder vollautomatisierten Fahrens auf deutschen Straßen erlaubt.[172] Einzige Bedingung: Der Fahrer kann jederzeit eingreifen, falls es nötig ist.

Als ich zum ersten Mal mit einem solchen Fahrzeug fuhr, war es zunächst merkwürdig, dem Automobil so viel Kontrolle zu überlassen. Aber innerhalb kürzester Zeit fühlte ich mich sehr sicher. Sicherer sogar als in meinem klassischen Kfz. Die gefährlichsten Manöver sind manuelle Vorgänge: Sei es, dass ein anderer Verkehrsteilnehmer in den automatisch gehaltenen Sicherheitsabstand vor mir fährt oder unerwartet nah an mein Fahrzeug heranfährt. Wenn ich diese Vorgänge dem automatisierten Auto überlasse, schubst es sich selbst ein wenig zur Seite, bevor es gefährlich werden könnte, und beachtet dabei den gesamten Raum um das Fahrzeug herum. Dazu wäre ich mit meinen menschlichen und geistigen Fähigkeiten in so kurzer Reaktionszeit gar nicht in der Lage.

Der Fahrer muss eingreifen und jede Situation im Straßenverkehr manuell übernehmen können, sobald es nötig wird. Das ist gut und richtig so. Wir sprechen vom teilautomatisierten Fahren, das heißt, es ist immer noch ein Fahrer hinter dem Steuer. Wenn dies nicht mehr erforderlich ist, bewegen wir uns in der sogenannten Autonomiestufe 5, dem voll automatisierten Fahrzeug. Allerdings sind wir von der reinen Autonomie noch sehr weit entfernt. Jede ungewohnte Straßensituation, wie etwa ein wild geparktes Auto, bringt die heutigen Fahrzeuge noch aus dem Konzept.

Das »intelligente Auto« lernt. Merkt es, dass ich manuell eingreife und eine andere Strecke, bspw. um die Verkehrsinsel herum, fahre und dies immer wieder tue, ändert es nach einer gewissen Zeit selbstständig seine Routenführung. Fahre ich mir bspw. am Bordstein einer Verkehrsinsel einen Platten, hebt die Luftfederung des Fahrzeugs (sofern technisch entsprechend ausgestattet) an dieser Verkehrsinsel beim nächsten Mal automatisch an. Das vernetzte Fahrzeug speichert diese Information an zentraler Stelle beim Automobilhersteller. Da auch viele andere Autofahrer an dieser Verkehrsinsel und an anderen nicht geradeaus verlaufenden Strecken manuell eingreifen und dies registriert wird, entsteht eine große Datensammlung, an welchem Ort der Fahrer manuell korrigieren musste. Die gesammelten Informationen stellen die Basis des Lernens dar. Tatsächlich passiert das spürbar. Mein Auto wusste nach einiger Zeit, dass eine stärkere Biegung kommt, und konnte sie souverän umfahren.

Jetzt bin ich sehr technologiefreudig und probiere digitale Neuheiten gerne aus. Mich treibt die Frage an, wie neue Technologien und Möglichkeiten wirklich dem Menschen dienen können. Wie können sie das Leben des Einzelnen verbessern und wie kann die Technik mehr in den Hintergrund treten und der Mensch in den Vordergrund?

Sie mögen vielleicht sagen: »Aber das ist ja gruselig, wenn all diese Daten über mich gesammelt werden.« Und wir haben bereits gesehen, dass dies ein kritischer Punkt ist. Wer was über Ihre Fahrten einsehen kann, sollte entsprechend ethischer und Standesregeln klar geregelt sein. Wenn ich Ihnen erzähle, dass auch mein Mann in der App des Autos jederzeit sehen kann, wo das Auto sich befindet, werden Sie möglicherweise denken: »Das ist mir nicht geheuer.« Vielleicht beruhigt es Sie etwas, zu erfahren, dass man die Funktion ausschalten kann. Mich selbst stört es nicht, er darf sehen, wo ich wie schnell entlangfahre, wo das Auto parkt, aber auch, ob es geladen werden muss. Szenen aus der Familie sind dann bspw., dass ich per Flugzeug von einem ferneren Ziel zurückreise, das Auto am Flughafen geparkt ist und die Kinder abends noch auf mich warten: »Papa, kommt die Mama nach Hause, bevor ich ins Bett gehe?« Der Papa guckt nach und kann sehen, ob das Auto immer noch am Flughafen steht und ich es rechtzeitig nach Hause schaffen kann oder nicht.

Ich habe oftmals gehört, dass viele nicht wollen, dass Partner und Familie oder auch Kollegen wissen, wo man (bzw. das Auto) sich befindet. Aber was ist mit der Tatsache, dass der Automobilhersteller weiß, wann Sie wo wie schnell gefahren sind? Oder womöglich Ihre Versicherung? Inzwischen gibt es einige Versicherungen, die Ihnen eine sogenannte Blackbox im Auto anbieten, mit der Ihr Fahrverhalten aufgezeichnet wird. Vielleicht nutzen Sie sogar einen Tarif, der auf Sie angepasst ist, wenn Sie ein besonders defensiver, langsam fahrender Kunde sind? Ist das in Ordnung, sofern Sie wissen, was mit den Daten passiert? Wenn Sie sich bewusst für eine Aufzeichnung entscheiden? Oder haben Sie Sorge, dass diese bspw. im Falle eines Unfalls gegen Sie verwendet werden könnte?

Wir haben kürzlich die Erfahrung gemacht, dass uns die Blackbox von der Versicherung als Service zur Pannenhilfe verkauft wurde. Faktisch aber war es eine Aufzeichnungsmaschine. Nur im Kleingedruckten konnte man dies nachlesen; wir übersahen es im ersten Moment und wunderten uns über den guten Tarif, der uns angeboten wurde. Hier wird es kritisch. Sie sollten zu jedem Zeitpunkt wissen, was wofür über Sie aufgezeichnet wird. Wir haben die Blackbox abgelehnt, weil wir die Aufklärung dazu nicht angemessen fanden.

Lassen Sie uns versuchen, die Dinge einfach und transparent zu halten. Nur dann kann es gelingen, Vertrauen zu gewinnen und zu bewahren. Wichtig ist, uns nicht nur innerhalb der gesetzlichen Pflichten, sondern auch aus einer persönlichen Souveränität heraus daran zu halten.

Wir werden in Zukunft viele neue Services rund um das autonome Fahren erleben, wie etwa den elektrisch betriebenen autonomen Bus, der uns von A nach B bringt.

Beispiel: Elektromobilität

Ein großes Zukunftsthema ist das Elektroauto. Unmittelbar damit verbunden ist das Thema Reichweite und die Angst, mit dem Auto liegen zu bleiben. Woher kommt das?

In den vergangenen Jahrzehnten des Verbrennungsmotors haben wir eines gelernt: Sobald der Sprit im Tank nur noch für 80 km reicht, geht die gelbe Reservelampe an und mahnt, bald eine Tankstelle anzusteuern. Jetzt kommen neue E-Autos auf den Markt, deren Batterie oftmals nicht für mehr als 80 oder 100 km reicht. Und Elektrotankstellen gehören noch nicht so wie die altbekannte Kraftstofftankstelle zum Stadtbild. Da kann mir der Hersteller rational erklären, dass diese Reichweite für ein Stadtauto reicht und man nachts zu Hause (an der noch zu installierenden Stromtankstelle) jederzeit aufladen kann, aber die Gewohnheit sagt etwas anderes: Ich muss ständig laden und fahre quasi immer »auf Reserve«.

Daran schließt sich die nächste Angst aus Unkenntnis an: Wo kann ich laden? Erlaubt mein Vermieter eine E-Tankstelle am Haus? Es sind weniger Ratio und Logik, weniger das langsame Denken nach Kahneman[173], die uns spontan eher zu einer ablehnenden Haltung gegenüber der noch sehr neuen und unbekannten Technologie führen, sondern vielmehr die schnelle Reaktion, die Emotionen wie Sorge, Unsicherheit oder Unkenntnis entspringt. Genau das funktioniert jedoch auch im positiven Sinne, wenn der Nutzen klar auf den Punkt gebracht wird und überzeugend ist.

Beispiel: Der autonome Bus

Ein Beispiel ist das recht futuristische Konzept des autonomen, elektrisch betriebenen Busses. Dieser autonome Bus soll 2020 das erste Mal in Aachen auf die Straße kommen. Wir wollen ihn so entwickeln, dass möglichst viele Menschen ihn nutzen wollen. Das Besondere ist, dass er mittelfristig nicht nur autonom, also ohne Fahrer fahren soll, sondern dass er auch ohne festen Zeit- und Routenplan fährt. Der Bus holt uns zu Hause ab und bringt uns zum Zielort. Er fährt nicht wie ein klassischer Linienbus mit festen Haltestellen und festem Fahrplan, sondern ausschließlich nach Bedarf. Während der Fahrt steigen weitere Passagiere ein. 15 Fahrgäste passen in den e.Go Mover[174], den unser Forschungsprojekt genauer betrachtet.

Was verstehen die Menschen unter dem autonomen Fahren? Was gefällt ihnen und welche Bedenken bestehen? Wir forschen regelmäßig dazu, erstmals, als das beschriebene neue Gesetz 2017 verabschiedet wurde.[175] Es ist eindeutig: Autos, die allein und selbstständig fah-

Was verstehen Sie unter dem autonomen Fahren?

ren, sind schon ein Begriff. Positiv betrachtet, sparen die Menschen mit dem autonomen Fahrzeug Zeit und rechnen mit weniger Unfällen. Im Negativen gilt: Die Sorge, sich auf die Technik verlassen zu müssen, ist groß. Und die Frage ist offen: Was passiert im Fall eines Unfalls? Die Vorstellung, das Lenkrad aus der Hand zu geben, fällt den meisten heute noch schwer.

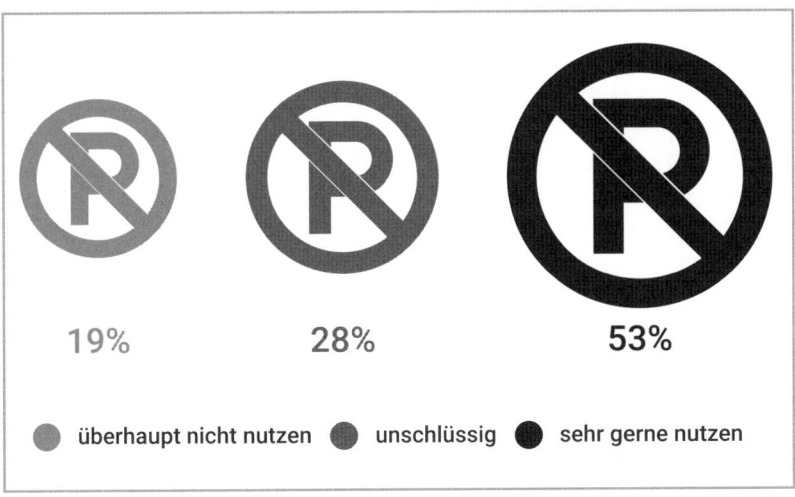

Würden Sie bei schwierigen Parkbedingungen den autonomen Bus nutzen?

Vorteile des autonomen Fahrens

Beim autonomen Bus dagegen scheinen die ersten Anwendungssze-
narien bereits recht klar: Je dichter der Verkehr in der Innenstadt und
je schwieriger das Parken, desto größer wird für den Menschen mit
dem eigenen Auto der emotionale Stress und entsprechend steigt die
Offenheit gegenüber Alternativen. So ist jeder Zweite bereits vor Start
der Technologie entschlossen, den autonomen Bus bei schwierigen
Parkbedingungen als denkbare Alternative zu probieren.[176] Eine wahre
Option für autofreie Städte also.

Die Entwicklung des autonomen Busses ist aus der Perspektive des
Verbrauchers hochinteressant, weichen doch die Vorstellungen der
Entwickler und der späteren Nutzer deutlich voneinander ab. Während der Verbraucher Aspekte wie »kein Umsteigen« oder »Infos zu
Abhol- und Ankunftszeit« sehr relevant findet, wird die Verknüpfung
mit dem eigenen Kalender abgelehnt (App meldet sich und schlägt
vor, den Bus zu bestellen, wenn zum Beispiel ein Arzttermin ansteht).

Vielen Menschen geht das zu weit. Die Entwickler allerdings fanden genau diese Funktion technologisch spannend. Würde man hierauf Programmierzeit investieren, wäre es – zumindest für den Beginn – falsch genutzte Zeit. Vielmehr müssen die relevanten Nutzendimensionen – wie zuvor in der 4W-Formel beschrieben – in guter Qualität bedient werden.

Innovationsdilemma

Grundsätzlich kämpft auch eine Technologie wie der autonome elektrisch betriebene Bus mit dem Innovationsdilemma: Aus unzähligen Studien wissen wir, dass sich die Glaubwürdigkeit eines neuen Produktes zu dessen Neuheitsgrad umgekehrt proportional verhält, das heißt, je unbekannter und neuer etwas ist, desto weniger glauben wir Menschen, dass es funktionieren kann. Dies ist eine Herausforderung für jedes sehr innovative, futuristische Produkt. Es muss den Nutzen für seinen Kunden deutlich beweisen und darf ihm keine Sorgen bereiten, das Neue und Unbekannte womöglich nicht zu verstehen. Betrachten Sie etwa den Erfolg des Apple iPhone im Vergleich zu Geräten zum Beispiel von Samsung oder Huawei, die technisch und damit rational viel bessere Testergebnisse erzielten. Sicher hat jedes der Geräte seine Zielgruppe, und es ist eine sehr individuelle Entscheidung, welches Produkt man wählt. In jedem Fall ist es wichtig zu verstehen, welcher Nutzwert für die jeweilige Zielgruppe relevant ist, ob bei der Konzeption ein eher rationaler oder stärker emotionaler Nutzen im Vordergrund stehen sollte.

Denken Sie an den Genuss von Schokolade. Rational fallen einem da, leider, recht wenige Argumente für einen Nutzen ein; es sind die emotionalen Aspekte, die überzeugen, wie etwa der Genuss oder die Auszeit, die man damit verbindet. So hat jeder Markt seine Besonderheiten.

Auch bei der Mobilität der Zukunft spielen viel weniger funktionale Aspekte oder die Ratio eine Rolle als vielmehr ein emotionaler Nutzen wie etwa »sich sicher fühlen«, »entspannt sein« oder »Stress vermeiden«. Sie erkennen in den abgebildeten Wortwolken schnell, welche Faktoren zum Beispiel zu den Sorgen beim autonomen Fahren zählen. Trotzdem ist ein emotionaler Nutzen nicht leicht zu artikulieren, geschweige denn, dass uns immer klar ist, warum wir etwa ein Produkt

Autonomes Fahren – Bedenken

kaufen oder nicht. Denken Sie an die Intuition, mit der wir handeln und die wir in *Kapitel 2* kurz betrachtet haben.

Markenvertrauen in der Mobilitätsbranche

Das Gestaltungsfeld der Mobilität ist riesig und die klassischen Anbieter scheinen sich langsam in die Zukunft zu bewegen. Volkswagen kündigte etwa an, nach 2040 kein Fahrzeug mehr mit Verbrennungsmotor zu verkaufen – eine signifikante Veränderung. Kommen wir doch aus Zeiten, in denen Softwaremanipulation für einen Dieselskandal bei gerade diesem Hersteller (und anderen) sorgte. Was Sie vielleicht überraschen wird: Gleichzeitig ist VW erneut »Most Trusted Brand«, die Marke, der noch immer die meisten Deutschen vertrauen.

Lassen Sie uns den Effekt der Markenstärke und des Vertrauens näher betrachten, um ihn besser zu verstehen.

Die Studie »Most Trusted Brands« wird regelmäßig von Reader's Digest durchgeführt, einem Verlag mit langer Tradition, der inzwischen ganz innovativ digital forscht. Jährlich befragt Dialego im Auftrag von Reader's Digest 4000 Menschen in Deutschland, um die jeweils vertrauenswürdigste Marke in 27 verschiedenen Märkten zu ermitteln, vom Mineralwasser über Süßwaren oder das Automobil bis hin zu Erkältungsmedikamenten. Das Besondere ist, dass wir mit offenen Fragen arbeiten.

Wir haben bereits gesehen, dass die Passung eines Produktes oder Services zur Marke ein wesentlicher Erfolgsfaktor ist. In Zeiten des steten Wandels ist es besonders wichtig, die Stärken einer Marke zu kennen.

Wie sieht der Markt nun aus? Man erkennt schnell Strukturen, die typischerweise in der Big-Data-Analyse untersucht werden. Ein Beispiel hatten wir mit der farbigen Netzwerkgrafik bereits im Feld der Medizin gesehen.

Die Menschen beantworten unsere Vertrauensfrage in den verschiedenen Märkten sehr unterschiedlich. Jährlich überrascht mich etwa der Modemarkt damit, dass dieser die meisten unterschiedlichen Marken, nämlich zuletzt insgesamt 380, hervorbringt. Mode ist also nicht nur in Sachen Form und Farbe der Kleidung sehr vielfältig, sondern auch hinsichtlich der Frage nach der vertrauenswürdigsten Marke und damit der Struktur des Marktes gibt es große Unterschiede. Der Automobilmarkt bildet das genaue Gegenteil dazu, denn hier werden zuletzt[177] insgesamt nur 43 verschiedene Automobilmarken genannt.

Bereits bei der Frage nach der Vertrauenswürdigkeit der verschiedenen Branchen differieren die Meinungen sehr stark. Seit mehreren Jahren führt Mineralwasser diese Statistik an, die Automobilbranche liegt inzwischen im unteren Mittelfeld, gefolgt von Banken und Sparkassen, die in den vergangenen Jahren einen deutlichen Vertrauenseinbruch zu verzeichnen hatten. Ebenso bewegen sich die Versicherer am unteren Ende der Vertrauensskala.[178]

Ebenso interessant ist, zu beobachten, wie wechselhaft das Vertrauen in den verschiedenen Märkten ist. Im Handel etwa gibt es vielfach Wechsel in den Spitzenpositionen. Im Jahr 2016 löste Amazon Aldi an der Spitze ab, wurde danach aber wieder von den traditionellen Lebensmitteleinzelhändlern Rewe respektive Edeka vom Spitzenplatz

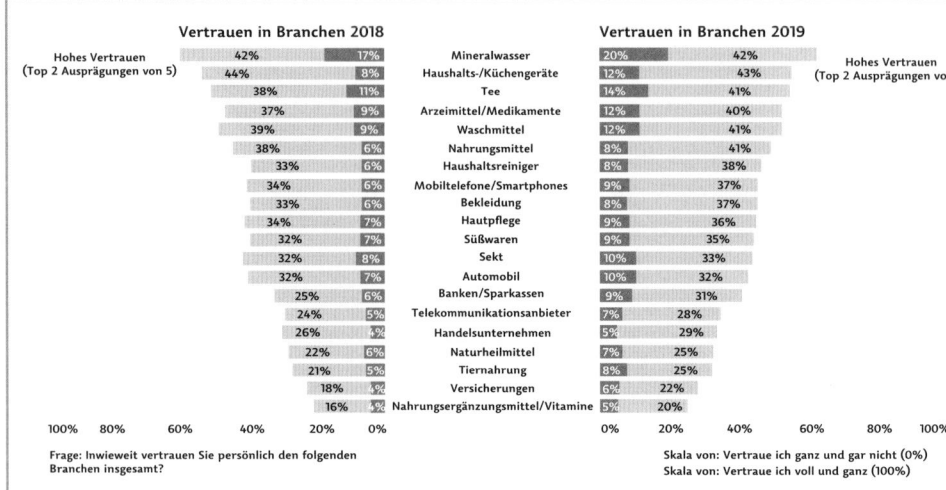

Vertrauen in Branchen

des Vertrauens verdrängt. Man könnte meinen, wir wechseln die vertraute Marke im Rhythmus des wöchentlichen Einkaufs im Supermarkt.

Im langlebigen Automobilmarkt dagegen gewinnt Volkswagen in 15 von 17 Jahren die Vertrauensfrage und führt das Feld an. Und das bei einer Marke, die durch den Dieselskandal geschüttelt wurde! Um die Welt der Mobilität und ihre Zukunftsfähigkeit zu hinterfragen, ist es interessant zu verstehen, warum der Bürger weiterhin in die Marke vertraut, obschon sie solche Negativschlagzeilen machte.

Vertrauen hat unterschiedliche Treiber je nach Branche. Vielleicht haben Sie gleich einen Gedanken dazu im Kopf, etwa als Sie zuletzt ein Erkältungsmittel auswählen mussten und das Produkt wählten, das geprüfte Qualität versprach. Oder wenn Sie spontan eine Sektmarke wählen sollen und denken »Weil mich meine Erfahrung mit Marke xy nicht täuscht«.

Tatsächlich ist die eigene Erfahrung ausschlaggebend für die Markenwahl in sehr vielen Branchen. Was im Umkehrschluss übrigens heißt, dass neue Anbieter erst einmal die allergrößte Schwelle überwinden müssen: etwas ein erstes Mal zu probieren. Denken Sie an die KISS-Analyse zuvor. Hier haben wir untersucht, warum ein Produkt ein erstes Mal gekauft wird. Der Nutzen eines neuen Produktes muss wirklich eine hohe Relevanz haben, um einen Wechsel von der favorisierten Marke zum neuen Anbieter zu begünstigen. Dies gilt für die App ebenso wie für das Auto.

Warum also wird eine Marke, die offensichtlich mit dem Dieselskandal Vertrauen verspielt hat, erneut Spitzenreiter? Das lässt sich trotz allem erklären: Im Markt der Automobile prägt die eigene Erfahrung mehr als alles andere das Vertrauen. Jeder Zweite (46 %) sagt, dass es die Gewohnheit und Erfahrung mit der Marke ist, die das Vertrauen stützt. Solange das Auto fährt und keine offenkundigen Gefahren lauern, vertraut man ihm. Der unsichtbare höhere Schadstoffausstoß hinterlässt keinen großen Eindruck. Man könnte meinen, er sei wenig relevant für den Einzelnen. Nicht nur, dass VW-Besitzer ihr Automobil selbstverständlich behalten, sie würden auch wieder ein neues von VW kaufen. Dies bestätigen die Zahlen des Konzerns, der trotz heftiger Strafzahlungen finanziell recht stabil dasteht. (Mit deutlichem Abstand folgen beim Automobil übrigens die Vertrauensfaktoren »regelmäßige Kontrollen und geprüfte Qualität« sowie »Langlebigkeit des Produktes«.)

Interessant wird es, wenn zukünftige Generationen ein eigenes Auto gar nicht mehr erstrebenswert finden. Zwischenzeitlich entwickeln sich vollkommen neue Mobilitätskonzepte. In urbanen Gebieten ist Carsharing, also das Teilen eines Autos, bereits stark verbreitet, und die Statistiken zeigen, dass die Generation der jetzt 18-Jährigen bereits deutlich seltener den Führerschein macht. Neben dem Automobil kommen neue Gefährte auf die Straßen wie etwa (auch ausleihbare) Fahrräder, E-Bikes oder Elektroroller, die man bereits vielfach auf den Straßen sieht. In Tel Aviv war dies eine der ersten Entdeckungen, die ich machte: An jeder Ecke stehen E-Roller, die man per App schnell finden und ausleihen kann. Mobilität verändert sich ganz wesentlich durch die digitalen Möglichkeiten der Vernetzung.

Was passiert mit den Daten?

Wenn wir über Vertrauen sprechen, reden wir in der Digitalität automatisch auch über den Umgang mit den eigenen Daten. Das moderne Auto sammelt unglaublich viele Daten – und ich stelle erneut die Fragen: Machen wir uns angreifbar, wenn wir Daten über das Automobil teilen? Wie sieht es mit der Privatheit aus? Was passiert mit der Information, wo ich mich gerade befinde oder wie schnell ich fahre?

Vielleicht brauchen wir einen Crashtest für die Daten rund um das Automobil. Der klassische Auto-Crashtest findet offen und sichtbar statt. Die Parameter, mit denen die Sicherheit geprüft wird, sind bekannt, und man hat Bilder vor Augen, wie das Ergebnis, ein zerknautschtes Auto, aussieht. Wir haben Vertrauen, dass ein Auto nur auf den Markt kommt, wenn es den Crashtest sicher bestanden hat.

Aber wie offen ist die Kommunikation zwischen dem Auto und dem Hersteller oder anderen Autos und Satelliten? Wie gut kann ich das als Kunde durchschauen? Wer hat Zugriff auf meine Daten? Daten und digitale Kommunikation sind unsichtbar, alles passiert im Hintergrund. Nachdem wir erlebt haben, wie beim Dieselskandal mit Daten gepfuscht wurde, um erhöhte Abgaswerte zu vertuschen: Stehen nun meine Identität und mein Verhalten auf dem Spiel? Wem vertraue ich?

Starke Marken werden in diesem Feld eine große Rolle spielen, und jeder Anbieter muss dem Menschen auf Augenhöhe begegnen, um ihn bei dieser großen Transformation mitzunehmen und weiterhin zu erreichen. Dies wird eine der größten Herausforderungen der Zukunft sein – und zwar für jeden Anbieter.

Geschäftsmodelle

Auch Geschäftsmodelle werden sich in der Digitalität verändern. Diese Entwicklung hat längst begonnen. Der Anbieter eines futuristischen Automobils, des Byton,[179] hat etwa angekündigt, in Zukunft statt Autos gefahrene Kilometer zu verkaufen.

Erwähnenswert ist, dass das Fahrzeug nicht auf einer klassischen Automobilmesse vorgestellt wurde, sondern auf der großen Unterhaltungselektronik-Messe CES in Las Vegas. Bei diesem Fahrzeug sticht hervor, dass es rein emotional, nicht technisch vermarktet wird. »Time to be« hieß es in der Erstvorstellung, also »Zeit zu sein«. Das Unternehmen, in China unter anderem unter Mitwirkung eines deutschen, vorher bei BMW aktiven Entwicklerteams gestartet, hatte erkannt, dass die Menschen Zeit im Auto als Verschwendung betrachten. Vor allem wenn man, wie in China sehr üblich, viel im Stau steht. So ist das Fahrzeug mehr Computer und setzt stark auf die Möglichkeit, während der Fahrt mit seinen Freunden über große digitale Displays in Kontakt zu sein. Das Automobil wurde komplett neu gedacht, wie es typisch für Start-ups und Quereinsteiger ist.

Start-ups & Quereinsteiger

Vor wenigen Jahren war es noch undenkbar: Ganz neue Unternehmen, Start-ups, bringen Fahrzeuge auf den Markt, und zwar nicht als Ableger von bekannten Automobilherstellern, sondern als komplett neue Anbieter, die einen Markt im Bereich der Mobilität sehen und etwas von Grund auf Neues konzipieren. Sie bauen diese Fahrzeuge und vermarkten sie.

So entstand zum Beispiel im Jahr 2010 das Unternehmen Street-Scooter als Projekt der Professoren Günther Schuh und Achim Kampker an der RWTH Aachen. Die Idee war, ein Lieferfahrzeug für kurze Strecken zu entwickeln. Aus der wissenschaftlichen Forschung mit vielen Jahren Erfahrung aus gemeinsamen Forschungsprojekten mit namhaften Automobilherstellern erschufen die beiden Hochschulprofessoren ein komplett neues Fahrzeug, erhielten die Straßenzulassung und brachten damit ein eigenes, neues Fahrzeug mit einer neuen Marke auf die Straßen.

Ein erster Partner des Projekts war die Deutsche Post, die zuvor bei großen klassischen Herstellern nach einem Elektrofahrzeug für den Paketzustellbetrieb gesucht hatte und bei dem Aachener Hochschul-Start-up fündig geworden ist. In enger Kooperation entstand ein passendes Modell. Letztlich kaufte die Deutsche Post das Unternehmen und wurde damit selbst zum Autobauer. Inzwischen produziert StreetScooter als Tochter der Deutschen Post Lieferfahrzeuge in fünfstelliger Höhe pro Jahr, entwickelt die Modellpalette weiter und produziert nicht nur für den Eigenbedarf, sondern bietet das Fahrzeug auch am Markt an.[180]

Schon heute sind die gelben E-Transporter auf den Straßen zu sehen. Dabei sind die Fahrzeuge neben ihrer Emmissionsfreiheit insbesondere auch digital optimiert. Routen werden bestmöglich geplant, um etwa die elektrische Reichweite optimal zu nutzen. Langfristig sollen alle 70 000 Lieferwagen der Post elektrisch betrieben werden. Der Lieferverkehr von morgen wird, nicht nur durch die Paketdienste, deutlich anders aussehen.

Vielzahl an Elektroneulingen

Aus der gleichen Schmiede wie der StreetScooter stammt das Kleinfahrzeug e.GO Life, das für den Stadtverkehr entwickelt wurde.[181] Die Einfach-mal-machen-Mentalität des erfahrenen Teams lässt wahr werden, was mancher Serienhersteller kaum glauben mag: Ein elektrisches Kleinfahrzeug, das von Grund auf neu entwickelt wurde, kommt Ende 2019 auf die Straßen.

Bei einer Besichtigung der Fabrik war ich fasziniert: Es gibt dort keine Fließbänder und Roboter, wie ich sie mir in einer Automobilfabrik vorgestellt hatte. Mein Bild war gefestigt, vermutlich aufgrund diverser Reportagen über Automobilhersteller mit Fließbandproduktion und Roboterarmen, die einzelne Aufgaben übernehmen. Nicht zuletzt hatte Ford vor Jahrzehnten vorgemacht, wie man Fahrzeuge produziert. Doch hier? Ich stand in einer großen Halle mit mehreren schlichten Arbeitsstationen, kein Fließband, sondern große Transportroboter, ähnlich wie übergroße Saugroboter, transportieren das zu fertigende Auto. Der Vorteil: Wenn ein Auto aus irgendeinem Grund hängen bleibt, kann das nächste überholen. An den Stationen: einfache Werkbänke mit Schütten für alle Schrauben und Teile, plus einem durchgehend digitalisierten Prozess. Die Erklärung des Chefs Günther Schuh überzeugte die verdutzte Besuchergruppe. »Unsere langjährige Forschung sagt klar: Bei Produktionsgrößen unter 120 000 Stück im Jahr lohnt die automatisierte Produktion nicht.« Das, was die RWTH über Jahrzehnte wissenschaftlich erkundet hat, klingt logisch, und es ist herausragend, dass es gleich in die Umsetzung gelangt. Insbondere in Zeiten, wo man auf der Straße die zunehmende Diversität, also Vielfalt der Modelle, beobachten kann.

Plötzlich ist das Gesetz der großen Zahl nicht mehr vorherrschend, sondern Kleinserien erobern den Markt. Viele weitere Anbieter sind in den Startlöchern, und wir werden über die kommenden Jahre sicher noch große Verschiebungen in dem Markt, den sich klassischerweise wenige große Automobilbauer teilten, erleben. Start-ups wie Sono Motors[182] in München gehen an den Start und bringen eine weitere Revolution: Das Fahrzeug ist komplett mit Solarzellen bestückt und damit eines der ersten autarken Fahrzeuge. Zumindest für die ersten 30 km bei Sonnenschein, so das Versprechen. Sogar ein Hersteller von Tretrollern – Micro – kommt mit einem Automobil für zwei auf den Markt, dem Microlino[183], der sehr an die sympathische Isetta erinnert und Nostalgiepunkte sammelt. Aber auch neue Kooperationen entstehen, wie etwa zwischen VW und e.Go.[184]

Wenn wir ganz weit in die Zukunft schauen, werden wir uns voraussichtlich auch mit Drohnen oder Flugtaxis fortbewegen. Auch hier wird entscheidend sein, dass man den Menschen mitnimmt auf die Reise in die Zukunft und die Nutzendimensionen einer jeden Innovation klar herausarbeitet.

5 Wie wir das Digitale gestalten können

Alle Erfahrungen und Schlüsse dieses Buches kondensiere ich für Sie und mich in einem Methodenkoffer und dem 10-Punkte-Manifest. Beides soll Ihnen helfen, souverän innovative Prozesse in der Digitalität wie auch den persönlichen Wandel zu gestalten.

Ich hoffe, Ihnen damit sowohl Inspiration als auch Navigation in den dynamischen Zeiten der Digitalität zu bieten. Es ist Ihre Entscheidung, ob die »intelligente« Toilette und Matratze in Ihren Haushalt einziehen. Und wenn Sie beides nutzen, dann legen Sie per Einstellung in der App fest, ob Daten an Ihren Arzt oder die Kaffeemaschine gesendet werden. Werden Sie zum Macher des Digitalen, motivieren Sie Ihren Partner, Ihre Kinder, Freunde und Arbeitskollegen dazu, es ebenso zu halten.

Hängen Sie das Manifest an Ihren Kühlschrank, pinnen Sie es über Ihren Schreibtisch oder verwenden Sie es als Lesezeichen in Ihrem Buch zur täglichen Achtsamkeitsroutine. Ich freue mich, wenn ich von Ihnen höre, inwiefern Sie es für Ihren Alltag positiv einsetzen konnten. Im Anhang finden Sie Kontaktmöglichkeiten.

Methodenkoffer

Mut

Das Gegenteil von Angst ist Mut. Fürs Erste mag ich Ihnen Mut machen und Wegweiser sein, die Digitalisierung als Chance zu begreifen und einen ganz persönlichen Ansatzpunkt zu finden, ihr zu begegnen.

Mut haben und etwas Neues in Angriff nehmen heißt auch immer, sich von etwas Altem zu verabschieden. Das fällt uns schwer. Ich kenne das persönlich. Da hilft auch kein Argumentieren mit »Es geht ja nicht anders« oder »Die Digitalisierung schreitet so schnell voran, *wir müssen*«.

Doch es geht auch anders. Ich bin überzeugt, dass jeder Einzelne die Chance hat, sich dem Thema zu widmen. Egal wie alt oder jung Sie sind. Jeder auf seine Weise. Im *Kapitel 4: Bildung* haben Sie gesehen, wie Schule dies in der Zukunft adressieren könnte. Und wenn Sie jetzt denken »Programmieren, das könnte ich ja auch probieren«, dann liegen Sie richtig. Ausprobieren sollte es wirklich jeder einmal, finde ich. Und mit dem Mini-Computer ist das weder schwer noch teuer. Vielleicht bestellen Sie sich einfach einen Calliope[185] und probieren eines der vielen Beispiele aus, die Sie im Netz oder in entsprechenden Büchern finden, die dazu bereits erschienen sind. Noch viel wichtiger scheint mir die Frage, mit welchen Kompetenzen wir sonst noch ausgestattet sind. Dazu dienen dieser abschließende Methodenkoffer und das Manifest am Ende des Buchs.

Lassen Sie uns im positiven Sinne auf Angriff schalten und die Digitalisierung aktiv gestalten, die Arme ausbreiten und die digitalen Möglichkeiten willkommen heißen.

Positiv auf Angriff schalten

Die ganz große Frage ist, wie es uns als Gesellschaft gelingen kann, der Digitalisierung positiv zu begegnen, obschon viele sie als Bedrohung empfinden. Nicht nur, um einen »digitalen Burn-out« zu vermeiden, sondern auch, um als Gesellschaft daran zu wachsen.

Ich habe im Buch diskutiert, worin der Mensch stark ist und bleiben wird. Die Aufgabe liegt nun darin, das Digitale positiv und aktiv anzugehen, statt in einer negativen Warteposition zu verharren. Dazu müssen wir Haltung einnehmen.

> *Wer sich zum Wurm macht, kann nachher nicht klagen,*
> *dass er mit Füßen getreten wird.*
> Immanuel Kant, 1724–1804

Sich der eigenen Stärken bewusst zu sein, ist ein guter Anfang; sich selbst nicht kleiner zu machen, als man ist. Nutzen Sie Ihren gesunden

Menschenverstand und machen Sie sich die eigene Würde bewusst, die eigene Vernunft, Seele und vor allem Entscheidungsfreiheit.

Und wenn Sie doch einmal zweifeln, hier ein Tipp: Schauen Sie sich einen Roboter an, der tanzt. Wie etwa den beliebten Nao[186]. Deutlicher kann der Unterschied zwischen dem Menschen, der voller Emotion in Bewegung ist, den Tanz voll und ganz erlebt, im Vergleich zur algorithmischen Abfolge von Bewegungen nicht sein. Wer nur genau hinschaut und in sich hineinhorcht, erkennt, warum Roboter uns nie voll und ganz ersetzen werden. Jetzt gilt es, »nur« das eigene Schicksal in der Digitalität auch selbstgestaltend anzupacken. Also, lächeln Sie Nao zu und legen Sie los mit Ihren eigenen, zutiefst menschlichen Zielen.

Einfach mal machen

Dabei hilft die Einfach-mal-machen-Mentalität. Das gilt privat wie im Beruf. Sie haben etwas noch nie ausprobiert? Einfach mal machen!

Sie haben die Chance, eine neue Herausforderung zu ergreifen, sind aber unsicher, ob Sie das können? Sie haben eine Idee, die Sie gerne umsetzen möchten? Lassen Sie sich darauf ein, tauchen Sie in das neue Feld ein und seien Sie sich Ihrer Verantwortung bewusst. Probieren Sie sich aus. Mit den Bits und Bytes geht es viel einfacher als in den meisten anderen Bereichen.

Es geht beim »Einfach mal machen« nicht darum, etwas irgendwie hinzubekommen, sondern darum, es richtig gut zu machen. Aber auch darum, etwas überhaupt erst einmal auszuprobieren. Halten Sie sich dabei stets Lösungsansätze vor Augen, statt Probleme zu diskutieren.

Wir sind gerade in Deutschland Experten darin, Dinge von langer Hand zu planen. Pläne zu machen, die ein, fünf oder gar zehn Jahre vorausschauen. Dabei ist die Welt heute so sehr in Bewegung, dass jeder Fünfjahresplan scheitern muss. Selbst ein Jahr ist schon eine vergleichsweise lange Spanne.

In der digitalen Welt stehen die Bits und Bytes jedem zur Verfügung. Ein Computer, ein Videokanal oder ein paar Lektionen an einer offenen Universität können mir das Grundwissen jeder beliebigen Programmierung vermitteln. Mit dem Mini-Computer, den Drittklässler bereits bedienen können, kann jeder programmieren lernen. Das allein ist ein zutiefst demokratischer Prozess. Theoretisch hat jeder Zugang.

Nur trauen muss man sich. Ein wenig Goldgräbermentalität gehört dazu, wie in der digitalen Neuzeit des Silicon Valley. Glauben Sie daran, dass Sie es schaffen können. Es ist eine Kultur, die man in kleinen Schritten ausprobieren kann. Beginnen wir bei den Soft Skills, von denen Sie schon einiges im Kontext der Ethik, Arbeit und Bildung gelesen haben. Selbstwirksamkeit oder: *einfach mal machen* als wesentlicher Aspekt der Digitalkultur.

Raus aus der Komfortzone

Die schlechte Nachricht ist: Sie müssen raus aus der Komfortzone. Die Kinder, die sich in ihrer Schule mehrere Wochen (siehe oben) auf eine Herausforderung einlassen und Verantwortung übernehmen, haben genau diese Aufgabe und wachsen daran. In der Digitalität muss fast jeder seine Komfortzone verlassen, denn nichts wird so bleiben, wie es war. Was erst einmal wie ein Angstszenario klingt, ist eine große Chance.

Raus aus der Komfortzone heißt nicht: Ratgeber lesen, wie wir aus dem digitalen Hamsterrad springen. Heißt auch nicht, Konferenzen zu veranstalten oder zu besuchen, die uns aufklären sollen, wie wir Digitales vermeiden. Und erst recht nicht, als Unternehmen zu beginnen, Arbeitnehmer vor dem digitalen Overkill zu schützen und abends Mailserver abzuschalten. All das ist nicht die Lösung.

Raus aus der eigenen Komfortzone heißt, sich aus dem gewohnten Umfeld und den Gewohnheiten zu begeben. Sich bewusst und immer wieder ins Ungewisse aufzumachen, um etwas Neues zu lernen, neue Erfahrungen zu machen und daran zu wachsen. Das ist eine der schwersten Übungen. Schließlich weiß man bei allem, was »man schon immer so macht«, dass es funktioniert, nicht wehtut und keine allzu großen Überraschungen bietet.

Genau hier liegt die Krux. Um etwas wirklich Großes zu bewegen oder eine deutliche Veränderung herbeizurufen, darf man nicht auf dem aktuellen Stand verharren. Sich zu rühren und Neues geradezu heraufzubeschwören, liegt den wenigsten von uns.

Ich muss gestehen, ich persönlich verlasse sehr gerne die Komfortzone. Aber ich weiß, dass ich damit relativ allein bin bzw. die meisten Menschen mir nicht zwingend folgen bei den Gedanken und Taten jenseits der eingetretenen Pfade. Doch wenn auch Sie jetzt sagen »Das will ich wenigstens mal probieren«, dann fangen Sie einfach damit an.

Es geht auch im ganz Kleinen, und zwar jeden Tag: Machen Sie jeden Tag etwas, wovor Sie sich fürchten.

Das geht im ganz normalen Leben. Oftmals sind uns diejenigen Dinge unangenehm, die wir noch nie getan haben, etwa wenn Sie eine Fremdsprache gelernt, aber ewig nicht gesprochen haben. Wie wäre es, wenn Sie sie bei nächster Gelegenheit einfach einsetzen? Oder: Wenn Sie draußen spazieren und etwas Nettes über einen Mitmenschen denken, sich aber nie trauen würden, einen Fremden anzusprechen, dann überwinden Sie sich und sagen Sie es ihm doch einfach. Ich bin sicher, Ihr Gegenüber wird sich freuen. Wenn Sie Angst vor Pferden haben, gehen Sie in einen Stall und nehmen Sie eine Reitstunde. Sie singen gerne, aber bislang nur unter der Dusche? Gehen Sie in einen Chor. Vielleicht hören Sie sich zur Inspiration das Lied »Die Idee ist gut, doch die Welt noch nicht bereit« von Tocotronic[187] an. Ich bin sicher, Ihnen fällt etwas ein. Und Sie werden daran wachsen.

Wer sich tagtäglich mit dem immer Gleichen umgibt, wer den Tagen mit einer immer gleichen Routine folgt und keine Herausforderung sucht, kann sich nicht weiterentwickeln. Es sind die Erlebnisse genau außerhalb unseres Gewohnten, die uns verändern und an neuen Aufgaben wachsen lassen. Gerade im Miteinander mit anderen Menschen kann es sehr bereichernd sein, einander positiv zu begegnen. Vielleicht heute noch mehr denn je, wo Maschinen und Roboter zunehmend präsent sind. Es ist etwas anderes, ob Ihnen ein Roboter ein erlerntes »Danke schön« erwidert oder ob es ein Mensch zu Ihnen sagt, der es aus tiefstem Herzen meint und Sie dabei anlächelt. Probieren Sie es!

Digitale Pionier-Denke

Aus den Reiseerfahrungen des Silicon Valley haben Sie zwei Pionier-Strategien kennengelernt, die ich in Ihren Methodenkoffer packen möchte:

2 x »Ja, und«, 1 x »Ja, aber«

Ganz gleich, welche neue Idee Ihnen begegnet, ob es Ihre eigene ist oder die Ihres Gegenübers, denken Sie immer erst zweimal »Ja, und« und dann erst einmal »Ja, aber«. Sie werden erstaunt sein, wie viel Neues daraus erwachsen kann.

10x, nicht 10%

Denken Sie einmal an ein Problem, das Sie erkannt haben. Haben Sie sogar schon eine Lösung im Sinn? Dann denken Sie das Ganze einmal in viel größer, zehnmal so groß. Wie wäre es, wenn es nicht nur für Sie eine Verbesserung wäre, sondern für eine ganze Nation? Ja, vielleicht sogar für alle Menschen auf der Erdkugel? Wahnsinn, oder? Aber genau das ist möglich. Gerade die Vernetzung des Internets bringt viel Kraft zur Veränderung. Welche Weltprobleme ließen sich möglicherweise mit den Möglichkeiten des Netzes lösen? Denken Sie an die Global Goals. Sie finden das jetzt etwas größenwahnsinnig und meinen, ein Mensch kann so viel nicht bewegen? Alles beginnt mit einem kleinen ersten Schritt, den ein Mutiger unternimmt.

Sie wissen schon, was jetzt kommt: Der Mensch steht dabei immer im Mittelpunkt einer jeden Verbesserung. Weder die Maschine selbst noch der Profit eines einzelnen Menschen oder eines Konzerns sind im Fokus, sondern der Einzelne; größer: Die Gesellschaft muss Profiteur einer jeden Neuerung sein, ansonsten wird sie nachhaltig keinen Erfolg haben.

Ein Beispiel, das ich als Mentorin begleite, ist das Projekt Pacific Garbage Screening. Die junge Architektin Marcella Hansch aus Aachen will Ozeane tonnenweise von Plastikmüll befreien und kündigte dafür nicht nur ihren Job, sondern sammelte auch die ersten 200 000 Euro Anschubfinanzierung per Crowdfunding mit mehreren Hundert Geldgebern über das Internet ein.[188]

Setzen Sie Schnellboote auf

Was auch immer Sie angehen: Setzen Sie Schnellboote auf. Damit meine ich kleine Gruppen, die die Verantwortung für ein Projekt übernehmen. Die an das Projekt gestellten Erwartungen und seine Zielsetzung sollten klar definiert sein. Zudem sollte ein Budget für die Umsetzung zur Verfügung stehen. Ein Schnellboot respektive die Gruppe kann beliebig klein sein und sollte sich kurzschrittige Ziele setzen.

Das sogenannte agile Projektmanagement bedient sich der Sprache aus dem Sport. Sprints sind bspw. kurze Projektphasen, die zu einem definierten (Zwischen-)Ergebnis führen. Erinnern Sie sich an KISS? »Keep it simple & stupid«, also »Halte es so einfach wie möglich«, ist die Maxime.

Die Schnellboote fahren schnelle Sprints, die etwa eine Woche dauern, und prüfen nach jedem Sprint, wo sie stehen und was der nächste Schritt sein muss. Dann fahren sie erneut los. So legen auch die Schnellboote am Ende einen Marathon zurück und bringen zum Beispiel ein neues Produkt auf den Markt. Der große Unterschied zur bisherigen Vorgehensweise ist aber, dass sie in kurzen Schritten prüfen, ob sie noch auf Kurs sind, und damit zielgerichteter an den Markt kommen. Denn nur wer immer wieder die Nase in den Wind steckt, bekommt mit, ob sich die Umgebungsbedingungen geändert haben und der Kurs gegebenenfalls korrigiert werden muss.

Scheitern und daraus lernen

Planen Sie das Scheitern direkt von Beginn an mit ein. Es muss erlaubt sein zu scheitern. Lieber gesteht man sich noch während des Entstehungsprozesses ein, dass die Idee nicht funktioniert oder man wesentliche Änderungen vornehmen muss, als dass man dies erst viel später realisiert, wenn das Produkt womöglich bereits am Markt ist und floppt.

Eine Faustregel sagt, dass mit der Idee etwa 1 % der Kosten anfallen, mit dem Konzept etwa 3 %, mit der Entwicklung 10 % und die Markteinführung dann bis auf 100 % »auffüllt«. Wenn Sie sich dies verinnerlichen, verstehen Sie, warum »fail fast«, also »scheitere schnell«, ein sehr wichtiger Rat ist. Scheitern Sie früh, will ich ergänzen, und überlegen Sie, warum dies passiert ist. Legen Sie erneut los und setzen Sie alles Gelernte dabei ein.

Dazu ein kleines, aber eindrucksvolles Beispiel: Max Levchin, der Mitgründer von PayPal, jenem Bezahlsystem, das eine Revolution in der Online-Bezahlung auslöste, erzählt:

> *Die allererste Firma, die ich gründete, scheiterte mit einem großen Knall.*
> *Die zweite scheiterte weniger dramatisch, aber scheiterte.*
> *Die dritte scheiterte, und es war o. k. Ich erholte mich schnell.*
> *Die vierte wäre fast nicht gescheitert. Es fühlte sich immer noch nicht toll an, aber es war o. k.*
> *Nummer fünf war PayPal.*[189]

Sie sehen, man muss auch etwas aushalten können, also resilient sein – ein Grund, warum ich ein so großer Fan vom Glücksunterricht in der Grundschule bin. Verantwortung übernehmen heißt, zu akzeptieren, dass es nicht immer rundläuft. Aber auch wenn Sie die Erfahrung des Scheiterns erst viel später machen: Scheitern Sie! Stehen Sie auf, lernen Sie aus Ihren Fehlern und machen Sie weiter. Seien Sie Ihres Glückes Schmied.

Manifest

1. Sorgen Sie für eine enkelkindtaugliche Welt – durch lebenslanges Lernen und der Entfaltung von Potenzialen.
2. Der Mensch steht im Mittelpunkt, voller Würde: als Subjekt, nicht als Objekt.
3. Bringen Sie sich ein. Denken Sie in Lösungen statt in Problemen. Entscheiden Sie aktiv, statt passiv geschehen zu lassen. Und das täglich.
4. Nutzen Sie Technologien *für*, nicht gegen den Menschen.
5. Tech follows Benefit. Ohne relevanten Benefit ist alles nichts.
6. Dem Menschen zugewandt gewinnen emotionale, nicht rein funktionale Benefits an Bedeutung.
7. Denken Sie erst an die Effektivität (das Richtige tun), dann an die Effizienz (die Dinge richtig tun).
8. Schalten Sie Gehirn, Bauch und gesunden Menschenverstand ein und machen Sie sich an die Umsetzung Ihrer Pläne. Richten Sie Ihren Blick erst auf das Wichtige statt auf das Eilige. So gewinnen Sie persönlich Zeit für das Wesentliche.
9. Bleiben Sie auf Augenhöhe und wahren Sie die Verhältnismäßigkeit. Fragen Sie sich: Wie viele Daten brauche ich? Was gebe ich preis?
10. Schwimmen Sie bewusst auch gegen den Strom und setzen Sie auf Diversität. Das fördert Innovation.

Anhang

Anmerkungen

1 Vgl. https://www.welt.de/wirtschaft/article186831556/Welt-Wirtschafts-gipfel-Deutschland-hinkt-bei-Digitalisierung-hinterher.html.

2 Vgl. https://www.wiwo.de/politik/deutschland/forschungsministerin-karliczek-5g-ist-nicht-an-jeder-milchkanne-notwendig/23663688.html.

3 Prof. Dr. Manfred Kirchgeorg, in: Gabler Wirtschaftslexikon, https://wirtschaftslexikon.gabler.de/definition/marketing-39435.

4 Vgl. https://cos.gmu.edu/cds/faculty-profile-edward-wegman/.

5 Vgl. https://www.welt.de/wirtschaft/gruenderszene/article182064030/Wingcopter-Diese-DHL-Flugdrohne-rettet-Menschenleben-in-Afrika.html.

6 Vgl. https://www.globalgoals.org/.

7 Vgl. dazu Albert Bandura: Self-efficacy – Toward a unifying theory of behavioral change. Psychological Review, 84 (2), S. 191–215, April 1977; sowie ders.: Self-efficacy – The Exercise of Control, W.H. Freeman, 1997.

8 Wenn Sie jetzt Lust haben, tiefer in die Frage einzusteigen, wie man lernt, Fakten zu verstehen und sie im richtigen Kontext zu lesen, dann empfehle ich die Lektüre des Buches »Factfulness« von Hans Rosling, einem sehr geschätzten Menschen, der es auf besondere Art und Weise verstand, auch komplexeste Zusammenhänge einfach zu vermitteln. Hans Rosling: Factfulness, Ullstein, 2018.

9 Gerald Hüther: Was wir sind und was wir sein könnten. Ein neuro-biologischer Mutmacher, Fischer Taschenbuch, 2. Auflage 2017.

10 Vgl. https://www.imdb.com/title/tt2580046/.

11 H. Stefan Bracha: Freeze, Flight, Fight, Fright, Faint: Adaptationist Perspectives on the Acute Stress Response Spectrum, in: CNS Spectrums, Nr. 9, September 2004, S. 679–685, CNS spectrums.com. Kampf- oder Flucht-Reaktion, Lexikon der Biologie, vgl. https://www.spektrum.de/lexikon/biologie/kampf-oder-flucht-reaktion/35305.

12 Nicholas Negroponte: Being Digital, Alfred A. Knopf Inc., 1995.

13 Ein Beispiel einer digitalen Plattform hierfür ist https://www.365farmnet.com/.

14 Online-Umfrage von Dialego, 1000 Interviews, Deutschland, bevölkerungsrepräsentativ, quotiert nach Alter und Geschlecht. Die Ergebnisse finden Sie unter: bit.ly/Mensch_Digitalisierung.

15 Vgl. https://www.sueddeutsche.de/kultur/ki-portraet-kunst-1.4186573.

16 Vgl. https://www.gerald-huether.de/content/mediathek/populaerwissenschaftliche-beitraege/inhaltliche-uebersicht/lernen/index.html.

17 Quelle: Statista. Die passende Grafik finden Sie als Hintergrundinformation im Blog zum Buch: bit.ly/buch-vertrauenswürdigkeit. Für alle weiteren zitierten Studien von Statista finden Sie ebenfalls entsprechende Links zu meinem Blog.

18 Quelle: Statista. Vgl. bit.ly/buch-beliebtheit.

19 Quelle: Statista. Vgl. bit.ly/buch-informationsquellen.

20 Lisa Vaßen-Carl: Influence of sponsorship and message sidedness on the credibility of YouTubers, Master Thesis, University of Duisburg-Essen.

21 Vgl. https://www.welt.de/politik/ausland/article174785094/Cambridge-Analytica-Unsere-Daten-haben-Trumps-Strategie-bestimmt.html.

22 Ähnliches könnte sich bei den Abstimmungen zum Brexit ereignet haben. Quelle: https://www.sueddeutsche.de/politik/cambridge-analytica-brexit-1.3921387.

23 Vgl. https://www.bvm.org/praxishilfen-qualitaet/standesregeln/.

24 Vgl. bit.ly/mynedata.

25 Eva-Maria Schomakers / Chantal Lidynia / Martina Ziefle: Internet Users' Perceptions of Information Sensitivity – Insights from Germany. International Journal of Information Management, 46, S. 142–250, 2019.

26 Mehr Hintergrund zum Thema »sensible Informationen« finden Sie unter: bit.ly/buch-daten. Die Originalgrafik (in englischer Sprache) online: https://www.sciencedirect.com/science/article/pii/S0268401218307692#fig0010.

27 Martina Ziefle / André Calero Valdez: Decisions about medical data disclosure in the Internet: An Age perspective, in: J. Zhou / G. Salvendy (Hrsg.): 4th International Conference on Human Aspects of IT for the Aged Population. Applications, Services and Contexts. ITAP 2018. Springer International Publishing AG, part of Springer Nature 2018. LNCS 10927, S. 1–16, 2018. Sowie: http://www.comm.rwth-aachen.de/files/ziefle-calerovaldez2018_chapter_decisionsaboutmedicaldatadiscl_1.pdf.

28 Gerald Hüther: Was wir sind und was wir sein könnten. Ein neurobiologischer Mutmacher, S. Fischer Verlag, 8. Auflage 2011, S. 160.

29 Vgl. https://www.youtube.com/watch?v=ZC7gWyPu5_c.

30 Vgl. https://www.youtube.com/watch?v=ZPXW3ZUnhic.

31 Vgl. https://www.bbc.com/news/av/technology-34593071/checking-into-a-hotel-staffed-by-robots.

32 Gunter Dueck: Schwarmdumm. So blöd sind wir nur gemeinsam, Goldmann, 2018.

33 Bernd Vowinkel: Kommt die technologische Singularität?, Humanistischer Pressedienst, 2016, https://hpd.de/artikel/kommt-technologische-singularitaet-13480.

34 Ossi Urchs / Tim Cole: Digitale Aufklärung: Warum uns das Internet klüger macht, Carl Hanser Verlag, 2013.

35 Vgl. https://www.bitkom.org/sites/default/files/file/import/Bitkom-Pressekonferenz-Smartphone-Markt-22-02-2018-Praesentation-final.pdf. Auch: Statista. Vgl. bit.ly/buch-smartphone-nutzer.

36 Vgl. http://www.spiegel.de/karriere/a-786369.html.

37 Vgl. http://www.bpb.de/nachschlagen/lexika/recht-a-z/22561/menschenwuerde.

38 Gerald Hüther: Würde. Was uns stark macht – als Einzelne und als Gesellschaft, Albrecht Knaus Verlag, 2018.

39 Oftmals fehlt es an Rollenvorbildern. Mit der Gründerinnen-kampagne auf Whatchado erzählen Frauen von ihrem Weg in die digitale Welt; z. B. https://www.whatchado.com/en/stories/clarissadiana-wilke, https://www.whatchado.com/en/stories/andrea-pfundmeier oder https://www.whatchado.com/de/stories/andera-gadeib. Für Gründerinnen haben wir im Jahr 2015 mit der damaligen Wirtschaftsministerin Brigitte Zypries das Grün-derinnenmanifest erstellt und dem damaligen EU-Kommissar für Digitalwirtschaft, Günther Oettinger, übergeben. Es ist bis heute eine wichtige Inspiration: http://www.frauen-gruenden.de/gruenderinnen_manifest.pdf. Nicht zuletzt unterstützt das Konzept der Stärkenschmiede, das Sie hier nachlesen können: https://www.staerkenschmiede.de/.

40 Vgl. https://www.imdb.com/title/tt5529680/?ref_=nm_flmg_dr_1.

41 Vgl. https://webvideopreis.de/.

42 David Kriesel: Ein kleiner Überblick über Neuronale Netze, 2007; vgl. http://www.dkriesel.com.

43 Vgl. https://images.google.com.

44 Vgl. https://www.heise.de/tr/artikel/Ein-voellig-neues-Kapitel-der-Kuenstlichen-Intelligenz-4188415.html.

45 Vgl. https://t3n.de/news/gehirn-supercomputer-mit-einer-million-prozessorkernen-jetzt-erstmals-eingeschaltet-1122791/.

46 Vgl. https://www.zeit.de/digital/internet/2015-07/neuronale-netzwerke-google-inception/komplettansicht.

47 Vgl. https://twitter.com/IKarabasz/status/1055423382538334209.

48 Vgl. https://www.mturk.com/.

49 Vgl. https://googleblog.blogspot.com/2009/09/teaching-computers-to-read-google.html.

50 Ein Beispiel finden Sie hier: www.story.ly.

51 Im *Kapitel 4: Gesundheit* finden Sie ein Beispiel für eine Ontologie.

52 Traumberuf Influencer? Aufklärung darüber finden Sie hier: https://www.faz.net/aktuell/stil/leib-seele/von-wegen-traumberuf-macht-das-influencer-dasein-krank-16035607.html.

53 Vgl. https://www.zeit.de/politik/deutschland/2018-08/vorratsdatenspeicherung-vds-bundesverfassungsgericht-eugh.

54 Manfred Spitzer: Digitale Demenz. Wie wir uns und unsere Kinder um den Verstand bringen, Droemer, 2014.

55 Vgl. http://www.spiegel.de/wissenschaft/mensch/manfred-spitzer-ueber-einsamkeit-an-allem-ist-das-internet-schuld-a-1197453.html.

56 Spitzer, Digitale Demenz, S. 246 ff.

57 Spitzer, S. 105.

58 Spitzer, S. 75.

59 Spitzer, S. 178, S. 298.

60 Spitzer, S. 298.

61 Spitzer, S. 85.

62 Shamsi T. Iqbal / Eric Horvitz: Disruption and Recovery of Computing Tasks: Field Study, Analysis, and Directions, CHI2007, http://erichorvitz.com/CHI_2007_Iqbal_Horvitz.pdf. Vgl. auch http://blog.idonethis.com/distractions-at-work/.

63 Gloria Mark / Daniela Gudith / Ulrich Klocke: The Cost of Interrupted Work: More Speed and Stress, https://www.ics.uci.edu/~gmark/chi08-mark.pdf.

64 Wenn das Thema Sie interessiert, lesen Sie sich einmal in das Konzept des »Deep Work« ein: https://evernote.com/blog/de/arbeiten-in-einer-welt-voller-ablenkungen/.

65 Dominik Spenst: Das 6-Minuten-Tagebuch, UrBestSelf Publishing, 2018.

66 Daniel Kahneman: Schnelles Denken, langsames Denken, Siedler Verlag, 25. Auflage 2012.

67 Haemin Sunim: Die schönen Dinge siehst du nur, wenn du langsam gehst, Scorpio Verlag, 2017.

68 John Strelecky: Big Five for Life. Was wirklich zählt im Leben, dtv, 2009; Das Café am Rande der Welt. Eine Erzählung über den Sinn des Lebens, dtv, 2007.

69 Vgl. https://www.brandeins.de/magazine/brand-eins-wirtschaftsmagazin/2019/digitalisierung/wir-vermissen-euch-nicht.

70 Vgl. https://www.orcam.com/de/.

71 Vgl. https://www.igd.fraunhofer.de/kompetenzen/technologien/biometrie.

72 Vgl. https://www.sueddeutsche.de/wirtschaft/ueberwachung-im-supermarkt-abgescannt-im-supermarkt-1.3529017.

73 Vgl. https://vk.com/; https://findface.pro/en/#home.

74 Vgl. http://www.spiegel.de/netzwelt/web/google-duplex-auf-der-i-o-gruselig-gute-kuenstliche-intelligenz-a-1206938.html.

75 Vgl. https://www.faz.net/aktuell/feuilleton/buecher/literatur-und-ki-vernunft-ist-auch-eine-herzenssache-16079038-p4.html.

76 Vgl. https://www.youtube.com/watch?v=_M0iMg52XwU.

77 Vgl. https://techcrunch.com/2017/05/23/alexa-dont-talk-to-strangers/?guccounter=1&guce_referrer_us=aHR0cHM6Ly93d3cuZ29vZ2Z xlLmNvbS88&guce_referrer_cs=4Of-8YzQaBfA71e41JxNgA.

78 Karl Ernst Georges: Ausführliches lateinisch-deutsches Handwörterbuch, Hannover ⁸1913 (Nachdruck Darmstadt 1998), Band 1, Sp. 749.

79 Aristoteles, aus: Politik, 1253b; vgl. http://www.otium-bremen.de/js/index.htm?/autoren/a-aristoteles.htm.

80 Michael Spehr: Maschinensturm. Protest und Widerstand gegen tech-nische Neuerungen am Anfang der Industrialisierung, Westfälisches Dampfboot, 2000. Das Zitat stammt aus einer Zusammenfassung unter http://www.dr-spehr.de/maschinensturm/.

81 Vgl. https://www.zeit.de/2013/13/Leben-Welt-Psyche-Medien.

82 Jobschwund in der Bankbranche?, Handelsblatt, 14.02.2018, zu finden unter: http://www.genios.de/presse-archiv/artikel/HB/20180214/job-schwund-in-der-bankbranche/08A1D548-4C13-48DB-A380-39550DC-C3FD8.html.

83 Spiegel Online vom 22.01.2018, vgl. https://www.spiegel.de/wirtschaft/soziales/weltwirtschaftsforum-industrie-4-0-gefaehrdet-jobs-von-frauen-a-1189171.html.

84 FAZ vom 20.01.2018, vgl. https://www.faz.net/aktuell/wirtschaft/netzkonferenz-dld/carl-bendikt-frey-ueber-automatisierung-stellen-und-maenner-15408778.html.

85 Vgl. Katharina Dengler / Britta Matthes: Folgen der Digitalisierung für die Arbeitswelt. Substituierbarkeitspotenziale von Berufen in Deutsch-land, IAB Forschungsbericht 11/2015, S. 16, abrufbar unter: http://doku.iab.de/forschungsbericht/2015/fb1115.pdf.

86 Katharina Dengler / Britta Matthes: Substituierbarkeitspotenziale von Berufen. Wenige Berufsbilder halten mit der Digitalisierung Schritt, IAB-Kurzbericht, 04/2018, S. 6; abrufbar unter http://doku.iab.de/kurzber/2018/kb0418.pdf; dies.: The impacts of digital transformation on the labour market. Substitution potentials of occupations in Germany, in: Technological Forecasting and Social Change, Vol. 137, December 2018, S. 304–316; https://doi.org/10.1016/j.techfore.2018.09.024.

87 Antje Neubauer: Werden Sie Prostituierte oder Bestatter, in: mana-ger magazin, 12.11.2017, vgl. https://www.manager-magazin.de/unternehmen/karriere/berufe-der-zukunft-werden-sie-prostituierte-oder-bestatter-a-1176987.html.

88 Vgl. http://institut-für-futuristik.de/.

89 Vgl. dazu Shoshana Zuboff: Das Zeitalter des Überwachungskapitalismus, Campus Verlag, 2018.

90 Kantar EMNID, Payback-Studie. Quelle: Statista; vgl. bit.ly/buch-apps.
91 Handelsblatt vom 24.01.2019, vgl. https://www.handelsblatt.com/unternehmen/it-medien/sundar-pichai-wie-sich-der-google-chef-mit-einer-lernoffensive-beliebt-machen-will/23904092.html?ticket=ST-563550-muCuHlyO3lwqqjMdcrc2-ap6.
92 Ein Beispiel, das jahrelang zurückliegt, aber viele noch in Erinnerung haben, ist die Panne von Mrs. Tagesschau Dagmar Berghoff: https://www.tagesschau.de/multimedia/video/video1223238.html.
93 Das Pareto-Prinzip, auch 80/20-Regel genannt, besagt, dass mit 20 % des Einsatzes 80 % des Ergebnisses erreicht wird, während 80 % des Einsatzes aufgebracht werden müssen, um die restlichen 20 % des Ergebnisses zu erzielen. Vgl. dazu https://de.wikipedia.org/w/index.php?title=Paretoprinzip&oldid=186349819.
94 Vgl. https://www.dasgehirn.info/aktuell/frage-an-das-gehirn/veraendert-sich-die-zahl-der-nervenzellen-im-lauf-des-lebens.
95 Vgl. https://www.tesla.com/de_DE/blog/all-our-patent-are-belong-you.
96 Philipp Otto / Eike Gräf: 3TH1CS. Die Ethik der digitalen Zeit, iRights Media, 2017.
97 Vgl. https://www.wiwo.de/erfolg/management/it-sicherheit-die-groesste-bedrohung-sind-die-mitarbeiter/20461458.html.
98 Dies geht übrigens schon heute, beispielsweise mit MOQO.de.
99 Beispiel für Geomarketing-Anbieter: https://infas360.de/geomarketing/.
100 Vgl. https://gi.de/ueber-uns/organisation/unsere-ethischen-leitlinien/.
101 Vgl. https://www.faz.net/aktuell/beruf-chance/informatik-und-ethik-gehoert-das-zusammen-15971263-p2.html.
102 Kevin Baum / Holger Hermanns / Timo Speith: From Machine Ethics To Machine Explainability and Back. ISAIM 2018, International Symposium on Artificial Intelligence and Mathematics, http://isaim2018.cs.virginia.edu/papers/ISAIM2018_Ethics_Baum_etal.pdf.
103 Vgl. https://www.heise.de/newsticker/meldung/Ethik-fuer-Nerds-Wenn-Philosophie-auf-Informatik-trifft-3327502.html.
104 Vgl. https://www.cio.com/article/3138015/platform-economy-new-platform-ecosystems-and-the-value-of-co-creation.html.
105 Vgl. http://www.bpb.de/gesellschaft/bildung/kulturelle-bildung/59917/kulturbegriffe.
106 Vgl. https://loon.co/.
107 Vgl. http://one.laptop.org/.
108 Vgl. https://www.eindollarbrille.de/.
109 Vgl. https://en.wikipedia.org/w/index.php?title=Govindappa_Venkataswamy&oldid=888002769.
110 Vgl. https://wirtschaftslexikon.gabler.de/definition/chaebol-29297.
111 Vgl. https://www.bloomberg.com/quicktake/republic-samsung.
112 Vgl. https://www.peres-center.org/.

113 Vgl. https://www.duden.de/rechtschreibung/Chuzpe.
114 Vgl. http://www.citi.org.za/bandwidth-barnkhayelitsha/.
115 Vgl. https://www.khayapower.co.za/.
116 Vgl. https://www.earlybirdeducare.co.za/.
117 Vgl. http://abalobi.info/.
118 Vgl. https://aachen-kapstadt.de/.
119 Vgl. https://www.fastcompany.com/90317441/there-will-soon-be-a-whole-community-made-of-these-ultra-low-cost-3d-printed-homes?fbclid=IwAR0_GKLFEqpuyjzvMmf9BzJz0GSCBGBvaRHrQD-vuMQ7huVkuFN0SpYeEWq4.
120 Vgl. https://www.weforum.org/agenda/2016/01/the-10-skills-you-need-to-thrive-in-the-fourth-industrial-revolution/ (Übersetzung der Autorin).
121 Vgl. https://www.weforum.org/agenda/2016/09/how-long-work-skills-last-depends-on-job/.
122 Vgl. http://ludwigforum.de/event/pattern-and-decoration-ornament-als-versprechen/.
123 Vgl. https://www.aican.io/.
124 Das ist nicht mehr mein ADAC, Handelsblatt vom 15.01.2019, vgl. https://www.handelsblatt.com/unternehmen/dienstleister/mitarbeiterbefragung-das-ist-nicht-mehr-mein-adac-mitarbeiter-rechnen-mit-automobilclub-ab/23863316.html?ticket=ST-28641-YAm-FUX5hNKtQFgzuoZV9-ap3.
125 Vgl. https://www.golem.de/news/kuenstliche-intelligenz-unternehmen-waehlt-computer-in-den-vorstand-1405-106507.html.
126 Einige Beispiele können Sie hier sehen: https://bit.ly/buch-designthinking.
127 Edward de Bono: Lateral Thinking: A Textbook of Creativity, Penguin Life, 2016. Ders.: How to Have Creative Ideas: 62 Exercises to Develop the Mind, Vermilion, 2008.
128 Lothar Seiwert: Wenn du es eilig hast, gehe langsam. Wenn du es noch eiliger hast, mache einen Umweg. Der Klassiker des Zeitmanagements mit neuen Tools, Campus Verlag, 17. Auflage 2018.
129 Ich empfehle den YouTube-Kanal von Mady Morrison, deren regelmäßige Schülerin ich inzwischen bin: https://www.youtube.com/channel/UCHJBoCDxaCTRrwCHXEBA-BA.
130 Wenn Sie einmal in Buchläden um die Welt reisen möchten, empfehle ich Ihnen die Lektüre von Torsten Woywod: https://www.edenbooks.de/woywod-in-80-buchhandlungen-um-die-welt/.
131 Zur Definition vgl. https://www.gruenderszene.de/lexikon/begriffe/long-tail.
132 Chris Anderson: The Long Tail. Der lange Schwanz. Nischenprodukte statt Massenmarkt. Das Geschäft mit der Zukunft, Hanser, 2007. Den Text im WIRED finden Sie unter https://www.wired.com/2004/10/tail/.

133 Vgl. https://www.billboard.com/charts/greatest-billboard-200-artists.
134 Vgl. https://www.bitkom.org/Presse/Presseinformation/Gaming-hat-sich-in-allen-Altersgruppen-etabliert.html.
135 Zum Beispiel Etsy für Handgemachtes: https://www.etsy.com/de/.
136 Vgl. https://www.kaufnekuh.de; https://www.crowdfarming.com/de.
137 Wenn Sie ein Gruselszenario hierzu lesen möchten, empfehle ich folgendes Buch: Marc Elsberg: Zero. Sie wissen, was du tust, Blanvalet Taschenbuch Verlag, 2016.
138 Dialego-Umfrage, November 2017, 1000 Menschen, bevölkerungs-repräsentativ quotiert nach Alter und Geschlecht, vgl. bit.ly/ehealth_werkzeuge.
139 Die denkende Stadt, Handelsblatt, 18.07.2018.
140 Smart City – Willkommen in Datenhausen, Süddeutsche Zeitung, 21.03.2017, https://www.sueddeutsche.de/wirtschaft/smart-city-willkommen-in-datenhausen-1.3429232.
141 Vgl. https://www.strategie.tu-berlin.de/menue/studium_und_lehre/master_programm/projektseminar_designing_smart_cities/urban_dt_die_methode/.
142 Vgl. https://www.media.mit.edu/groups/city-science/overview/.
143 Vgl. https://www.media.mit.edu/projects/cityscope-hamburg/overview/.
144 Vgl. https://www.media.mit.edu/publications/finding-places/.
145 Mehr Informationen dazu unter: revrt.ai.
146 Gerald Hüther: Die Bedeutung sozialer Erfahrungen für die Struktu-rierung des menschlichen Gehirns. Welche sozialen Beziehungen brauchen Schüler und Lehrer?, in: Zeitschrift für Pädagogik, 50 (2004) 4, S. 487–495, *488*, https://www.pedocs.de/volltexte/2011/4822/pdf/ZfPaed_2004_4_Huether_Bedeutung_sozialer_Erfahrungen_D_A.pdf.
147 Vgl. https://www.jekits.de/.
148 Im November 2018 wurde hierzu das Grundgesetz geändert und der sogenannte DigitalPakt Schule geschlossen. Mehr Informationen: https://www.bmbf.de/de/wissenswertes-zum-digitalpakt-schule-6496.html.
149 Vgl. dazu Wolfgang Coy: Kulturen – nicht betreten? Anmerkungen zur »Kulturtechnik Informatik«, in: Informatik-Spektrum, Februar 2008, 31.1, S. 30–34; teilweise einzusehen unter https://link.springer.com/article/10.1007%2Fs00287-007-0207-z.
150 Vgl. http://www.campaignbrief.com/2016/03/inspiring-the-future-reveals-g.html.
151 Vgl. https://www.bitkom.org/Presse/Presseinformation/Frauenanteil-in-der-ITK-Branche-waechst-langsam.html.
152 Nada Anid / Laurie Cantileno et al.: The Internet of Women. Accelerating Culture Change (River Publishers Series in Innovation and Change in Education – Cross-cultural Perspective), Paper Cavalier, 2016.

153 Vgl. https://www.nytimes.com/2012/04/03/science/giving-women-the-access-code.html.

154 Vesna Schmidt: Wahlen und Wahlcomputer aus informatischer Perspektive in der Primarstufe, Bergische Universität Wuppertal, 25.10.2017.

155 Vgl. Tim Leberecht: Business-Romantiker. Von der Sehnsucht nach einem anderen Wirtschaftsleben, Droemer, 2015.

156 Sie finden ihn unter https://malaika-ev.jimdo.com/.

157 Eine Beschreibung der Initiative finden Sie unter https://www.schule-im-aufbruch.de/.

158 Alma de Zárate / Jamila Tressel / Lara-Luna Ehrenschneider: Wie wir Schule machen. Lernen, wie es uns gefällt, Albrecht Knaus Verlag, 2014.

159 Vgl. www.dialego-foundation.de.

160 Astrid Lindgren: Pippi Langstrumpf geht an Bord, in: Pippi Langstrumpf: Jubiläumsedition zum 100. Geburtstag von Astrid Lindgren, Oetinger, 2007, S. 160–161.

161 Hier lernen Sie ihn kennen: https://www.calliope.cc.

162 Vgl. https://aachen.digital/news/laschet-zu-besuch-beim-girls-day-digitalhub/; https://blog.oreilly.de/2019/02/18/ein-riesenspass-girls-day-calliope-digital-church/.

163 Gerald Hüther: Raus aus der Demenz-Falle! Wie es gelingen kann, die Selbstheilungskräfte des Gehirns rechtzeitig zu aktivieren, Arkana, 2017.

164 Vgl. https://www.omim.org/.

165 Vgl. hierzu: Kwang-Il Goh / Michael E. Cusick / David Valle / Barton Childs / Marc Vidal / Albert-László Barabási: The human disease network, PNAS Mai 2007, 104 (21), S. 8685–8690; https://doi.org/10.1073/pnas.0701361104. Sowie: https://en.wikipedia.org/w/index.php?title=Human_disease_network&oldid=881861020.

166 Quelle: Empetrisor. Vgl. https://en.wikipedia.org/wiki/Human_disease_network#/media/File:HDN.png. »Netzwerk menschlicher Krankheiten als Plotly-Plot dargestellt. Knoten sind Krankheiten. Zwei Krankheiten sind miteinander verbunden, wenn sie eine genetische Komponente haben« (Übersetzung der Autorin).

167 Jan Baumbach / Harald H. H. W. Schmidt: The End of Medicine as We Know It: Introduction to the New Journal, Systems Medicine, in: Systems Medicine, Bd. 1, Nr. 1, 2017–2018; https://doi.org/10.1089/sysm.2017.28999.jba. Das Zitat ist eine Übersetzung der Autorin.

168 Vgl. https://www.patientslikeme.com/.

169 Von der Krankheitsmedizin zur Gesundheitsmedizin. Der Mediziner Prof. Harald Schmidt gibt Ihnen praktische Impulse aus der Welt der Medizin. Ob Prävention, Medikamente, Schlaf und allgemeine Gesundheit, er thematisiert die wichtigsten Bereiche, mit Studien hinterlegt. Er ist Apotheker und Arzt, Professor für Pharmakologie und Personalisierte

Medizin, Ernährungsmediziner sowie Arzt für Gesundheitsförderung und Prävention. Hier können Sie von seinem Wissen profitieren: https://www.podcast.de/podcast/645835/.

170 Mehr dazu im Web unter: story.ly.

171 Die sogenannte Ontologie besteht als eine Art Meta-Kategoriensystem aus neun Kategorien: Handlungen(rot), Funktionen (grün), Emotionen (rosa), Personen (orange), Orte (braun), Zeit (grau), Produkte (türkis), Marken (blau), Medien / Werbung (lila). Dieses Buch ist in Schwarzweiß gehalten, sodass ich zum Verständnis die Farben an dieser Stelle in Ortsbezeichnungen übersetzen möchte, damit die Abbildung nachvollziehbar ist: rot = unten links; grün = oben links; rosa = 2. Spalte oben, türkis = 2. Spalte unten; lila = 3. Spalte oben, grau = 3. Spalte Mitte, orange = 3. Spalte unten; braun = rechts oben, blau = rechts unten.

172 Vgl. https://www.bundestag.de/dokumente/textarchiv/2017/kw13-de-automatisiertes-fahren-499928.

173 Vgl. oben unter *Kapitel 2: Agieren statt reagieren / Zeit für mich.*

174 Vgl. https://e-go-moove.com/.

175 Vgl. bit.ly/autonom.

176 Vgl. bit.ly/autonomer_bus.

177 Most Trusted Brands 2019: vgl. http://www.rd-markengut.de/trusted-brands/trusted-brands-2019.

178 Mehr zur jeweils aktuellen Studie unter: https://web.dialego.de/blog/2019/05/02/die-vertrauenswuerdigsten-marken-der-deutschen.

179 Vgl. https://www.byton.com.

180 Vgl. https://www.streetscooter.eu/de.

181 Vgl. https://www.e-go-mobile.com/.

182 Vgl. https://sonomotors.com/de/.

183 Vgl. https://www.micro-mobility.com/de/micro-erleben/microlino.

184 Vgl. https://www.e-go-mobile.com/de/newspool/pressemitteilung-volkswagen-oeffnet-e-baukasten-fuer-drittanbieter/.

185 Hier finden Sie den Kleinen: https://calliope.cc/shops.

186 Roboter Nao zeigt, was er kann: https://www.youtube.com/watch?v=e-zOFN3STCM.

187 Hier finden Sie den Songtext: https://www.songtexte.com/songtext/tocotronic/die-idee-ist-gut-doch-die-welt-noch-nicht-bereit-7bd05ea4.html.

188 Mehr über diese Initiative gegen Plastikmüll im Meer unter https://www.pacific-garbage-screening.de/.

189 Vgl. https://www.npr.org/templates/story/story.php?storyId=114271856 &t=1558027920222 (Übersetzung der Autorin).

Danke

Ein ganz herzliches Dankeschön gilt allen, die den Prozess des Buchschreibens mit mir ausgehalten haben. Die sich mitgefreut, mitgefiebert, neugierig nachgefragt und das Buch »bestellt« haben, noch weit bevor ich fertig war. Ich weiß euer Vertrauen in meine Kreativität und Überzeugungen sehr zu schätzen und es hat mir stets Kraft gegeben, weiterzuschreiben. Ihr habt mich durch Frust und Freudentaumel gleichermaßen getragen. Es ist mein erstes Buchprojekt und entsprechend neu war alles. Mich zu finden, meine Gedanken, die ich schon so lange mit mir herumtrage und bruchstückhaft in Vorträgen vermitteln konnte. Entsprechend leicht fiel es mir, die einzelnen »bits and pieces« zusammenzutragen, doch ebenso schwer war es, diese in ein sinnvolles Miteinander zu bringen. Immer mit dem Gedanken vor Augen, dass ich möglichst viele Menschen mit diesem Mutmacher erreichen möchte.

Allen voran danke ich meinem geliebten Mann Volker. Mein größter Fan und sanfter Kritiker, der nicht nur mich immer wieder motiviert und beisammengehalten hat, sondern insbesondere für unsere drei Kinder und die Familie da war, wenn ich mich zum Schreiben abgemeldet habe. Er ist mein wichtigster Sparringpartner in all meinen Fragen, bei allen Unsicherheiten oder wann immer ich nach der richtigen Richtung suchte. Danke, dass du immer für mich da bist und mich in dem bestärkst, was ich tue, auch dann, wenn mich selbst der Mut verlässt.

Meinen Kindern Julian, Zoe und Hanan habe ich so manches Beispiel zu verdanken. Bei euch, meinen Liebsten, muss ich mich entschuldigen, dass ich oftmals am »Buchschreibtisch« saß, wenn ihr spielen oder einfach nur reden wolltet. Ich weiß gar nicht, ob ich mir das je wirklich verzeihen werde, dass ich oftmals so klar Prioritäten setzen musste. Es ist eine meiner größten Herausforderungen im Leben. Und hinterher weiß man nicht hundertprozentig, ob es immer so richtig war, was man entschieden hat. Ihr seid die Besten!

Ich danke meinen vielen lieben Freundinnen und Freunden, die mich darin bestärkt haben, meine Gedanken zu Papier zu bringen. Ihr habt mich auch durch schwierige Schreibphasen gebracht. Und glaubt mir, die gab es.

Ich danke meinen Teams bei Dialego, lets-balance.de und Smart-Munk, die einige Wochen auf mich verzichten mussten. Denn zwischen den wichtigsten Terminen und dem Schreiben blieb einfach kaum Zeit, im Büro zu sein. Ich bin dankbar, dass alles so wunderbar weitergelaufen ist und wir uns an wichtigen Eckpunkten gesehen haben. Ein dickes Dankeschön geht an meine Freundin und Kollegin Miriam, die in unendlichen Schleifen die vielen Grafiken und Studien erstellt hat.

Mein ganz lieber Dank gilt meiner Lektorin Corina, die mich seit Jahren durch meine diversen kleinen Schreibprojekte wie den Blog anderagadeib.de oder auch bei Dialego begleitet. Durch dich, liebe Corina, ist mir bewusst geworden, wie gerne ich schreibe und welche Freude es sein kann, mit seinem ganz eigenen Stil Dinge zu vermitteln. Du hast mir sehr geholfen, genau diesen Stil zu finden, um Menschen zu erreichen. Das bedeutet mir wirklich viel.

Ich danke meiner Begleiterin Ute Flockenhaus, die mich bei den ersten Gedanken, ein Buchprojekt anzugehen, betreut hat und mit der ich den roten Faden gefunden habe. Bei den vielseitigen Interessen, die in meinem Kopf so vor sich gehen, kein leichtes Unterfangen.

Ein ganz großes Dankeschön geht an das Team vom GABAL Verlag, allen voran an meine Betreuerin Sandra Krebs. Ich bin sehr froh, dass Sie an mich geglaubt haben, und das zu einem Zeitpunkt, wo ich doch nicht viel mehr als einen ersten Gedanken im Kopf hatte und nur wenige Zeilen auf Papier. Es gibt so unglaublich viel zu erzählen zur Digitalisierung und es machen sich so wunderbar viele Denker zum Thema auf. Und doch ist jede Perspektive sehr anders. Ich hatte gleich beim ersten Treffen das Gefühl, in einem richtig guten Heimathafen zu ankern, um von dort aus diese spannende Reise ins Meer des Buchmarktes zu unternehmen. Ich freue mich sehr auf all das, was kommt.

Die Autorin

Andera Gadeib ist Online-Enthusiastin und Vollblut-Entrepreneurin. Die Wirtschaftsinformatikerin und -wissenschaftlerin studierte an der RWTH Aachen, der Maastricht University / Niederlande (International Business Administration) und der George Mason University / USA (Computational Statistics, Virtual Reality Lab). 1999 gründete sie die digitale Marktforschungsagentur Dialego, die heute international für globale Blue-Chip-Unternehmen und starke Marken wie Bayer, Ritter Sport, Merz oder Sky Marktpotenziale entwickelt und Offices in Aachen, Hamburg, London, Paris und New York betreibt. Im November 2012 startete ihr zweites Start-up SmartMunk, ein skalierbares Softwareunternehmen für cloudbasierte Customer Intelligence. 2014 kam ein ganz neues Thema dazu: lets-balance.de, eine Online-Tierheilpraxis. Andera Gadeibs besondere Expertise liegt darin, digitale Werkzeuge sowie künstliche Intelligenz zu gestalten, datenbasiert Menschen zu verstehen und Empfehlungen zur richtigen Weichenstellung zu geben – für einen wirtschaftlichen und / oder gesellschaftlichen Impact. Seit Anbeginn ist Andera Gadeib berufenes Mitglied des Beirats Junge Digitale Wirtschaft im Bundesministerium für Wirtschaft und Energie (BMWi), initiiert von Philipp Rösler. Sie wurde erneut berufen von den damaligen Bundeswirtschaftsministern Sigmar Gabriel und Brigitte Zypries sowie Bundeswirtschaftsminister Peter Altmaier. Der Beirat berät den Bundeswirtschaftsminister zur Stärkung der digitalen Wirtschaft. 2016 wurde sie als Digitalexpertin in den Beirat Kultur- und Kreativwirtschaft des Bundes berufen. Seit November 2015 ist sie Vorständin des Bundesverbands IT-Mittelstand – bitmi. Auch Thomas de Maizière und Angela Merkel baten sie in der Vergangenheit bereits in kleiner Runde zum Austausch rund um das Thema Digitalwirtschaft zum Gespräch. Ihre unabhängige Expertise als Unternehmerin bringt sie zudem als ehrenamtliche Handelsrichterin am Landgericht Aachen

ein. Andera Gadeib (Jahrgang 1970) ist Halbsyrerin mit doppelter Staatsbürgerschaft und lebt mit ihrem Mann und ihren drei Kindern in Aachen.

www.anderagadeib.de
https://de.linkedin.com/in/anderagadeib
https://www.instagram.com/anderagadeib
https://twitter.com/anderagadeib
https://www.facebook.com/Gadeib/
E-Mail: buch@gadeib.de

Testimonials

»Andera Gadeib habe ich als großartige Mutmacherin im Beirat Junge Digitale Wirtschaft im BMWi kennengelernt. Sie lässt sich nicht entmutigen und zerstreut Bedenken anderer – mit guten Argumenten. Für mich waren die Gespräche immer weiterführend!«
Brigitte Zypries
Bundeswirtschaftsministerin a. D.

»Andera Gadeib ist eine Frau mit Weitblick und Tatendrang. Herausforderungen annehmen und Chancen beherzt ergreifen, das ist ihre Devise – gerade im Bereich der Digitalisierung. Mit ihrem neuen Buch ermutigt sie jeden Einzelnen und unsere Gesellschaft insgesamt, es ihr gleichzutun und so unsere digitale Zukunft aktiv zu gestalten.«
Armin Laschet
Ministerpräsident des Landes Nordrhein-Westfalen

»Wenn das Wort ›Digitalpionierin‹ auf jemanden zutrifft, dann auf Andera Gadeib! Mit Dialego schuf sie, gerade nachdem der Webbrowser erfunden war, die erste Agentur, die komplett online Kundenbedürfnisse erforscht. Ein weiteres Start-up von ihr, SmartMunk, ist eine der ersten Software-Plattformen, die mithilfe von künstlicher Intelligenz die Bedürfnisse der Menschen in den Mittelpunkt stellt. In ihrem Buch zeigt sie nun, was hiernach kommt und wie wir alle die Chancen der Digitalisierung nutzen können!«
Prof. Dr. Frank Piller
Institut für Technologie- und Innovationsmanagement, RWTH Aachen

»Andera Gadeib lebt in Person, wie man die Digitalisierung zur Entwicklung intelligenter Services made in Germany nutzen kann und wie man sich als Frau in einem harten Geschäft mit Mut, Humor und Können durchsetzen kann.«
Prof. Dr. Indra Spieker
Direktorin Forschungsstelle Datenschutz, Goethe-Universität Frankfurt / M.

»Andera Gadeib hat früh erkannt, dass die Digitalisierung den Menschen nicht ausschließen muss. Die angebliche Gegensätzlichkeit löst sie mit hoher Fachkompetenz, gekonntem Schreibstil und einer sehr motivierenden und positiven Art gänzlich auf. Es handelt sich um ein beeindruckendes Buch, welches uns eine andere Sichtweise, nämlich das Zusammenbringen der Menschen durch die Digitalisierung, darlegt.«

Dr. Hartmut Falter
Geschäftsführer Mayersche Buchhandlung

»Andera Gadeib ist eine großartige Visionärin, die Menschen für die Chancen der Digitalisierung begeistern kann und sie so positiv antreibt, die Zukunft selbst aktiv zu gestalten. Für mich ist sie ein echtes Vorbild und zeigt, wie jeder – sei es Mutter, Vater, Arbeitnehmer, Manager, Kunde, Erzieher, Lehrer, Pfleger oder eine andere Rolle – sich in der Digitalisierung wegweisend positionieren kann. Dabei gelingt es ihr immer, Herz und Verstand zu vereinen.«

Iris Wilhelmi
Geschäftsführerin DigitalHub

»Andera Gadeib ist eine Mutmacherin, die durch Kompetenz und Persönlichkeit überzeugt. Mit ihr braucht keiner Angst vor der Digitalisierung zu haben.«

Ursula Vranken
Veranstalterin »Digital Leadership Summit« & Blog für digitale Vordenker
digitalpeoplemanagement.de

»Andera Gadeib ist für mich eine Unternehmerin mit Herzblut und Digital-Enthusiastin mit großer Überzeugungskraft. Sie steht mit Leidenschaft zu ihren Standpunkten, bleibt dabei aber offen und wissbegierig für Neues und andere Perspektiven. Ich bin mir daher sicher, wir alle werden mit ihrem Buch auch wieder neue Perspektiven der digitalen Revolution kennenlernen.«

Oliver Grün
Gründer und Vorstand GRÜN Gruppe und Präsident bitmi –
Bundesverband IT-Mittelstand

»Mit Andera Gadeib verbinde ich spontan folgende Charaktereigenschaften: bereichernd, couragiert, diskussionsfreudig, diszipliniert, einzigartig, empathisch, energiegeladen, engagiert, fleißig, fröhlich, familienbewusst, gerechtigkeitsliebend, gesellig, gesprächig, individualistisch, innovationsfreudig, inspirierend, interessiert, kreativ, klug, konsequent, kosmopolitisch, lebendig, liebenswert, naturverbunden, offen, phantasievoll, produktiv, querdenkend, redegewandt, reiselustig, schlagfertig, souverän, sozial, spontan, taff, tierlieb, unternehmungslustig, verbindlich, weltoffen, wissensdurstig, witzig, zielstrebig und überzeugend! Natürlich lese ich ihr Buch!«

Dagmar Wirtz
Geschäftsführende Gesellschafterin 3win Maschinenbau GmbH

»Wie die Welt sich entwickelt, darüber können wir nur mutmaßen, doch eines ist klar: Sie wird geprägt von Menschen, welche sich als Gemeinschaft auf die Reise machen, um diese Geschichte einer neuen Zeit zu schreiben. Und genau deshalb braucht es Leuchttürme wie Andera, die verstanden haben, dass nur der Fokus auf den Faktor Mensch aus der digitalen Zukunft eine lebenswerte macht.«

Ali Mahlodji
Akademie für Potentialentfaltung Göttingen, Zürich, Wien, whatchado, Trendforscher beim Zukunftsinstitut & EU Jugendbotschafter & Autor

»Wer glaubt, dass sich die Digitalisierung von alleine und ohne unsere konstruktive Mitarbeit umsetzen wird, irrt gewaltig. Wer bereits davon ausgeht, dass zwischenmenschliche Werte mit der Digitalisierung verschwinden und wir zukünftig von Maschinen gesteuert werden, der hat bereits verloren. Die Digitalisierungsexpertin Andera Gadeib weiß wie keine andere, wovon sie spricht: Sie zeigt in ihrem Buch eindrucksvoll und überzeugend, wie solche Transformationsprozesse gestaltet werden und wie wir der Digitalisierung klug, kritisch und positiv begegnen können. Nur wenn wir die Vorteile der Digitalisierung und die Risiken abwägen, dabei selbstbestimmt und klug mit der Digitalisierung umgehen lernen, übernehmen wir Verantwortung für eine mit und für den Menschen aktiv und konstruktiv gestaltete Zukunft.«

Prof. Dr. Martina Ziefle
Lehrstuhl für Kommunikationswissenschaft, Human-Computer Interaction Center, RWTH Aachen

Bei uns treffen Sie Entscheider, Macher ... Persönlichkeiten, die nach vorne wollen

Seit 40 Jahren bildet der GABAL e.V. ein Netzwerk für Menschen, die sich mit Persönlichkeitsentwicklung, Weiterbildung und Führungskompetenz befassen.

„Austausch, Praxisnähe, Inspiration und Professionalität – dafür ist GABAL e.V. mit seinen Angeboten ein Garant."

(Anna Nguyen, Lecturer Universität zu Köln)

Drei gute Gründe, warum sich rund 800 Mitglieder für GABAL entschieden haben und warum auch Sie dabei sein sollten:

1. Neue Impulse, Ideen und Strategien auf regionalen und nationalen Veranstaltungen mit White Papers, Webinaren, Newsletter und Printmagazinen.

2. Sie treffen sowohl Trainer, Berater und Coaches als auch Führungskräfte und Entscheider.

3. Sie erhalten viele wertvolle Vorteile, wie das Fachmagazin wirtschaft+weiterbildung, jährlich einen Buchgutschein im Wert von 40 € und vieles mehr ...

GABAL e.V.
Budenheimer Weg 67
D-55262 Heidesheim
Fon: 0 61 32 / 509 50 90
info@gabal.de

**Neugierig geworden?
Besuchen Sie uns auf
www.gabal.de**